邬沧萍◎口述

李娟娟　孙鹃娟◎采写

百岁人生

邬沧萍口述实录

晚华敬题

人民出版社

书名题字：郑晓华
策划编辑：刘志宏
责任编辑：刘志宏
装帧设计：汪　阳
责任校对：张红霞

图书在版编目（CIP）数据

百岁人生：邬沧萍口述实录／邬沧萍口述；李娟娟，孙鹃娟采写 . —北京：
　人民出版社，2021.12
ISBN 978 - 7 - 01 - 023767 - 1

I.①百…　II.①邬…②李…③孙…　III.①邬沧萍 – 传记　IV.① K825.1

中国版本图书馆 CIP 数据核字（2021）第 188166 号

百岁人生

BAISUI RENSHENG

——邬沧萍口述实录

邬沧萍　口述　李娟娟　孙鹃娟　采写

人民出版社 出版发行

（100706　北京市东城区隆福寺街 99 号）

北京尚唐印刷包装有限公司印刷　新华书店经销

2021 年 12 月第 1 版　2021 年 12 月北京第 1 次印刷
开本：710 毫米 × 1000 毫米 1/16　印张：20.75　插页：6
字数：260 千字

ISBN 978 - 7 - 01 - 023767 - 1　定价：75.00 元

邮购地址 100706　北京市东城区隆福寺街 99 号
人民东方图书销售中心　电话（010）65250042　65289539

2019 年，邬沧萍在中国人民大学

2002 年，邬沧萍参加中国人口学大会后与彭珮云等同志合影

2021 年 6 月，邬沧萍出席中国人民大学学生毕业典礼，与靳诺书记（右）、刘伟校长合影

2021 年，邬沧萍与中国老年学和老年医学学会会长刘维林在家中

2019 年，邬沧萍与中国人民大学社会与人口学院冯仕政院长在学生毕业典礼上

1989年10月，邬沧萍参加对外经贸部与联合国人口基金在上海联合召开的中国/联合国人口基金合作十周年总结会，右起：翟振武、石玲、邬沧萍、王谦

1992年，邬沧萍与妻子李雅书及儿子、儿媳、女儿、女婿、孙女、外孙

1995 年，邬沧萍参加第五届亚大地区老年学大会

1997 年，邬沧萍参加布达佩斯国际老年学大会

1999 年，邬沧萍在韩国亚大老年学大会上讲话

2006 年，邬沧萍出席中国老年学学会成立 20 周年大会并致辞

2007 年，邬沧萍获"第八届亚洲大洋洲老年学奖"

2010 年，邬沧萍参加中国老年学国际研讨会

2015 年，邬沧萍参加"老龄智库"专家委员会成立仪式暨学会"十三五"科研规划研讨会

邬沧萍 WU CANGPING
中国人民大学社会与人口学院教授

中国人口为世界之最　其生有序　则万物兼济
其老有安　则天下太平

2017年，邬沧萍在中国人民大学建校八十周年的展示照片

2017年，邬沧萍参加中国老年学和老年医学学会第一次全国会员代表大会

2018 年，邬沧萍 96 周岁生日与学生合影

2021 年，邬沧萍参加中国老年学和老年医学学会"老龄智库"专家研讨会

2021年，在中国人民大学社会与人口学院2021届学位授予仪式暨毕业典礼上，邬沧萍与学院部分领导和教师合影

2021年，99岁的邬沧萍在学术研讨会上

目　录

——邬沧萍口述实录

■ 附 录

序一
我国老一代知识分子的典范

张梅颖

《百岁人生——邬沧萍口述实录》即将付梓印行了，这是一位百岁老人、一位承载着中国知识分子优良传统的世纪学人一生求索的心路历程的真实写照。本书的出版，不仅是我们这些邬沧萍教授的朋友、同事、学生期盼已久的一件喜事，更是我国老年学界和人口学界值得庆贺的一件大事。

邬沧萍教授是令我仰慕的民盟前辈，我国著名的人口学家、老年学家，曾经担任民盟第五、六、七届中央常委；全国政协第六届委员，第七、八届常委。在民盟中央和全国政协各种参政议政的场合上，邬老的坦荡、睿智和担当精神都给我留下深刻的印象，他从不随波逐流、人云亦云，而是实事求是、独立思考并作出自己的判断。他与中国共产党肝胆相照，为促进党和政府决策民主化、科学化殚精竭虑，不遗余力，体现了一个有良知和强烈社会责任感的民主人士的政治品格和风骨。他的发言和提案总能直抒己见，振聋发聩，切中要害，努力尽到净友的责任，特别是有关我国人口问题和老龄问题的真知灼见，更是未雨绸缪、虑及长远。今天我国已经进入了老龄化社会，当年邬老在各种会议上提出的具有前瞻性的意见和建议，对党和政府制定应对人口老龄化的政策仍然具有重要的参考价值和借鉴意义。邬老不再担任民盟和政协的职务以后，我们见面的机会少了，但我一直关注着他的活动，时至今日，已近期颐之年的邬老依然耳聪目明，思想活跃，笔耕不辍，每天坚持工作五六个小时以上。他还积极参加各种社会活动，与大家分享健康长寿的心得，2014 年中宣部、全国老龄办评出的 17 位"最美老有所为人物"中，邬老是最年长的健康老人。

《百岁人生——邬沧萍口述实录》是以口述的形式再现邬老跨越一个世纪的曲折人生历程。作为老一代知识分子和学界前辈，邬老一生把个人命运系于国家命运，充分彰显了我国老一代知识分子矢志不渝的浓厚家国情怀和历史使命感。1951 年，新中国百废待兴，迫切需要高端人才，邬老毅然辞掉在美国的工作机会和优裕的生活条件，携妻儿一起回国参加新中国建设。30 年后邬老再次赴美参加国际会议，见到生活富足的在美亲友，没有感到丝毫的悔意和落差，而是更加坚信中国的落后面貌一定能够改变。1971 年，在中国恢复联合国合法席位的形势下，我国迫切需要研究国内外人口问题，国家计划委员会成立一个人口研究小组，该小组研究人员主要是从中国人民大学的经济系、计划统计系、工业经济系和法律系等抽调的教师参加的。1974 年，在第三次世界人口会议后，人口研究小组任务基本结束。我国鉴于人口问题在国内外日益重要，由国务院文教办牵头、人民大学党委组建的人口研究所成立之时，原来参加研究小组的绝大多数教师，却因种种原因没有继续从事人口学研究。面对国家发展的需要，邬老坚定地表示愿意留在人口研究所进行人口学研究，填补了我国人口学的空白。1983 年，邬老不顾当时学界对人口老龄化问题还有不同看法的情况，让先后招收的硕士研究生和博士研究生从事老龄化问题研究，为创立中国老年学迈开第一步。

目前，邬老有关健康老龄化、积极老龄化、社会老年学、未富先老、老龄社会与和谐社会、存在决定健康长寿等一系列学术思想和实践，已经成为我国制定积极应对人口老龄化中国方案的重要组成部分。在迈向第二个百年奋斗目标的征程中，我们期待邬老有更多的研究成果和创新性见解不断问世。

　　邬老给予我们最深刻的人生启示，不仅在于他的政治品格、深厚学养，还在于他平和乐观、老有所为的积极向上的生活态度。2012 年，佩云大姐、李斌同志和我一起在人民大学参加邬老的 90 岁庆祝会。当时我说，将来如果我健在的话，一定会来参加邬老的百岁寿庆。今年邬老已经 99 周岁高寿，我衷心祝福邬老寿比南山、福如东海！

　　是为序。

2021 年 7 月 5 日

序二
心怀祖国、勇于创新、甘于奉献的"大先生"

靳诺 刘伟

我国是世界人口第一大国，也是老年人口第一大国。根据第七次全国人口普查结果，2020 年我国全国人口为 14.12 亿，60 岁及以上的老年人口达 2.64 亿，人口老龄化的程度正在快速加深。人口问题与老龄问题是关系我国国计民生的重大问题。其生有序，则万物兼济；其老有安，则天下太平。我校荣誉一级教授邬沧萍先生正是这样一位为中国人口事业、老龄事业兢兢业业治学育人的楷模。

《百岁人生——邬沧萍口述实录》以真实、生动、立体的方式记叙了邬老近一百年来的丰富人生历程。这本著作的出版不但是对一位学术大家治学之路和人生之路的生动展现，也浓缩了新中国成立以来我国老年学、人口学学科的发展史，从中还折射出中国人民大学的发展历程。邬老的一生很好地阐释了习近平总书记指出的"教师要成为大先生"。"大先生"内涵丰富，回顾邬老的百年人生，其身上最令人敬佩的有三点：坚定不移的爱国报国情怀、敢于善于创新的治学精神、教书育人的为师之道。

第一，践行"为人之大者"，始终把爱国报国放在第一位。邬老在动荡的年代成长，有着炽热的爱国报国情怀。邬老心中始终铭记"只要是国家需要，我从来是无条件服从"。他赴美留学，在纽约大学攻读工商管理专业硕士学位的同时，又在哥伦比亚大学取得了第二专业统计学的学习证书，就是希望回国后能够学以致用。1951年新中国百废待兴之时，邬沧萍先生毅然放弃优越的国外条件，回国参加建设，积极投身我国教育事业，成为共和国最早的"海归"之一，至今已七十年。七十年来，他始终保有拳拳爱国之心，坚定的马克思主义信念以及"先天下之忧而忧，后天下之乐而乐"的胸怀使他敢于担当，把服务国家作为最高追求，为党育人、为国育才，以七十年如一日的实际行动证明了他报效祖国的初心使命。邬沧萍教授把个人的治学兴趣与国家的需要紧密结合起来，他认识到中国的人口最多，中国的人口问题最复杂，人口问题是头等重要的大事，便义无反顾地踏入人口研究的学术禁区，并成为这门学科的重要开拓者、参与者和见证人，后来又致力于推动建立老年学，研究人口老龄化问题。

第二，践行"为学之大者"，坚持探索新问题，开拓新领域。为学贵在创新。邬沧萍教授是我国人口学、老年学的奠基人之一，创造了人口学和老年学的多个"第一"，撰写改革开放后第一篇人口学理论文章、参与起草新中国第一份人口研究报告、最早提出建立老年学，等等。仔细研读邬老这几十年的学术思想，不难看出他在治学中总是秉持并传递出这样几种精神：一是研究真问题，他涉猎的人口、老龄领域的若干问题无一不是现实最迫切需要解决的实际问题；二是着眼大视野，他不是局限于从单一的方面或短浅的目标去看问题，而是站在国家乃至世界的格局去做研究；三是重视理论创新，他不人云亦云，而是大胆提出新理论、新思想进而展开严谨论证。他始终密切关注人口前沿问题，在20世纪80年代就提出"未富先老"的命题，提醒人们做好应对老龄化的思想准备，推动老年学研究的发展，并在21世纪初推动建立了老年学专业。作为一个具有不懈学术追求和强烈使命感的学者，邬沧萍教授在学术创新的道路上从未停歇。进入耄耋之年，他依然孜孜不倦地著书立说，笔耕不辍，近年来还陆续出版了《老龄社会与和谐社会》《全面建成小康社会积极应对人口老龄化》《老年价值论——积极应对人口老龄

5

化的理论与实践》等多本有影响力的学术著作，最近还在致力于编写老年学的重要教材——《新修社会老龄学》。他所取得的累累硕果充分展现了学术大家的时代风采和老而弥坚的精神面貌。2012年，邬沧萍教授荣获了"第一届吴玉章人文社科终身成就奖"，以表彰他在人文社科领域的突出贡献。

第三，践行"为师之大者"，教书育人，甘为人梯。百年大计、教育为本。邬沧萍教授在中国人民大学有近七十年的教学生涯，为我校的人才培养和科学研究作出了杰出贡献。1953年他到人民大学任教后，先后教授过统计学、人口学、老年学等课程。邬老坚持用平常心平等地对待每一个学生，非常尊重学生的意见，乐见学生的成长成才。邬老坚持把立德树人作为根本任务，通过以身作则、言传身教为我国人口学、老年学一流人才的培养尽心竭力，在七十年的教学生涯中培养了大量的栋梁之材，他培养的数十个博士和硕士，几乎都成为我国人口学、老年学的专家和骨干。

中国人民大学作为一所以人文社会科学为主的综合性研究型大学，为何能够在人口学、老年学等学科上走在全国前列，引领学科的发展？其中一个重要的原因正在于邬沧萍、刘铮、查瑞传、林富德等老一代的学者早在20世纪70年代初就积极投身于人口学的研究和教学，率先在国内创建了人口学研究机构，编写或翻译奠基性的教材，培养新中国成立以来我国最早的人口学专业人才，为国家有关的重大决策提供了研究基础和提案。在邬沧萍教授等的建议和推动下，在我校创办了国内最具影响力的人口学杂志《人口研究》。他还积极促进国内人口学者与国际人口学研究机构的交流和人才培养，进而带动人口学在全国高校的兴起和发展。

今年是中国共产党成立100周年。一百年来中国共产党带领全国人民砥砺奋进，取得了全面建成小康社会的伟大成就。在全面建设社会主义现代化国家的新征程中，党和国家事业发展对高等教育、科学知识和优秀人才的需要更加迫切。建设中国特色、世界一流大学的目标召唤更多能够像邬沧萍教授那样心怀祖国、勇于创新、甘于奉献的"大先生"。同时，在新的时期我国所面临的人口问题、老龄问题更加复杂多样，对高校有关学科的学术研究、人才培养都提出了新的挑战和机遇。

《百岁人生——邬沧萍口述实录》是凝聚中国人民大学社会与人口学院、中国人民大学老年学研究所、中国老年学和老年医学学会以及人民出版社等多个单位和同志们共同努力的成果。这部口述实录客观详尽地记录了邬沧萍同志过往近一百年的人生经历，翔实而生动。尤为难得的是其中还凝练了邬老的主要学术思想，是一部详尽展现他成长、求学、教书育人、老有所为的口述史。本书的出版恰逢邬老 99 周岁高寿，我们谨代表学校祝福邬老健康长寿，在学术与人生之路上永葆青春！

2021 年 8 月 30 日

序三
我为什么力推出版
《百岁人生——邬沧萍口述实录》

刘维林

经过这几年的接触，我深深地感受到邬先生那根植于心的爱国情怀、深邃严谨的治学态度和博大精深的学术思想，他当之无愧是中国人口学和老年学的奠基人、开拓者。邬先生谦逊亲和，其人生立体、丰富、完满且光耀后人，他真是一本读不尽的书！邬先生的很多著作和文章等学术研究成果在业界为人所熟知，但是他人生的精彩经历和宝贵经验却鲜为人知。在当前积极应对人口老龄化上升为国家战略，在全社会开展人口老龄化国情教育，为解决老龄问题寻找中国办法和方案的大形势、大背景下，挖掘阐发邬先生的学术、人生价值具有重要的现实意义。而通过纪录片、口述史等传播方式，以主人公亲自讲述真实故事的方法，以深入浅出、通俗易懂的语言文字，把邬先生的爱国情怀、严谨治学和精彩人生更加立体且形象地展现出来，更易于社会大众理解。去年下半年我把这个想法和中国人民大学杜鹏副校长、社会与人口学院冯仕政院长交流，得到了他们的一致赞同。《邬沧萍传》的作者李娟娟老师也表示非常愿意承担这项工作。人民出版社对口述实录的出版也高度重视。我们各方一拍即合，计划赶在邬先生99周岁时完成口述实录的出版，以这样的方式来向他学习，这也算是为应对人口老龄化尽了绵薄之力。

　　20世纪80年代在中国人民大学就读期间，还有在后来的工作中，我便对邬先生在中国人口学与老年学学术研究和学科建设发展中取得的突出学术成就有所耳闻，但真正和邬先生接触是在2017年11月中国老年学和老年医学学会换届的时候，当时是在北京温都水城酒店召开的理事会换届大会，邬先生作为20世纪80年代中国老年学学会的倡议发起者、第二届理事会会长和现任名誉会长，应邀莅临会议并致辞。此后，学会每年的学术大会和组织的一些学术活动，我们都邀请他参加，通过这几年在学会工作与他面对面地交流，我对邬先生的敬佩之情油然而生，对他印象最深的有以下三点。

　　首先，中国老龄问题需要从哲学社会科学的高度进行研究。在2017年11月25日换届大会上，我作为新会长当选并表态发言，当讲到"中国老年学和老年医学学会在国家积极应对人口老龄化的大形势下，要立足于学术本位，专注于一些重大的老龄现实理论问题，加强学术研究交流，多出研究成果，发挥新型智库作用，为国家的老龄决策和政策提供咨询参考"时，邬先生给予充分肯定、支持和鼓励，特别是听说我是毕业于中国人民大学哲学系后，他多次跟我说，对中国老龄问题的研究一定要从哲学的高度进行，才有利于推动学科的发展和老龄问题的解决。二三十年来，邬先生研究中国老龄和老龄化社会问题，体现出越来越宽阔的思维，逐渐上升到哲学的高度，即以系统化的辩证思维来研究老龄和老龄化社会问题。他于1993年系统地提出"健康老龄化"，2005年以后提出并不断深化"积极老龄化"的研究，从对老年个体研究到老年群体研究，再从老年群体研究到老龄化社会研究。2019年主编出版了《老年价值论》，2020年系统地提出"存在决定健康长寿"理论，这些都体现了邬先生从哲学的高度和思维来研究中国的老龄问题。他也多次提到，现在对老龄问题的研究，不管是西方还是中国，最开始都是关注老年人个体的问题，从生物、心理，再到社会，但随着老龄问题产生日益广泛、深远的社会影响，老龄化成为新的社会形态，从哲学社会

科学高度来系统全面研究老龄和老龄化社会问题就很有必要。这实际上是要运用马克思主义的立场、观点和方法，特别是要用辩证唯物主义和历史唯物主义的观点研究老龄问题，像邬先生最新的研究成果"存在决定健康长寿"，即按照马克思主义哲学"存在决定意识"的观点，提出人的健康长寿和全面发展也是由"存在"来决定的。他对"存在"有全面的阐释，即是指人类生存和生活的环境、条件和社会关系的总和。存在决定意识、决定健康长寿，也决定着人的全面自由发展。这就是从哲学高度研究老龄问题，特别是老年人怎么实现健康长寿和全面自由发展的问题。从历史唯物主义的观点来说，人民是历史发展的根本动力和力量源泉，在老龄化社会，老年人成为社会发展的主体，研究老年人要看到其对社会发展的意义。老年人在社会发展中所处的地位与发挥的作用是一个唯物史观的问题，通过挖掘老年人的价值，发挥老年人的主体作用，推动社会发展。我们要坚持运用辩证唯物主义和历史唯物主义发展观来研究中国的老龄问题。现在中国的老龄问题处在中国特色社会主义新时代背景下，学习借鉴西方先期进入人口老龄化的国家或地区的宝贵经验很必要，但是解决中国的老龄问题还要多用中国的方式和方案，联系到我国在中国共产党的领导下，制度优势的发挥，在实现中华民族伟大复兴中国梦的过程中推动问题的解决。邬先生曾多次提及，他在中国人民大学执教期间必修了马克思主义基本理论课程，尤其是马克思主义哲学让他终身受益，后来很多前瞻性、系统化的研究成果与之有内在联系。再者是要发挥中国老年学和老年医学学会的优势，邬先生也多次讲过从"中国老年学学会"更名为"中国老年学和老年医学学会"的过程，学会具有多学科、跨学科、交叉学科的优势，老龄和老龄化社会问题是综合性的问题，老年学本质上属于哲学社会科学范畴，一定要从多学科、跨学科和交叉学科的角度来研究。研究必须是系统的，而不是零碎的；是辩证的，而不是片面的；是历史的，而不是虚无的；是着眼于长远的，而不是临时的。多视角、宽视野地研究老龄和老龄化社会问题，邬先生以身示范给我们做了很好的榜样，对我有非常大的启发。

其次，邬先生的勤奋激励着我不断前行。很多人问他健康长寿的秘诀，他说如果说有秘诀那就是"勤奋"，他还强调："我这一生就没有懒惰过。"邬先生一生都处于勤奋的状态，从小学到中学，从大学到出国留学，再到在人民大学从教 70 年，退休十几年依然如此。终生学习、思考、研究和主动健康生活成为他人生的主旋律，勤奋成为他人生的重要符号。他对学习、工作和生活一直保持积极向上，全身心投入的态度，在不同的事业发展阶段都是奋发努力和执着深入，我看他读过的很多书和文章，上面都做了几遍标记，让我印象最深刻的是世界卫生组织 2015 年英文版的《关于老龄化与健康的全球报告》，字号小得连年轻人都难以看清，他拿着放大镜看，在上面做了密密麻麻的研读标记，这种学习研究、思考问题的深入和执着真是让人敬佩和感叹。几十年如一日，一辈子如一日，脚步不歇，从不懈怠，积极主动坚持学习、思考、研究和工作，现在还坚持每天阅读报纸杂志，关注时政新闻，工作 5—6 个小时，每年主编一本书，还参加那么多社会活动，演讲水平和记忆力还那么超群。邬先生总结这些都来源于勤奋，勤奋造就了他的人生、成就和健康长寿。他认为人不管是在工作岗位上还是退休了都是有价值的，都要勤奋，要终生学习和思考。

最后，邬先生永无止境地向上与创新的品质深深感染着我。邬先生有一颗不老之心，他不断地接受新事物，适应时代新变化，紧跟时代新步伐。他关心学习时事政治，跟踪科研前沿问题，不断提出人口学、老年学研究的新思想和新观点，永葆思想的活力与创造力。如去年 10 月党的十九届五中全会提出"实施积极应对人口老龄化国家战略"，在学会随后举办的老龄智库专家研讨会上，邬先生针对积极应对人口老龄化提出了很多高屋建瓴的新见解和建议。又如今年 5 月 11 日"七普"数据发布，在 5 月 18 日召开的老龄智库研讨会上，邬先生对"七普"数据进行解读，还对如何应对人口老龄化又提出新观点，特别指出，脱贫

攻坚战的胜利完成对提高人均预期寿命和人民健康水平、促进健康公平具有历史性意义。强调要把健康老龄化放在重中之重的位置上，提出老年医学就应该是老年健康学，把健康融入所有政策，一定要由制度安排落到实处。再如去年他为学会《健康长寿专家共识》一书写的序言里面提出当前研究老龄问题的七个方面，都是一些新的思想、观点和理论。他总是不断地推陈出新，现在又在研究积极应对人口老龄化的长期战略问题。他概括人的健康长寿的秘诀为"仁者寿、勤者寿、乐者寿和智者寿"，前三者是他多年前概括总结的规律和经验，"智者寿"是他近几年从自身经验和他对健康长寿者的观察概括而成。去年他从《健康长寿专家共识》里讲述我国院士群体的长寿现象的内容中得到启发，他认为"智者寿"是指人越终身学习，思考问题，越可以防止和减少阿尔茨海默病，达到健康长寿。国外有研究表明，人的持续深度思考有助于人的健康长寿，因此邬先生提出"智者寿"是有支撑的，是站得住脚的。邬先生不断地提出自己的新思想和新观点，向上进取，永无止境，不断创新，与时俱进，实在难能可贵。

我每次和邬先生交流，总是受益匪浅，深感自身不足，作为一个后来人，尤其是担任中国老年学和老年医学学会会长这项职务感到很有压力，但确实每次又从邬先生那里得到激励。在邬先生面前，我觉得自己就是一个学生，要像他那样去生活、学习、研究和工作。即使退休了，也要做对国家和社会有意义的事情，实现自我价值，这样的人生才是圆满的。

2021 年 8 月 28 日

第一章

在动荡的年代中成长

第一节

·······································

童 年

1. 出生前经历的"风险"

我是 1922 年 9 月在广州出生的。说起我的出生，特别是我出生前的那段日子，听我母亲讲，还真是经历了一番"风险"呢！在我出生前，我的父亲和母亲都一直在日本东京留学，所以本来我应该在日本出生，可是很不凑巧，那个时候日本发生了地震，一直到 9 月，地震的危险仍然没有过去。我的父亲邬应麟思虑再三，最后还是下定决心把即将临产的我的母亲送回了广州。那个时候，我的父亲邬应麟正在东京大学学习经济和法律，他来到日本留学已近 9 年。他是在东京留学 6 年后，回到广东和我的母亲潘韵颐结婚的。之后，父亲带着母亲，还有母亲结婚时从娘家一起带来的小姑娘邬合（也就是后面我要提到的合姐），一同来到了日本东京。到了东京后，母亲就一直在东京一所技术学校学习缝纫等家政课程。这样一直到父亲准备送母亲回国时，我的母亲潘韵颐在日本已经生活了近 3 年。几天后，收拾打点好的父亲终于和母亲还有合姐一起登上了即将开往中国的一艘轮船。这艘船将途经上海、香港，行程差不多需要一周的时间，最后到达广州。听母亲后来告诉我，父亲在到达广州把母亲安顿好后，自己就又返回日本，继续去完成他的学业了。

记得我稍稍懂事后，也曾问过母亲，既然都要生我了，当时为什么

还要冒那么大的风险乘船回国？母亲说，虽然当时已经登上了轮船，我的父亲也很担心并考虑到当时孩子有可能在日本船上出生，也做好了母亲在日本船上分娩的准备。但父亲对送母亲回国的选择并不后悔。因为当时地震的"余威"还没有消除，如果在东京等待孩子出生，除了人身安全的担心外，正在攻读学业的父亲也会分散很多精力。而回到广州，那里有自己的家，既安全又有家人的照顾，父亲觉得回广州应该说还是上策。

我的母亲生我时，刚刚21岁。在临产之际踏上遥远的过海跨国之旅，对于她，几乎可以说是一次充满了艰难的冒险。好在陪伴在她身边的，除了我的父亲和不少的行李之外，还有一直不离左右的合姐。母亲说，她当时看着一脸天真又聪明机灵的小邬合，内心也踏实了许多。十几天后，平安抵达广州的母亲顺利生下我这个在母腹中就陪伴父亲和母亲在"日本留学"，如今终于跨海归来的孩子。母亲当年虽然知道回国途中会冒很大风险，但她还是在生我之前回到了中国。回想起来，真是很幸运。母亲不但在那个充满风险的旅途中一路平安，而且在回到广州后没几天，我就平安出生了。

有时候我也经常想，从小到大我一直很爱吃鱼和海鲜，不知是否与母亲在怀孕期生活在日本的这一段经历有关呢？因为日本是岛国，他们的饮食习惯是以海鲜为主。听父母说过，在日本几乎每一天的食谱上都有海鲜，由于岛国海鲜容易购买，父母亲爱吃还不贵。

2.我的家乡和父母

可以想见，在近百年前的旧中国，我的父亲能够远渡日本，先后留学10年，而我的母亲作为邬家的媳妇也能够带着娘家陪嫁的合姐赴日本学习3年，若没有丰厚的经济实力，这一切是不可能做到的。因此，提起我的出生，就要提到我的曾在日本留学的父母亲，就不得不提到我的家乡，以及我的祖父家和我的外祖父家的情况。我的老家在广东番禺，据老一辈人讲，实际我们最早的邬姓家族是从浙江诸暨搬过来的。在我的记忆中，我们家的老一辈人还经常和浙江那边的亲戚有联系。

如今，我家祖上在番禺南村居住的余荫山房已被开发为当地的旅游景点。按照邬氏族谱记载，邬氏家族历代都有不少当官经商的人，至今也还有人在香港任职。说起来，南村的邬氏人家算是望族，读书人也很多。我祖父那一辈大多数是读书人，所以他们不仅很早就把我的父亲送到广州去读书，而且在他中学毕业后就坚决把他送去日本留学。在我的老家，邬姓是当地有名的大户。自从最早的先辈从浙江诸暨迁徙到广东后，就逐渐在番禺南村定居，并形成了以余荫山房和光大堂为定居点的两大支邬姓人家。其中，居住在余荫山房的一支邬姓人家，不仅家族庞大、人丁兴旺，世代更是不乏做官和有很多经商之人。因此，南村邬姓人家大都经济宽裕、家境殷实。当年在广东南海、番禺一带曾有"南村邬有子不愁妻"之话，在当地老百姓之间最为流传。在大家都非常熟悉的中国古典名著《红楼梦》中，贾母过生日众宾客送生日贺礼时，贾母有一句"南海邬家送什么呀？"的话，也可以看出当年光大堂和余荫山房邬氏家族的富庶。

我是父母的第一个孩子，因此在我的老家番禺，也掀起了不小的波动。一听说祖父家在日本留学的儿子新近添得一位男丁，族里宗亲、乡村四邻，很多人都前来祝贺。一时，番禺南村与光大堂毗邻的"兄弟之家"余荫山房邬家祖屋内客人络绎不绝，热闹非凡……孙辈添得一位男丁，竟让如此众多宗亲乡邻前来捧场贺喜，不得不说是因为我祖父的家庭在当地的显赫地位和名声了。说起来，自然还是离不开居住在番禺南村的邬姓人家。

正是番禺南村的余荫山房邬家如此的经济状况，才使得我的父亲早早地在中学毕业后就被家人送去日本留学，而且算上他在留学期间回国结婚，带上我的母亲一同赴日本留学，再到我的母亲回国生子，他自己

5

又继续留学的经历，我的父亲总共在日本留学长达 10 年之久。我想，当年邬家若不是有经济方面的雄厚实力，留学这么久是不可能的。

我的广东番禺的外祖父家，他们的经济财力在当地人家中也是排在前面的。我的外祖父家就坐落在番禺的市桥镇，虽不像我在南村的祖父家那样是人口众多的大姓，但潘家却是市桥镇买卖生意兴隆且有名望的商人。做生意的外祖父家底丰厚，所以我的母亲结婚时，潘家不仅为嫁入邬家的女儿陪嫁丫头，还陪送一笔丰厚的嫁妆。我的母亲结婚后，潘家的儿子也就是我母亲的弟弟继承了家业。他在做生意经商方面也很成功。一直到现在，每年到八月十五中秋节时，舅舅的子孙们都要给我寄来广东月饼，让我吃到家乡的味道。

想起来，当年是番禺南村邬家与市桥镇潘家优裕的经济条件成就了我的父亲留学日本 10 年的学习，也成就了我的父亲和母亲的安定生活。这样的生活，也使得我在出生后，不仅有一个衣食无忧的生活环境，也在以后的成长过程中，一直能够适时走进好的学校读书学习，受到了良好的教育。

3. 幼儿园里的歌

我 1 岁多的时候，在日本留学的父亲学成回国了。虽然当时家中经济比较富裕，并不急需他外出赚钱，但父亲还是在回国后不久很快就应聘上班了。他先是在广州政府机关做公务员，后来又去当了律师。几年后，父亲又去澳门筹建一所南方中学，并亲自担任这所中学的校长。父亲从公务员到律师，再到澳门一所中学的校长，从日本留学归来后就一直在外投身工作。后来，我的弟弟邬法潜也出生了。但忙于工作的父亲却几乎无暇顾及家庭和两个年幼的儿子。因此，小时候的我对父亲的印象并不深刻。后来慢慢长大，回忆起来，也觉得自己是在缺少父爱的环境中长大的。虽然父亲整日忙于工作和应酬，让我几乎都见不到他的身影，但或许是身为读书人，又受到西方先进教育的影响，我的父亲从来没有忘记对他的儿子在读书受教育方面的培养。所以我还不到 5 岁时，就在父亲的亲自安排下，被送进了广州一所有名的幼儿园接受学前教育。想起来，父亲对我当年的教育还真是挺重视的。

而那个时候的中国，正处于国共两党第一次合作的大革命时期，席卷华夏大地的革命浪潮在南方的广东更为激烈。尤其是在广州，革命的激情很快就遍及各个角落。从军队到学校，处处都是高喊口号、大声唱歌的激烈情景。这种如烈火般的革命激情甚至燃烧到了我们那所集中了一帮稚童的幼儿园……这也刻在了我儿时上幼儿园的记忆中。每天早晨除了合姐牵着我的手，一直送我到幼儿园的大门口，再看着我走进幼儿园她才离开这些小事让我一直无法忘记之外，印象最深的就是在幼儿园里唱歌的情景了。每天都是老师带着我们唱，所以我不但很快就学会了，而且牢牢记住了歌词。尤其是我们唱得最多的那首"打倒列强"的歌，更是深深印在了我的脑海里。虽然现在我已是年近百岁的高龄老人了，但我至今仍然能够清楚地唱出那首难忘的歌："打倒列强，打倒列强，除军阀，除军阀，国民革命成功，国民革命成功，齐奋斗！齐奋斗！……"

现在想起来，当时我们的年龄虽然小，歌声却是十分响亮。但是这样天天高声唱歌的日子没有过多久，原来那样高昂的"国民革命成功"的歌词就再也没从我们这些小孩子们的口中唱出了。我还记得，还是那首歌，还是那个曲调，只不过原来歌词中唱的"打倒列强"已变成了"打倒苏俄"，结尾的"齐奋斗"也改成了"杜赤探"。从"打倒列强"到"打倒苏俄"，我当时年纪小，自然是懵懵懂懂，根本不知道当时这首歌的真正含义。当然也更不知道，那是当时国共两党从合作到分裂，再到共产党人惨遭屠杀，革命形势急转直下的一段中华大地无法抹去的悲壮历史……

一直到后来长大了，我才明白，当年之所以由开始"打倒列强"的

歌词改为"打倒苏俄",是因为国共分裂,国家的政治形势变了……

4.校长哭了

那个年代,总是唱着"打倒列强"和"打倒苏俄",却一直对歌词懵懵懂懂的我,就这样一天天长大,终于该上小学了。

那个年代,在广州市包括公立、教会和私立的大大小小的学校中,最好的学校就是各种设施和教学都比较完备的公立学校。对子女一向重视教育的父亲自然是把公立学校作为我这个邬家大儿子入学的首选。于是,在到了该上小学的年龄时,我又走进了父亲为我安排的五一小学。五一小学也叫过灵峰小学,不仅是当时广州市一所很有名和最好的公立小学,而且在教学方面也很有特色。比起上幼儿园时,走进小学校门的我已经长大,也开始懂事了。我记得,从走进学校开始,我就知道努力读书。因此,我在读小学时,因为上课专心听讲,也知道用功,所以学习成绩一直很好,总是排在班里的前列。

上小学的时候,我的父亲仍是不常回家,回想起来,童年的我虽然少了些父爱,但母亲对我一直很疼爱,而且总是鼓励我努力学习。生活中,还有合姐对我的百般照顾。总之,这个时候的我,家境好,生活无忧,上广州最好的小学。在学校里活泼好动,学习努力,成绩优秀。这就是当年的我,一个小学生真实的生活和学习状况。至于我就读的广州五一小学,就更不用说了,当时更是一派勤奋学习的景象,只要走进和谐宁静的校园中,总会听到不时传来阵阵的琅琅读书声。

但是这一切,很快就因"九·一八"事件而彻底改变了。那是一天的上午,我刚刚走进校门不久,就听见校园里的警钟敲响了。于是我们班上的同学立刻站好队向大操场奔去。很快,全校的同学和老师们都集合到了大操场。我站在队伍中,只看见校长缓缓走上台,向大家宣布说:"同学们,昨天晚上,日本强盗占领了我们的东北三省……"说到这儿，校长已是满脸悲痛，难过得声音呜咽，说不下去了，刚刚集合在一起的全校师生都惊呆了。

很快，在校长讲话后仅仅是一阵短暂的沉默后，几个老师就带着全校师生发出了愤怒的呼喊："打倒日本帝国主义！""小日本从东三省滚出去！"那天在大操场上一阵阵接连响起的口号声我至今仍记得清清楚楚。我那时刚刚上到二年级，只记得我也跟着老师和同学们一块喊起了口号。在一阵高过一阵的口号声中，我看到身旁的同学和老师都哭了，台上的校长更是早已泪流满面……那一刻，我只觉得自己已经沉浸在和大家一起振臂高呼口号的浪潮中。置身在一片群情激昂中的我，心中第一次燃起了对占领祖国领土的日本鬼子的愤怒与仇恨。

从那以后，我作为一名小学生，就加入了宣传抗日的活动。不管是在放学后，还是在放假的时间里，我都会在老师的带领下，和同学们一起走上街头进行抗日的宣传活动。有时我们去帮着卖花，有时去做捐款。每一次活动我都积极参加，因为老师告诉我们，要为抗日将士捐款凑钱买飞机，去打日本鬼子……现在想起来，如果说上幼儿园时我唱"打倒列强"还是懵懵懂懂，那么走进校门成为小学生的我，可以说，心中已经开始萌生了爱国主义的情怀。

时间已经过去了 90 多年，但时至今日，我仍然记得在广州五一小学上学时，校长对我们全校师生说"我们的东三省丢了"时痛哭流涕的情景，从那时起，我就知道了日本鬼子是占领我们国土的仇人。那是我第一次受到的爱国主义教育，也可以说是开始在心中埋下了爱国主义情结吧！

直到后来，当很多人都问我，当年为什么要放弃在美国可以得到的优厚待遇，回到当时还是贫穷落后的祖国呢？我觉得主要是源于我从小就存在于心中的爱国主义情结——那就是爱自己的祖国，为祖国建设效力在所不辞。就像我在回答别人提出这个问题时常说的那句话："中国人回国还需要理由吗？留在美国才需要找借口……"

第二节

广雅中学的风暴

1. 广雅中学闻名广东

从广州最好的五一小学毕业后，因为学习成绩优秀，我又顺利考进了广东省最负盛名，并被誉为全省中学精英的广雅中学。回想起来，相比于广州五一小学，我与广雅中学更有一段特殊的感情。因为广雅中学不仅给了我最优质的中学教育，更与时代共同哺育了我，在我的心中深深埋下了爱国的种子。

在广雅中学读书时的邬沧萍

至今让我难忘的广雅中学，想当年不知有多少中学生对她崇拜神往。这所闻名于全广东的中学有着悠久、不同寻常的历史。广雅中学最早的名字叫广雅书院，创建的时间是在清朝光绪十四年，也就是公元 1888 年。广雅书院的创始人是晚晴时期有名的人物，就是当时兼管学部的军机大臣张之洞。他在任期间，积极倡导创办近代工业和兴办教育，并几次联衔上奏，要求改革和废除科举制度，终于使清政府颁诏废科举。张之洞也因此而闻名，并被誉为中国近代史上仅次于李鸿章的清朝洋务派代表人物。

当年，以洋务派代表人物著称的张之洞，不仅开矿务局、建船厂和织布厂，更重视国民教育和培养人才。他曾经说过："中国不贫于财，而贫于人才，不弱于兵，而弱于志气。"为发展教育，时任两广总督的张之洞首先了解到，当时的广东虽已有粤秀、越华、应元三所书院，但这些书院不仅规模小招收不了更多的学生，也都没有能够为学生提供住宿的设施，于是张之洞决定，再建一所能够容纳更多学生学习和住宿的新书院，并取名为广雅书院。意为"广者大也，雅者正也"，也就是要培养学识渊博、品行雅正的人才。

经过一连 7 次的选址，最后张之洞才选中距离广州西北 5 里地的源头乡西村，总面积达 124 亩的一块土地。落成后的广雅书院规模宏大，校园幽静，可说是当年广东省首屈一指的大书院。在办学教育上，张之洞更是针对当时科举制度的弊端提出了"以贯通古今为主，不取空论性理之学；以践履笃实为主，不取矫伪经济之学；以知今切用为主，不取泛滥辞章之学；以翔实尔雅为主，不取浮靡之学；士习以廉谨厚重为主，不取嚣张"的"五主五不"原则。张之洞为广雅中学制定的这一"五主五不"教育原则，不仅成为当时教育办学的典范，更为广雅中学的教育教学奠定了坚实的根基。因此，也有后人评论说，张之洞当年对广雅书院推行的教育理念，不仅在当时，即便是在时隔百余年的今日，依然是实用而超前的。

作为广雅书院的创建者张之洞，不仅在书院建成后出席了首次开学典礼，而且一直主持策划书院的发展、人事安排，以及学生课业考评的工作。一直到他卸任两广总督到武昌任湖广总督后，仍然亲手为广雅书

——邬沧萍口述实录

院制定季课章程，也对送到武昌的广雅学生试卷逐一详加审阅等。

教育理念实用超前，历史悠久而不同寻常，这就是大名鼎鼎的广雅中学。广雅中学曾在一个时期更名为省立第一中学，并明确任务是吸收全省各个县的优秀学生。

成为中学生的我，正是在这所学校，受到了良好的文化教育，身体得到了锻炼。我来到广雅中学后，仍然刻苦努力学习，成绩优秀。也热爱体育运动，积极参与体育活动，养成了爱锻炼的好习惯。当然，最让我难以忘怀的，还是广雅中学给予我的爱国主义教育。今天回想起来，广雅的一切一切，无论是学习和各类活动，还是我终生难忘的爱国主义教育都给我留下了深刻的记忆。总之，曾经在广雅中学的难忘时光一直让我刻骨铭心……

2. 我走进广雅中学

广雅是一所占地广大、环境幽雅的中学。我永远忘不了第一天走进广雅中学的情景。那一天，还没有走进校门，就看到了环绕校园四周的一条河以及河边垒砌起来的一堵高高的围墙，我知道，那是广雅中学的"护校河"。看着眼前静静流淌的河水、高高的围墙，还有那一片郁郁葱葱的树木，不由让刚刚成为中学生的我对即将走进的广雅中学更加充满了好奇，充满了向往。

走进校门的那一刻，我的心更加激动了。我一下就感受到了广雅中学宏大的气魄。首先是课室和书库连在一起的200间书斋，还有掩映相望的荷花池、漂亮的假山。连竹林间的小路都是那样蜿蜒曲折，令人目不暇接。此外，还有院长办公室、礼堂、讲堂，以及专为藏书之用的、被称作冠冕楼的两层楼房的四进院舍，每一处都让我感到广雅中学校园的深邃庞大，让刚刚走进校门的我又兴奋又快乐。

最让我震撼的是第三进院舍中间的那座被称为"无邪堂"的讲堂，

那是以前广雅书院院长亲自登台讲课的地方。我看到"无邪堂"的第一眼时，就被它那副长长的对联深深地吸引了。上面是这样写的：富贵不能淫，贫贱不能移，威武不能屈斯大丈夫也；天将降大任于斯人也，必将劳其筋骨饿其体肤，行不乱其所为。想起来，"无邪堂"之所以让我觉得震撼，主要是那副长长的对联。一直到今天，我始终忘不了那苍劲有力的大字；我总觉得，这几十个字虽不多，却字字都撞击到心灵深处，仿佛在告诫自己如何做人做事。几十年的岁月里，我不仅时时用它勉励自己，而且一直把它牢记在心中，那副对联对我的影响真是很大。

广雅中学实行全部的寄宿制，招收的学生也全都是男生，因此广雅中学不仅在学习教育上理念超前，在学生住宿生活管理方面也因十分严格而不同于一般学校。比如校内学生住宿的宿舍都被称为"楼"，我刚刚走进广雅中学时，就住在初中学生集中的宿舍"南皮楼"。

此外，为便于管理学生，广雅中学也没有像一般寄宿学校那样几个人住在一间宿舍，而是一个班三四十人集中住在一座大房子的大宿舍里。在这座大宿舍的 10 间小房子里分别住着班主任和几十名学生，这种同吃同住的住宿管理模式，显然更有助于老师们教育和管理学生们的生活和学习。比如像学校要求学生每天晚上用毛笔写日记，都是在当晚就由值日学生送到班主任手里直接审阅，并择优选出一篇送到学校的长廊橱窗里展出。日久天长，学生既能练习写作，又练得一手好毛笔字。我后来的字，都是在那个时候打下的基础。我也很快就适应了学校对学生住宿的管理模式，因为我爱学习，也知道努力，所以也仍然和在小学时一样，在班上还是学习勤奋、成绩优秀的好学生。平日里我喜欢看学校里举办的高年级同学的国文、英语、数学等大赛，也喜欢参加学校里举办的各类演讲等活动。广雅中学环境幽雅，在校园内既有宽阔的足球场，也有 50 米长的游泳池。学校对我们每一个学生都要求毕业前必须通过这些运动项目的测验，目的当然是为了每个学生都有一个健康的体魄。

除了学习抓得紧，广雅中学在课余时间的文体活动也开展得非常丰富。学校不仅有学生自己组织的剧社经常排练演出话剧，还有学生小乐队、口琴队、篮球队、游泳队等。这些丰富的课外文体活动也让原来就学习氛围浓烈的校园里更加生机勃勃。

前几年我的一位广雅中学的学弟曾有一篇回忆广雅中学的文章，其中一段关于广雅中学课余文体活动的描写，我觉得就是当年我们广雅中学校园生活的真实写照。他的文章这样写道：广雅课余文体活动相当活跃。有四人一组的小乐队到数十人的大口琴队，晚饭后弦歌之声不绝于耳。运动场上，球声嘣嘣；游泳池里，鱼龙穿梭。不时有外面请来的杂技表演，或有外校的球队到我校来比赛。我当时是口琴队的成员，还上过广播电台呢！我本来不重视体育锻炼，因为我以前待的许多学校对体育成绩好坏无所谓。但广雅定有多种体育项目的最低指标，达不到指标就不能升级。而常常是体育好的学习成绩也很好……由于母校重视体育，我就改掉了过去不重视体育的习惯，锻炼出一副好体魄，使我经受住了十几年战争生活的考验。

3. 亲历抗日爱国学生运动

我一直认为，无论是广雅中学良好的学习环境和优质的教育，还是丰富多彩的课余文体活动，都让广雅中学无愧于广东省中学精英的美誉，也都给我留下了深刻的记忆。但我心中最难忘的，还是当年在广雅曾亲身经历的抗日爱国学生运动。这么多年来，我一直认定，那是广雅中学在我心中深深埋下的一颗爱国的种子……

回忆起来，当年广雅中学爆发学生罢课、游行示威等活动时，我虽然还只是一名走进校门不久的初中生，但我在跟随校内高年级的进步学生发起的走上街头游行、全校罢课的抗日救国宣传活动中，亲身感受到中国人民日益高涨的抗日爱国情怀。这是我在广雅中学最早接受的进步爱国思想教育。还有在学校里对各种进步书刊的阅读，那时，广雅中学很多班级的进步学生已经纷纷发起组织了读书会。在读书会的带领下，同学们学习了艾思奇的《大众哲学》、华岗的《社会发展史纲》，还有沈志远的《政治经济学讲话》等哲学著作。后来，还学习了杜重远、邹韬奋先后主编的《生活》《大众生活》《新生》，金仲华主编的《世界知识》等先进著作和杂志。此外，学生们还能够阅读到香港的报纸，也由此知晓了很多被国民党政府封锁的国内外新闻。这些阅读活动，不仅开阔了同学们的思想境界，让他们认清了国内政治形势，也更激发了同学们强烈的爱国热情。后来，在学校进步学生的积极带领下，大家又纷纷组织演讲会，为抗日救国作宣传。

到了1935年年底，在国土沦丧、大敌当前的政治形势下，北京城爆发了著名的"一二·九"抗日救亡学生运动。在这个革命浪潮的影响下，广雅中学也在一个月后的1936年1月9日，开始了学生上街示威游行和罢课的活动。记得那是一天的清晨，最早来到广雅中学的是广州中山大学的一批学生，他们到来不久，学校的大钟就响了。于是，早就准备好的同学们立即在大礼堂集合好了队伍。在高年级学生的带领下，广雅中学的学生终于和中山大学的学生一起冲出校门，开始了抗日救亡宣传的示威游行。他们一路高喊抗日救国口号，一直走到广州海珠桥附近和游行的学生汇合后，又参加了在那里举行的抗日宣传大会。当时会场的气氛很热烈，学生们在会上痛斥国民党政府"先安内，后攘外"的政策，抗日的口号声更是一浪高过一浪。游行示威结束后，同学们又开始了全校学生的罢课。

我清楚地记得，那天学校的大门紧紧关闭，全校的学生都没有上课，连老师带学生全都集中在大礼堂开会，一起宣誓抗日救亡。虽然校门外围满了持枪的军警，但心中早已燃烧起抗日怒火的同学们却丝毫没有畏惧。后来，游行罢课虽然结束了，但广雅中学的同学们抗日救亡的激情并没有被扑灭，经历一系列抗日救亡宣传活动的学生们更加关心抗日的前途，关心国家的命运。在地下党组织的领导下，由全校读书会联合起来竞选出的广雅中学学生会也开始在进步学生领导下大规模地公开开展起新的抗日救亡宣传活动。他们很快购得包括当时主张各种抗日救亡的书刊、画报的一些内容读给大家听，并在学生会的楼下开辟出一间阅览室，把这些书刊画报陈列出来。每天晚饭后，我们这些学生都可以随便阅读。

学生会还在无邪堂前边东侧的长廊墙壁上办起了大型的壁报专刊，把反映一些同学迫切要求和抗日救亡呼声的文章贴出来。同时学生会还向全校学生征稿，把同学们在一天之内看到想到的，写成要求抗日和对当时社会、学校不合理制度表示不满的文章，经过筛选，刊登在一本名为《广雅的一日》的书上出版。此外，学生会在充实原有广雅剧社、口琴社等社团的基础上，又组织成立了时事讨论会、文艺研究会等新的社团。总之，不管是阅览室、墙报，还是书刊、社团，通过这些在学生会直接领导下的各类形式的活动，不仅积极宣传了抗日救国，而且还把广雅中学的大部分学生组织联合起来，既支持了学生会的工作，也提高了同学们的爱国觉悟。

1937年7月7日，日本占领卢沟桥，抗日战争正式爆发。广州市遭到敌机轰炸后，我们广雅中学被迫将学校迁到顺德县碧江乡。虽然远离了广州，但全校同学更加团结，抗日情绪更加高涨，大家一致把矛头对准日本侵略者。为了鼓舞全校师生共同抗日的斗志，广雅中学还请来了郭沫若、茅盾等当时进步的文化人士给全体师生作报告，特别是后来叶剑英将军来到广雅中学作的形势与任务的政治报告，更是给全校老师和同学们极大的鼓舞。

这个时期的广雅中学虽搬到了地势偏远、条件艰苦的农村，但在当时那种革命形势的影响下，我们全校师生同仇敌忾，早已把个人的命运同学校、同国家的命运连在一起，我们从来没有觉得苦。我的很多同学还利用课余时间深入乡村讲课、宣传抗日。也有同学跟随高年级的学生直接奔赴革命圣地延安参加了革命，他们弃笔从戎，直接投身到抗日救国的队伍中。回忆起我曾经就读的广雅中学，仍然为我就读的中学而感到自豪，我觉得广雅中学不仅是有着优良传统的全省精英，更在大敌当前、国家命运生死存亡的形势下，全校师生表现出团结一致、抗日救国的革命精神！

当时广雅中学很倡导传统文化，当局要求学校让我们都学习《孝经》，现在看来是企图淡化学生对当局抗日不作为的过激情绪。在那觉醒的年代，又是一个各种思想交织的年代，我认为在广雅中学则是爱国主义思潮占主导地位。因为我们学校里不仅有很多爱国进步的学生，也有很多具有进步思想的老师；所以即便那个时候蒋介石提出"先安内，后攘外"，让很多宣传抗日思想的书刊都成了半禁书，但由于这些老师和同学，很多同学仍然能够读到很多进步书刊和杂志等。当然印象最深的还是当年广雅中学的学生上街示威游行和全校罢课的事，那时我虽然刚上初中，但至今仍然记得同学们高声喊口号，抵制日货，宣传抗日的那股激情。还有那天学校大门紧闭，外面被军警团团围住，全校罢课跟军警对立的情景，持续了十天左右。

日本军队从大亚湾登陆，开始侵犯华南后，我们广雅中学虽然搬到了顺德的乡下，但大家的抗日爱国激情依然高涨，我们每天都唱爱国抗日救亡的歌曲，像《毕业歌》《大陆歌》，还有"大刀向鬼子们的头上砍去"等歌，我那时都会唱，而且是天天唱。回想起来，我仍然觉得，不管是在广雅中学阅读进步书刊还是亲历游行罢课，以及最后跟随学校迁到顺德碧江，都让中学时代的我，亲历了一场抗日救亡的学生运动。更重要的是，在国家生死存亡之际，我能够与国家民族同呼吸共命运，把澎湃的爱国情怀植根于心中！

第三节

战争年代的大学生活

1. 在香港澳门的逃亡日子

虽然我从岭南大学毕业后，以优异的成绩考取了海关，但我的大学学业却是经历了辗转 5 年的艰苦岁月才完成的。要说原因，就是赶上了战争的年代。正是这场战争，让我的母亲带着我和弟弟邝法潜，还有一直陪伴照顾我们的合姐，经历了从广州到澳门，再到香港的颠沛流离的生活，这场战争也让考入岭南大学的我，从广州到香港，再到曲江和东江梅县，一直到抗日战争胜利后返回广州，辗转 5 年，才完成了大学学业。

我在广雅中学读书到高中一年级时，珠江三角洲就已经被日本军队占领，紧接着，华南大部地区也沦陷在日本侵略者的铁蹄之下。眼看着日本侵略者的军队已经逼近广州，大家心里都明白，这样的形势也就意味着国土沦丧，当亡国奴的日子要来临了。于是，广州市里的很多人纷纷逃离了家园。这时，我的父亲邝应麟已经在两年前因为患病去世了。眼看着周围的亲戚朋友都先后携家人逃到了香港或是澳门，我的母亲也终于决定带着我们兄弟俩还有合姐离开广州。

1938 年，母亲做出一家人去澳门的决定。这个决定的初衷除了不甘做亡国奴外，母亲还觉得在澳门她的两个儿子应该能够得到正常读书的机会。另外，那里也有不少亲戚和朋友，如果遇到什么困难，还可以得到他们的帮助。一直非常看重我们兄弟俩学习的合姐，更是极力赞同我们一家人去澳门。

比起广州的生活条件，我们在澳门的逃亡生活确实差了不少。但庆幸的是，在母亲与合姐的尽力张罗下，我和弟弟邬法潜很快就都走进了学校读书。虽然比不上广雅中学，但毕竟我们两兄弟都没有中断过学习。我们一家人来到澳门不久后，国民党政府在澳门对面中山县的湾仔建立了一所广东临时中学。但是没过多长时间，日本侵略者的魔爪又伸向了湾仔。无奈，临时中学又被迫迁移到香港的知用中学继续办学，我也跟随学校师生去了。之后，我又从香港回到澳门知用中学完成了高中课程。

随着我们兄弟俩顺利走进学校读书，一家人总算是在澳门安顿下来了。但这时，我的母亲却病倒了。经历了战争的动乱，我们一家人在广州、澳门、香港三地的颠沛流离，一向身体柔弱的母亲就像一支即将燃尽的蜡烛，终于耗尽了精力，再也无力为她的两个儿子撑起一片生活的天空了。不久，母亲终因心脏衰竭告别人世。那一年，母亲刚满 40 岁。

1941 年，我以优异的成绩毕业于澳门的知用中学。但是由于母亲的离世，我不知是应该继续升学还是去就业参加工作，毕竟我是长子，对于正在上高中的弟弟，还有一份责任和义务。在我面对两个选择犹豫时，合姐对我说，一定要考大学，这也是你的母亲对你的希望。

在合姐的鼓励支持下，我顺利地同时考取了岭南大学经济系和中山大学工学院，我最后还是选择了岭南大学就读。当时，广州岭南大学由于战争搬迁到香港，在香港大学继续办学。我在大学第一年就是在香港大学上课的。后来，弟弟邬法潜也考上了广州中山大学电机系电讯专业。

现在想起来这一段在香港和澳门的经历，我还是感到很庆幸，虽然

我们赶上了战争的动乱年代，我的父亲和母亲又在我们兄弟俩尚未成年时先后因病去世，但是我和弟弟始终没有失去上大学的机会，更没有中断过学习，我们两个学习成绩也都很好，最后还都走进了大学校门。当然这一切都离不开一直关心照顾我们的合姐以及当时还算比较殷实的家庭经济条件。

2.历经辗转完成大学学业

岭南大学原来就在广州，是一所美国教会创办的大学。广州康乐园的校址就是现在的中山大学主校区。当年岭南大学学生的学习都是比较现代的，使用的都是美国的教材，很多课程用英语授课。此外，岭南大学的学生大多为当地的华侨，还有港澳富商和官宦人家的子女，在当时被人称为贵族学校。也许正是因为岭南大学的学生都是有钱人家的子弟，所以我总觉得在这所大学里，没有广雅中学那样深厚的文化底蕴和爱国主义革命思想的影响力。

1941年12月，日本侵略者的军队又占领了香港。随着香港的沦陷，岭南大学又准备转移了，从香港迁到粤北。可是日本侵略者为了打通向西南的通道，又把战争扩大到粤北，岭南大学又被迫迁到广东的梅县。日本侵略者投降后，岭南大学又迁回广州。我大学的最后一年就是在广州岭南大学念的，并在这里毕业。

岭南大学在香港的大学停办后迁到粤北需要通过日本侵略者封锁线才可以。这个阶段的惊险和艰苦，也是我的一段难忘经历。当时，岭南大学的李应林校长首先穿过封锁线，接着穿过国民党、日本人和游击区都管不到的"三不管"地区，再通过江门、佛山、肇庆、贵州，这样一路辗转逃亡，最后到达粤北韶关筹备了一个新的岭南大学校址。

后来，在国民政府和美国基金会的协助下，岭南大学的全校师生终于落脚在曲江大村，建立了新的教室、宿舍、附属中学、图书馆、体育场等设施。在曲江的"大村"学校将校园命名为"岭大村"，就在这里，我完成了大四前的大部分大学课程。随着日本侵略者的魔爪向广西、广东的深入蔓延，"岭大村"也离日本军队越来越近了。大约住了两三年，我们岭南大学的师生又被迫从曲江迁出，最后一直转移到东江梅县才算是勉强安顿下来。一直到1945年抗战胜利，岭南大学的师生才得以回到广州的康乐园。战争的爆发，也让我的大学学业历经了长途跋涉等异常艰苦的搬迁和逃亡才得以完成。

特别难忘的是，岭南大学在香港停办后，我们都各自回家，并想方设法如何从不同路径到粤北的岭南大学复校。至今仍然记得我和几个同学一起颠沛流离，想方设法穿过封锁线的事。

当时"三不管"的地区，都是由当地的地痞流氓控制的，他们不但各控制一段路程，而且彼此之间还都有联系。所以从一个地方到另一个地方我们必须要缴纳保护费才能够顺利通过。我们还听说那一带有不少当地的地痞流氓把守一方，他们任意勒索过路人的钱财，甚至还伤害过无辜人的性命。

我们这几个同学大都是有钱人家的公子哥，一听说这些地痞流氓的恶行，心里都很害怕。我想了想后就给大家出主意说，不如咱们假冒这边一个地痞的名字写上一封信托他们照应一下，再给他们送些礼，这样估计他们就能派人护送，安全通过封锁线了。大家听了都觉得我的主意应该还可以。

于是我仿照一个当地有名的地痞的口气，写了一封信，大意就是让他们派人护送我们安全到达"蒋管区"。果然，那个躺在床上正在抽大烟的痞子一看我们送上了礼物，拿着那封信没看两眼就痛痛快快地派人护送我们到了"蒋管区"。接下来，我们就可以走路、乘车、乘船或乘火车绕个大圈到达粤北了。不过事后回想起来还挺后怕的，因为我写的那封假冒的信，递上去的时候墨迹还没干呢！估计是那位痞子尽顾着抽大烟了，再加上又看到我们送上了礼物才通快地答应了。

21

后来，过了封锁线我们就取道经过柳州、桂林、衡阳到达"岭大村"的岭南大学临时校址。我在这里的大学生活差不多有三年。一直到读大四的时候才回到广州原来的校址"康乐园"继续学习，于1946年大学毕业。

第二章

我爱我的祖国

第一节

"金饭碗"的"得"与"舍"

1. 万人中的"脱颖而出"

我是在 1946 年，也就是中国人民坚持抗战取得最后胜利的第二年毕业的。当时的中国，因为刚刚经历了战争的创伤，全国都陷入恶性通货膨胀，经济一派萧条景象。国内大环境的不景气，也让我和同期的大学生一样，一毕业就迎来了失业。找工作不容易，就业难的问题就非常现实地摆在了我们的面前。

现在回想起来，当年我从岭南大学经济系毕业时，留给我最深刻的印象就是，大学毕业生找工作就业实在是太难了。那个时候的国民党政府也认识到国内这种不景气经济形势的严峻，但是他们同时也认识到，要改变这种状况唯一的办法就是尽早恢复国

捧得"金饭碗"的邬沧萍

家的经济建设。

因此，在当时那样的形势下，首先就是国家急需各方面的人才。国内那些大的企业和银行都是官僚资本控制，年轻人要找工作是很难的。不过因为抗战的胜利，各类人才都回来了，这一下子就聚集了很多急于就业的高学历的青年。于是为了尽快网罗各路精英，国民政府开始面向社会进行全国性的公开招聘考试。

我的父母当时都已过世，自己又没有什么后台，这样的家庭条件对于我来说，参加公开招聘考试无疑是最好的选择，也是唯一的出路。所以我毕业以后得知政府公开考试招聘的信息时，立即就报名参加了。我首先准备参加的是公开招聘特种高级财务人员的考试，它是由当时的国民党政府考试院组织的。按照当时的规定，只要通过这个考试，就可以被录用为国家高级财务税务人员。

在这以前，由于战争的原因，国民党政府已经好多年都没有举办公开招聘了。再加上往届积压的大学毕业生，这一次报名参加考试的人数非常多，单广东省就达到了一万多人。报名参加考试的人数多，招聘的岗位却很有限；考试的科目也很多，涵盖了金融、财政、中文、会计等多个科目。

考试时，要求我们所有考生全部用毛笔答卷，考试时间更是用了整整3天。我因为从小学到大学一直都成绩优秀，再加上我在广雅中学天天用毛笔写日记打下的良好基础，所以这场考试对我来说，不仅以工整的小楷字体完成全部试卷，而且在一万多名考生中，我名列前茅。这也让我"毫无悬念"地被录取了。紧接着，我又分别参加了海关学院（又称"上海税务专门学校"）和出国留学的公开考试。结果，我的成绩仍然是优秀。就这样，国家公务员、海关学院和出国留学的名额都同时被我拿到了。

虽然我参加的公务员考试成绩很好，录用后还可以担任科、处级的荐任官，但最后我还是选择了上海海关学院（即上海税务专门学校）去学习。由于我之前通过了高级财务税务考试，所以我是带薪学习的；另外因为学习成绩优异，我又提前毕业，分配到了香港九龙海关工作。当时，这份工作的待遇相当于香港一般公务员的两到三倍，比国内大学教授和公务员都高很多。

我被录取的时候，中国海关已经8年没有招人了。在这之前，海关就被认为是所有年轻人最好的就业机构，因为这个工作非常稳定，几乎一辈子都不会失业而被称为"金饭碗"。当时海关的考试非常严格，因为海关全部都是用英文办公，税务师也大都是英国人和美国人，所以，当时我参加海关考试全部都是用的英语。过去的北京有税务专门学校，来此招生的人都说"考海关比考清华还难"。而且当年在中国海关工作也可以不受政治倾向的影响，再加上稳定的工作和优厚的待遇，所以，我被海关工作深深地吸引。

那个年代，由于不平等条约的签订，中国海关全都是被外国人掌控。抗日战争胜利后，中国海关名义上是收回了主权，但海关税务司实际大多数还都是英国人，总税务司也是由一个叫李杜的美国人在担任。直至新中国成立后，中国海关才真正成为政府的一个税务部门。

2. 放弃国内的"金饭碗"

香港九龙海关的稳定工作和优厚待遇，以及中国海关招收人员少和非常严格的考试，让中国海关工作历来被人称为"金饭碗"；考进中国海关也成为很多人梦寐以求的愿望。但在众多年轻报名者中，最后能够通过层层考试大关，捧得"金饭碗"的求职者却寥寥无几，可以说是百里挑一吧！

考进海关后，我申报香港九龙海关赴职的申请也很快就得到了批准。我之所以选择中国香港九龙海关，是因为当时正值解放战争时期，通货膨胀波及全国各地，我看到物价上涨以及统治阶级失去民心，危机

四伏；而当时香港是英国的殖民地，在那里，相比国民党统治的大陆来讲还有点自由，还能够阅读到一些反映进步思想的报纸杂志。

回想起来，我在上海学习的时间虽然只有半年，但收获良多，既取得了优异的成绩，又得到了我心中满意的工作。而我实际收获的，还远不止这些，这就是在上海的学习期间，我认识了李梦鱼，也就是后来我妻子李雅书的弟弟，他后来去美国并考取了联合国翻译工作职位，成为联合国中英文首席翻译。

我与李雅书相识的时候，她已经取得了燕京大学历史学学士学位，因为成绩优秀，毕业时获得了燕京大学"金钥匙奖"。大学毕业后，她很顺利地来到香港的一家外资银行工作。之后，她又到了一家外国的船舶公司担任了职员。

我在中国香港九龙海关工作的薪金很高，李雅书在外国船舶公司的工作也有较为丰厚的工资收入。在当时的环境下，像我们两个这样大学刚毕业就能够谋得待遇优厚的工作、顺利步入社会的，确实比较少。我们当时的状况也可以说是工作顺利、衣食无忧。但我们对这些并不满足，因为我们两个人的心中都怀有一个共同的理想，那就是出国留学，赴美深造。

如今在我国出国留学已成为很多年轻人的选择，出国留学也早已不是以前让人触不可及的难事了。但是在半个多世纪前的旧中国，对中国许多大学毕业生来说，出国留学是可望而不可即的。我和妻子李雅书之所以一心要去美国留学，首先是因为我在上学时学习成绩一直很好，我的妻子也一直是拿奖学金的高才生。我们都爱学习，有一颗上进的心，所以我们当时最大的共同愿望就是出国留学。另外，我们两人对出国留学都有一个共同的想法，就是出国留学是为了开阔眼界，学到更多的专业知识，有更好的就业机会和满意的工作，并希望回国后，发挥自身的社会价值，为改变祖国贫困落后的面貌贡献一份绵薄之力。

此外，我们当时出国留学，也有家庭和社会环境的影响。妻子的家庭，除了家里经济条件比较好之外，她的 3 个姐妹和弟弟都已在美国，他们都希望雅书能够去美国留学。另外我就读的岭南大学，华侨和有钱人居多，出国留学的学生也是为数不少。

说实话，当时出国留学的费用还是比较高的。我除了得到家里给予的一部分资金支持，自己在香港九龙海关工作的这段时间，工资也积攒了不少。另外，还得到了香港的一位"干娘"的资助。说起来，还是我在香港读书时，一个同学有一个做房地产生意的姓傅的亲戚，听说我的学习成绩不错，就特别希望我能够帮助他的儿子傅金源读书。后来，我就在他们家住了一段时间，并辅导他们的儿子学习。在我的辅导下，傅金源的学习还真有了很大的进步。他的妈妈，也就是我的"干娘"也视我为亲儿子一样，在生活上给我很大帮助，后来我出国留学时，他们也出钱资助了我一些。回想起来，当年我们能够实现去美国留学的理想，经济条件也是必不可少的因素。另外，之前我通过了留学考试，每个月都能得到政府廉价的外汇，作为学费和生活费，国民政府被推翻以后，这些外汇供给就终止了。

第二节

赴美留学

1. 选择统计学作为第二专业是为了回国学以致用

　　1948 年，也就是在中国香港九龙海关工作两年后，我毅然辞去了当年那个令无数人向往的职业，我的未婚妻李雅书也辞去了在香港外国船舶公司的工作，我们从香港离开，一起登上了开往美国的邮轮。

初到美国的邬沧萍与李雅书及亲戚的孩子

　　到了美国后，我和李雅书在她的三姐和三姐夫的主持下，在纽约附近的一座教堂里举办了婚礼。之后，我进入纽约大学工商管理研究院，开始攻读工商管理专业硕士学位，这是当时在美国很受人追捧的专业，也就是当今很多人熟知的 MBA。我的妻子李雅书则进入哥伦比亚大学政治研究院攻读历史学硕士学位。

　　1950 年，我来到美国的两

邬沧萍夫妇在美国与李雅书的姐姐姐夫等合影

年后，顺利取得了美国纽约大学工商管理学的硕士学位。我还在这两年的时间里同时学习部分博士学位的课程。此外，我还有一个让谁都没有想到的收获，就是在这两年的时间里，我同时又在哥伦比亚大学取得了第二专业统计学的学习证书。

对于这期间我为什么要在哥伦比亚大学同时攻读统计学专业，很多人都不太理解，后来也有很多人问过我，当初为什么要选择统计学专业呢？说起来，这还是源于我学成后报效祖国的决心，我知道统计专业回国后能够派上用场。

在当时我就认识到，我在美国取得的 MBA，就是攻读博士也只适合于西方的市场经济，对于新中国的计划经济是不能派上用场的。而我选择的统计学，是计划经济的基础，在中国是有用武之地的。所以我才在留学期间专门选修统计学。只不过我当时也没有料到，我这一次跨学科的选择，会为我回国后从事教学工作，后来参加全国人口普查工作、人口学教学、研究以及老年学研究工作奠定了基础。

2.在美国为祖国庆生

我攻读硕士学位的纽约大学工商管理研究院就坐落在华尔街，由于这所大学里的很多教授都是华尔街的高管，所以这所纽约大学的工商管理研究院在当时也非常有名。我虽然进入美国的一所有名的大学攻读学位，但我的爱国情怀却丝毫没有减弱，我时时刻刻都心系远在大洋彼岸的祖国。在学习期间，我仍然十分关注国内的政治形势，也经常为祖国的经济状况殚精竭虑。平日空闲时，我除了与岭南大学的校友交往外，还新结识了一些西南联大、中央大学的学生，我们就大家了解到的一些来自国内的信息进行交流和讨论。当时，与我交往多的都是一些非常关注国内形势、思想比较进步、有愿望回国参加祖国建设的中国留学生。也可以说是"物以类聚，人以群分"吧。

我们在一起谈的，全都是关于当时国内的话题。比如正在打仗的中国东北战场，还有当时中国不景气的经济市场。有的时候，我们也谈大家共同阅读过的《大众哲学》等马列主义和进步书籍的心得。

来到美国后，我和妻子订阅了由香港出版的《大公报》《文汇报》等报纸，这些都是我们在香港常阅读的报纸，他们宣传的都是主张团结、反对分裂，坚持进步的思想，而且又敢于揭露真相、敢于阐明自己的观点。这些报纸都是具有爱国主义思想的进步报纸，既把我们与祖国所发生的变化联系起来，也让我在学习之外的时间里，能够阅读到当时的来自祖国政治局势、解放战争、新中国成立的新气象等重大事件。

1949年10月1日，在中华人民共和国宣告成立的时候，我来到美国刚刚学习一年。一听说新中国成立了，我和一些比较进步的同学都非常兴奋。我们立刻决定搞一个庆祝活动，以表示对新中国诞生的祝贺。大家决定先开一个筹备会商量一下这个庆祝活动应该怎样办。因为我们家的房子最宽敞，有一个大客厅，所以当时虽然我妻子正怀孕，可是同学们还是全都到我家来了。记得中央大学和西南联大的学生比较多，岭南大学的同学比较少，岭南大学大多数是富家子弟，他们很少参加政治活动，后来留在美国的也比较多。

经过一番筹备，我们这些思想进步的留学生，终于在纽约市的哥伦比亚大学附近一个国际留学生的礼堂里，顺利举办了庆祝新中国诞生的活动。当时我们的庆祝活动规模并不大，也没有太敢大张旗鼓地公开。但是活动的内容还是挺丰富的，有讲话和唱歌，还有我们自编自排的表演节目等，充分表达了我们这些进步学生对新中国向往的一片爱国之情。我印象最深的就是同学们自己排练的讽刺国民党政府的皮影戏。尤其是那个胖胖矮矮的同学扮演的孔祥熙，让很多同学捧腹大笑。当时，我记得最让大家激动的还是我们的庆祝活动结束时大家高声唱歌的情景。至今，仍然记忆犹新，我们当时唱了《义勇军进行曲》《大刀进行曲》，还有《毕业歌》《东方红》等。

我的妻子李雅书在取得了哥伦比亚大学政治研究院历史学硕士学位后，因为成绩一直名列前茅，也十分顺利地开始继续攻读博士学位。但此刻我的心却无法平静下来，因为在遥远的东方万里之外，我的祖国早已是旧貌换新颜，一片新天地了。

1951年前后，是在美国的爱国中国留学生响应党和国家的号召，回国参加祖国建设的高潮，后来的"两弹一星"的功勋学者大多数都是这个时期相继回国的。更让我感到心里不平静的是，随着新中国的诞生，朱光亚、邓稼先等很多年轻有为的留美科学家都已冲破重重阻力，先后回到祖国；这样的一种形势，对我来说无疑更是一个新的、无形的感召力，让我愈加渴望早日回到祖国的怀抱！

第三节

回国前的日子

1.最后的抉择

虽然这时的我，一心想回到祖国，但我们却不能立即动身，因为我们的第一个孩子，儿子天方刚刚出生不久。在那个年代，一般从美国返回中国的留学生大多数选择乘船。在海上航行，行程很长，差不多要半个多月的时间。这么长时间的海上颠簸，对于刚刚出生不久的婴儿，显然是不适合的。我和妻子商定后，决定在儿子一周岁以后回国。

虽然一时不能够回国，但我与妻子反复商定了回国的日程，我知道，决心已下，我们一家三口回到祖国就是"指日可待"。想到这里，我的心踏实且平静了许多。在当时，虽然在我和妻子的心目中，早已定下回到祖国的决心。但我和雅书却忽略了一个最大的问题，就是我们面临的现实。我和妻子当时都没有想到，在逃避不掉的现实面前，我们在选择人生道路的时刻经历了严峻考验。也就是说，在我们最后做出回到祖国的选择时，也是经历了一番可以说是艰苦的过程的。在那个年代的政治环境下，回不回中国，对当时所有在美国留学的知识分子来说，无疑都是一个人生道路的选择。现在回想起来，当时做出最后的抉择，真是经历了激烈的思想斗争呢！

首先，在选择回国的道路上，所有中国留美学生都要面临的就是当时的国际形势，用现在的话说就是大环境。那个时候，国际上的反华力量比现在大多了。在当年的美国政府和已经败退到台湾的国民党当局的眼里，刚刚成立的中华人民共和国就是他们视为头号目标的敌人，所以对于在美国的中国留学生，美国政府和国民党都极尽所能，力图阻止留学生返回大陆，为社会主义的新中国效力。在反华势力对新中国进行全面封锁的形势下，美国政府明确的态度就是希望中国留学生都留下来。在他们的眼里，这些留学生如果回到新中国，肯定就是帮助共产党。所以对当时的中国留学生，不管是毕业的还是正在学习的，美国政府都想方设法要把他们全留下来。

首先，美国政府出面明确表态说，他们将把原来一笔援华的款项转为支持在美留学生的资金。按照美国政府的这个规定，我和妻子不仅可以各自领到超出生活费很多的费用，而且攻读学位的学杂费都是对华援助项目支付，还能够得到一份非常不错的工作。当然这个大前提必须是留在美国继续完成学业，不回大陆为共产党效力。也就是说，只要不回新中国，就可以在美国工作，也可以继续学习，并且提供优厚的奖学金。

在当时的环境下，这样的条件实在是够优厚的。在我的记忆里，纽约市民每人每个月需要生活费大约 150 美元以上，与中国的国民政府对留学生每月提供的生活费大体相当。这对于犹豫不定的中国留学生是否回国，确实有很大的诱惑力。要知道，在这以前，由于美国的一贯政策，中国留学生要想留在美国，别说能够领到一笔不菲的费用和得到不错的工作，就是想得到最起码的工作和就业机会，都几乎是不可能的。

为了达到阻止中国留学生回到祖国，美国政府大都通过留学生办公室来做工作。记得我们学校的留学生顾问就亲自对我们说："你们可以继续学习，也可以在这里找工作，什么都可以。"李雅书的博士生导师和我们的关系很好，他也劝我们说："你们不一定忙着回去，还是学业重要……"

台湾国民党也通过留学生中亲国民党的那派人来说服鼓动我们。他们一方面散布什么共产党"共产共妻","你要回去就给你打成反革命"的传言；一方面对我们说，只要回到台湾，就可以保证有好的工作，就可以享受优惠的待遇等等。当时，在美国的华侨大多数都受到国民党的宣传和影响，对新中国有很多的误解，在舆论上影响一批留学生不愿意回国，留在美国的留学生还是绝大多数的。当时除了一部分志同道合的留学生决心回国以外，在美国各方面的气氛都是认为不必急于回新中国，留美观望一个时期再决定是否回国才是上策。这也使得后来我们中国留学生明显地分成了两派，最后慢慢形成了两个帮。后来，一直到我们一家三口都上船了，国民党方面还有人仍然在船上做我们不要回大陆的工作。

除了大环境的影响，我和李雅书还要面临的就是来自家庭和生活环境的影响。当时，李雅书的姐弟们不但都已经在美国定居，而且还都生活稳定、家境富裕，特别是她的弟弟李梦鱼，在美国哥伦比亚大学经济系毕业后，就进入了联合国总部工作，由于业务好，还能讲一口地道的北京话和娴熟的英语，后来成为联合国总部的首席翻译。

当时，李雅书的三个姐妹和弟弟力劝我们留在美国的第一条理由就是，我们两个人的学习成绩都很优秀，马上就要拿到博士学位。如果留在美国不仅可以找到待遇优厚的工作，还可以得到亲人的照应。另外，就是我们的儿子天方一出生就是美国的公民，作为父母是孩子的监护人，我们很容易申请到绿卡；当时特别是中国人取得绿卡很不容易。总之就是一句话，他们都不希望我们一家三口回国。

亲人的真心挽留，未完成的博士学业，这些真是像诱饵一样让我和妻子李雅书很难抉择，让我们两个人在"去"还是"留"的问题上犹豫不定。虽然我们这个最后的抉择过程既激烈又历经艰难，但我深知，选择回国，是源于自己一直深埋于心中的爱国情结。

现在想起来，当时要回到祖国的留学生，有的人是真心爱国，也有的是因为家人都在中国。但我不存在这个问题，我在国内只有弟弟及合姐，我妻子的姐妹和弟弟都在美国，留在美国还是有许多有利条件的。我的妻子有历史学专业的背景，懂得中国人的传统历史文化和家国情怀，她知道我在香港和澳门生活时，有寄人篱下之感。学社会科学的人，在理论上懂得中国悲壮的历史，思想也比较进步一些，所以虽然她的家人都劝她留在美国，但她还是支持我，决定和我一起回国了。

当时，中国中央人民政府派来一些人去做留学生的工作，号召留学生回国参加革命，参加社会主义建设；也有一些代表我国的进步社会团体来劝说中国留学生回国，比如北美基督教学生联合会；还有许多进步的人士和同学也派人来劝导和动员我们这些留学生回到祖国的怀抱。在当时，被动员回来的部分留学生中学自然科学的占比多，学社会科学的占比较少。现在科学院的一些老院士大部分都是跟我们差不多的时候先后回国的。在当时的留学生中，回来的是极少数，绝大部分都没有回来。当时中国很穷，跟美国的生活水平差几十倍。凡是决心回国的人，都是比较爱国的，他们把个人的安危和利益放在脑后，一心想为新中国建设出一份力，这也可以说是担当意识和责任意识了。

我虽然自幼生活在一个相对优越的家庭，从来没有失学过，也没有吃过多少苦。但我从学生时代开始，就一直受到爱国进步思想的影响，不管是在学生时期经历的爱国运动，还是平时阅读的进步书刊、报纸等，这些都对我有很大的影响。在美国留学三年多，我虽然一直受各种舆论的影响，但我选择回国的坚定决心从未改变，我无悔自己的选择，也为此感到自豪！

2. 登上"富兰克林号"

我是在 1951 年 8 月回到祖国，至今已有 70 年，我来到中国人民大学也已经 68 年。今年虽然我已经年近百岁。但当年离开美国登上"富

兰克林号"，踏上回国路途中的情景，仍然记忆犹新、历历在目，就好像发生在昨天一样！

那是在 1951 年，我的儿子天方已经开始咿呀学语和蹒跚迈步了，我和妻子李雅书也开始了我们回国前的行程准备。到了 8 月，我们两个人终于带着刚刚满一岁的儿子天方登上了驶往遥远东方的"富兰克林号"轮船。记得登上船时，我们俩都很激动。因为我们的心中都有一个共同的愿望，迫切希望回到祖国，为社会主义新中国建设出一份力。尽管当时，我放下了手中还没有写完的博士论文，妻子雅书也放弃了正在攻读的历史学博士学位。但是我们还是义无反顾地选择了回国，而且无怨无悔！为此，对仅距一步之遥的博士学位，想想也没什么。我国著名的学者，曾在岭南大学教书的陈寅恪先生，也是曾在德国、法国和美国留过学的，他从来都是对拿"文凭"不屑一顾！他曾说过一句话："考博士并不难，但两三年内被一个具体专题束缚住，就没有时间学其他的知识了。"虽然我们没有拿到博士学位，但用所学到的知识一样可以报效祖国。

记得"富兰克林号"是一艘 6 万多吨级的轮船，可以容纳两千多人。当我站在甲板上听到汽笛的长鸣声，亲眼看着"富兰克林号"缓缓离开码头驶向大海时，我和妻子终于放松和踏实了许多，儿子天方也依偎在母亲怀抱中睡着了。看着他们母子俩，我不由想起了临行前的情景。

还是从亲友们得知我们已经买好船票，只等着回国的时候说起吧！也许是不甘心我们就这么不听劝，雅书的三姐仍然不肯放弃劝阻我们留在美国的最后机会。直到三姐最后以孩子太小为由劝我们说："天方还这么小，实在是不适合这么远的旅程，要不就把孩子留在美国，我们来负责，让他接受更好的教育吧！"最后结果当然是又一次遭到了我们的拒绝。至今还记得当时妻子的三姐在最后一次遭到我们的拒绝时所流露出的失望神情。其实他们哪里知道，正是当时因为天方太小，我们的行程才会拖延，要不然，我们早在一年前就会登上"富兰克林号"了……

　　我看到离我们不远处的甲板上站着几个黄皮肤的年轻人正在热烈交谈，从着装和言谈举止中可以看出，他们也是和我们年龄相仿的中国留学生。看着他们一个个精神焕发、兴高采烈的样子，我和妻子不由走了过去。只见一个瘦瘦的年轻人大声地说："再有半个多月的时间，我们就可以踏上祖国的土地，可以为建设我们的祖国出力了……"这位朝气蓬勃、毕业于耶鲁大学学习音乐的小伙子，就是后来成为新中国著名音乐家和指挥家的黄飞立先生。虽然与黄飞立刚刚认识，但是我和妻子雅书都知道，黄飞立也和我们一样，怀着满腔报效祖国的爱国激情，一心为要回到新中国，参加祖国建设而满怀期待！

　　不一会儿甲板上又来了几个年轻的中国留学生，我们在谈未来、谈理想等，内心更加热烈和激动。这时黄飞立终于抑制不住心情，兴奋地对大家说："我们就要回国了，我临上船之前，刚刚完成了一首庆贺我们回国的歌，现在我们就一起来唱一唱吧！"大家全都为黄飞立鼓起掌来，于是黄飞立不由自主地就扬起胳膊，一边打着拍子，一边教大家唱了起来，彼此的心情都非常的激动和兴奋。

　　大约在 10 天以后吧！我们乘坐的"富兰克林号"抵达了日本横滨，这是我们这次行程的第一站。按照行程安排，"富兰克林号"在横滨可以停留一天，虽然时间不多，横滨离日本首都东京很近，我决定登上岸去一趟东京看看。因为那里是我在母亲腹中，曾经和父母一起"留学"和生活的地方。另外，更重要的一点就是在我的心中，一直忘不了从 1931 年日本军队占领中国东三省到 1945 年抗战胜利的 14 年中，祖国领土惨遭践踏、沦为亡国奴的耻辱。

　　那一年，是抗日战争胜利结束后的第 6 个年头，我踏上了日本的国土，想要用这短短的一天时间，亲眼看一看，曾经在中国不可一世的日本如今是一个什么样子。乘坐差不多半个小时的车程就到了日本的东京。一下车，就立刻能嗅到了东京的衰败与萧条。街上行走的路人穿着破旧，食不果腹。当时，我打了一辆出租车，开车的司机也是衣衫褴

楼，而且还光着两只脚，脚上的鞋子更是破烂不堪。一路下来，所见所闻的整个东京给人的感觉就是满目疮痍和穷困潦倒。我深感这就是日本帝国主义侵略者自食其果所致，此为挑动战争的下场，终究迎来了他们自己的命运审判，应值得日本深刻的反思。当时，也更坚定了我选择回国没有错的决心，身为中国人我感到骄傲，我对祖国的未来充满信心和期待！

时隔 30 多年后，我又有十几次机会去日本调查研究、参观访问和学术交流，并还结识了许多人口学家和老年学家。而且，在日本见到和感受到的与我当初去日本时的所见所闻，真是有天壤之别。当时日本经济发展之快，大大出乎我的预料。同时，感到我国与日本有差距，我们必须加快步伐迎头赶上。现如今的中国经济突飞猛进，与日本差距逐渐缩小，经济总量早已超越日本，也是出乎我的预料，我对祖国各方面的发展前景信心十足！

三天后，"富兰克林号"抵达了第二站，也是终点站香港。香港有关方面很快派出一条船，我们这些要回到祖国的留美学生全都上了船，记得包括我们一家在内，应该有 30 多人吧！这条船直接把我们这些人送到深圳。到了深圳后，我们一行人又接着乘车，最后到达了广州。

第三章

与新中国人口学共同走过的岁月

第一节

一波三折终到中国人民大学

我们从美国留学归国到达广州受到了热烈欢迎，后来又途经上海，最后来到北京。一开始教育部征求我的意见，把我分配到了辅仁大学经济系。随后高等院校调整，我又被分配到了中国人民大学计划统计系工作；后来，就在新成立的人口所工作，担任副所长；之后又成立人口学系并与联合国合作成立中国人口学培训中心，培养中国的人口学人才。还负责派出年轻研究生出国留学，到各国的著名高等学校攻读硕士和博士；还派更多的年轻学者到世界各个人口培训中心（包括开罗、孟买、苏联等）去学习。中国人口培训中心除了请国外知名学者讲学外，后来又增加了南南合作项目，培训和招收朝鲜和越南年轻学者来中国学习人口学，学习时长从半年到一年，朝鲜还专门邀请人口培训中心作友好访问。记得我和翟振武等同志一道去朝鲜参观访问近两个星期。后来，我认识到中国一定会出现人口老龄化，就专门从事老龄研究至今，其间成立第一个老年学研究所，接着中国人民大学把社会学系和人口学系合并为社会与人口学院，我再没有离开过人大，成为学院最老的教师，直到2005年正式办理退休手续。退休后我还继续招博士生，到现在还指导博士生的后续工作。近70年来，是人大培育了我，让我成为新中国最

早从事人口学和老年学研究队伍中的一员。

至今，我仍然忘不了我和人大以及新中国人口学共同走过的日子，甚至当年我从广州到北京、又从辅仁到中央财经大学、最后到人大的情景。

1. 从广州到北京

我们这一行 30 多名海外归来的学子们从深圳到达广州后，立刻受到了隆重的欢迎。让我没有想到的是，代表中国教育部和广东教育厅出面接待我们的，竟是十几年前我在广雅中学读书时的高中同学李显仁。老同学相见，我们自然是格外惊喜和兴奋。我知道，当年在广雅中学上高中时，李显仁就已经是一个地下党员了。我们相见时虽然已经过去了好多年，但我仍然清楚地记得当年李显仁在广雅中学熟悉的身影。不管是他上街游行还是举办读书会，处处都可以看到他是走在最前面的那位。李显仁也立刻想起了我，两个人共同回忆起来当年广雅中学的学习与生活，还有让我们刻骨铭心的广雅爱国学生运动，我们更加感到亲切了。

在广州，我们这一行人不仅受到了隆重的欢迎，而且考虑到我们远渡重洋、长途旅程的辛苦，教育部还特地安排我们在广州休息了一个星期。也可能是回到祖国太兴奋了吧！我一点也不觉得疲倦。于是我先去游览了一别数年的广州，接着又抽出时间去香港看望了一下 3 年前曾经资助我去美国留学的干娘一家。当时香港的规定是只要能够讲一口流利粤语的就能够入境。所以我把妻子和孩子安顿在自己家后，就独自一人去了香港。一晃 3 年不见，没想到又一次见到我的干娘和我曾经辅导过学习的傅金源，我们相见后，自然是亲热又高兴无比。傅金源更是已经长成了大小伙子。当时，他正准备出国留学或去加拿大经商。在香港住了几天后，我就回到了广州。后来干娘一家移居加拿大温哥华经商了，我们再没有见过面，只通过一两次信件，一直到 20 世纪 80 年代，早已侨居加拿大的傅金源还给我的儿子寄来许多体育用品和书籍。

一个星期后，我们一家和一同归来的留学生们一起离开了广州。我们先是到达的上海，仍是受到热情隆重的接待，之后我们奔赴了北京。到了北京后，我们自然又是受到了一番热情隆重的接待。

2. 从辅仁大学到中央财经学院

之后就是分配工作的问题了。对于像我们这些从美国回来的留学生，教育部对愿意从事教育的人是鼓励的，并分配到各个大学。因为我是有心从事教育的，所以就很积极地报名要当老师。教育部的人对我说辅仁大学最缺人，于是我就被分配到了北京辅仁大学经济系教统计学，而我的妻子李雅书则被分到了辅仁大学历史系任教。

现在想来，真是如我事先想到的那样，虽然在美国我拿到了纽约大学工商管理学、哥伦比亚大学统计学修业证书，尤其是我攻读的纽约大学工商管理学硕士，就是今天社会上特别受追捧的 MBA，但是那个年代的中国实行的是计划经济，而不是市场经济，这样我学的这个专业在当时中国国内就完全没有用武之地了。比如像我当时学的股票、公司财务、金融学、银行学全都没用了，只剩下统计学这些带有技术性的学科知识还能够用得上。结果反倒是我在美国拿到的第二学位统计学派上了用场。

说实在的，当时连我自己都没有想到，我在美国辅修的统计学成就了我留学归国后的第一份工作，更为我日后从事中国人口学和老年学的教学研究在量化分析和理论研究方面起到重要作用。

我回国之初之所以教统计学也有当时社会形势的原因，受特定历史环境的影响。那个时候，中国主要是受苏联的影响，在政治上是完全的"一边倒"，比如大家学习的外语基本上都是俄语，我们这些学英语的都

被认为没有用。记得我们当初回来时，教育部有一位领导就对我们说：
"你们在国际书店都是文盲。"现在的人听了似乎不能想象，但这是当时
的社会形势。就这样回来后，我们很多人都学了俄文。我因为英语底子
好，所以俄文也学得很快。没用多少时间就能够不费力气地阅读俄文的
专业书籍了。我当时教的统计学是属于技术类的专业，当时认为它的阶
级性是比较弱的。

1952 年，中央人民政府仿照苏联的教育模式，对全国旧有的高等
学校的院系进行了全盘调整。结果我当时所任教的辅仁大学还有我的母
校岭南大学都在这次院系调整中被撤销。辅仁大学的经济系也与北京大
学、清华大学以及燕京大学的经济系一起被并入了刚刚成立不久的中央
财经学院，于是我也随之去了中央财经学院。

院系调整后，我的妻子也由原来的辅仁大学历史系转入北京师范大
学教书。从此之后，我的妻子开始在北京师范大学历史系从事教学和研
究，经过多年从事教学和研究，她跟我一样后来也是评上了教授，为我
国历史研究培养了许多人才。

3. 我来到中国人民大学

在 1953 年，中央又做出了撤销中央财经学院的决定，同时将其中
部分师资并入了中国人民大学。就这样，我在来到中央财经学院任教仅
仅一年后，就又随着这所大学的撤销来到了中国人民大学。和我一起调
入人大的还有同我一样，在一年前来到中央财经学院教学的北大、清
华、燕京、辅仁等的教师们。

虽然在这么短的时间内，我的工作又一次调动，但我当时的心情却
是又惊喜又激动。因为我知道，中国人民大学是新中国成立后一所很有
名的大学。而且早在美国留学时，我就曾经听说过，中国人民大学是新
中国第一所新型的社会主义大学，招收的教师也都是有着革命经历的青

年知识分子。我当时追求进步思想，自然对这样的大学充满向往。

同时我也很清楚，对于像我这样家庭出身和社会背景的，又在教会大学接受过教育，还没有参加过抗日战争和解放战争的留美学生来说，想进中国人民大学，确实是高不可攀的，所以说这在过去是我连想都不敢想的事。能够到人大工作确实让我没有想到，觉得自己很幸运。时至今日，我都会为当年自己能调入中国人民大学教学而感到荣幸！虽然当初我们回来时，很多人都分到大学当老师，但那时对于绝大多数人来说分配到人大肯定是很难的。

因为中国人民大学是从解放区培养出来并在新中国成立后创建的一所新型的社会主义正规大学，可以说是声名十分显赫，这也使得远在美国的我们都有所耳闻。既然是新型的大学，大学里面也样样都是新的、革命的，所以它吸收的教师全都是革命、进步的青年和知识分子，很多还都是从北京、天津等地到解放区的学生。所以我们这种从国外回来的，真是想都不敢想能够在中国人民大学任教。然而，事实并不是我所想象的那样对留学生都不接纳，在改革开放前，中国人民大学就有近10位新中国成立后回国的留学生。

在那个年代，我进入中国人民大学时，学校的地位也很高。我国的教育改革以苏联为蓝本，中国人民大学得到风气之先，聘请大批苏联专家和教授来校讲学。全国高等学校有关学科的教师都来人民大学学习，特别是第一代马列主义理论的教师。根据人民大学的档案材料，从1950—1957年，到中国人民大学讲课的教师中有98位苏联专家和教授，是中国高等学校聘请苏联专家最多的高校。我所在的计划统计学系就聘请过5位苏联专家来讲课。当时，人们对中国大学的排位是"人北清师"，就是人大、北大、清华、师大。所以我回来一年后调入中国人民大学时，真是喜出望外，始料未及。

第二节

马克思主义给了我一个科学世界观和方法论

1. 满怀热情投身马克思列宁主义的理论学习

1953 年，我从中央财经学院调到中国人民大学后，仍然被安排教授统计学。但我对自己的要求更严格了，不仅在教学上认认真真，更在思想上积极要求进步。我深知在社会主义新形势下，在声名显赫的中国人民大学，自己既不是共产党员，也不是来自解放区的革命者，只是一个热爱祖国、响应国家号召回国的有欧美留学背景的知识分子，要想搞好教学工作，更好地为祖国效力，就必须要求自己思想进步。

尽管之后的政治运动接踵而来，但我历史清楚和清白，没有任何问题，交代的也很坦诚。在政治运动中，我受到广大群众的好评。在选拔留学生到国外学习的过程中，我也做到公平、公正和公开，账目清晰可查，交接有条有序，受到各方的信任和称赞。

1951 年冬，辅仁大学的党组织找我谈话，建议我应该参加一个政治组织进行理论学习，跟同志们一起共同进步，并推荐我进入中国民主同盟，我欣然接受了。与中国民主同盟的"渊源"还要从我没有出国之前说起。早在抗日战争时期，我在香港读书时就经常阅读民盟的《华商报》，我看了上面很多的文章，对于中国民主同盟坚持国共合作、坚持进步、反对分裂的一贯原则就十分赞同，受到进步的、爱国的有识之士的精神影响很大。当时，民盟内部有很多爱国知识分子，像沈钧儒、邹韬奋、李公朴等主张抗日、主张联合共产党抵抗日本；后来他们被关了起来，称之为"七君子"。他们这种反对蒋介石的独裁统治、奋不顾身的品质令我十分敬佩！

在1951年年底，我申请加入了中国民主同盟。中国人民大学民盟中的盟员就有许多党员。在组织生活中，主要是对政策的理论学习，在政治思想上不断提高。当时，我每天在教学和研究工作之余，把很多时间都用来听政治课和学习马克思列宁主义哲学著作。当时的中国人民大学也非常重视对教职员工的政治思想教育工作，这也为我进行马列主义理论学习创造了很好的条件。学校领导不仅组织学校全体人员集体学习马列主义理论，而且规定了严格的固定学习时间，其中很多党课都是当时的人大校长吴玉章亲自授课。由此可见，当年人大学习马列主义理论的氛围是浓厚的。当时，我学习马列主义可以用如饥似渴来形容，我报名参加了马列主义夜大学，攻读4门基础理论课。

让我难以忘怀的是吴玉章校长亲自给我们讲党课的情景，无论是在数九天的寒冬，还是在烈日炎炎的三伏天，他都是照讲不误。记得在冬季我们每个人都是在棉袄外面套上一个小马夹，在文化广场露天听报告。天气特别寒冷，校长一讲就是一两个小时。那个时候，我学习也非常认真，每周至少两个晚上，每晚至少两三个小时都是参加马克思主义基础理论课的学习，雷打不动。

在四年的时间里，我先后学习了《马克思主义哲学》《科学社会主义》《联共党史》《政治经济学》《中国共产党党史》，以及《马恩全集》和《列宁全集》中的著名篇章。这些都是我们的必修课，课后大家还要参加讨论。在学习期间，我也购买了《马恩全集》和《列宁全集》（这两套书籍在改革开放后，我送给人民大学社会学系资料室了）。此外，在马列主义夜大学，每学期我们还都要参加一次以抽签来进行的口述形式的考

试。因为我一直努力认真学习马克思主义基础理论，所以连续 4 年 8 次的考试，我都以全优的成绩毕业。

经过马克思主义基础理论的系统学习，也使我的世界观、人生观、价值观有了一个质的提升。我认为，对我们这些从美国留学归来的知识分子来说，很重要的一点就是如何认识世界，树立人生观、价值观的问题。我回国后，一直注重自己的思想改造，认真学习马列主义思想理论。虽然我外文比较好，对许多历史事实也了解，也都有点思辨能力，比一般人都学得快，认识也深刻一些，但仍然努力学习，通过与大家的交流相互启发，受益甚多。此外，学习马克思主义思想理论课对我的教学工作来讲更是具有深一层的意义。因为掌握马克思主义的基本原理和哲学基础，就像既获得了一个望远镜，又获得了一个显微镜一样。望远镜能够站得高看得远，显微镜对小问题也可以看得更加深刻。

我一直认为，作为一名人民大学的教师，我必须掌握马克思主义思想理论才能和其他教师站在同一起跑线上，才能和大家一起开展讨论和研究。我在那一段时间，通过对一系列马列主义经典著作的学习，确实受益匪浅。也就是说，当我把马克思主义理论和以前我所学过的西方的理论相比较时，我最深刻的感觉就是"一览众山小"。因此，作为我立身处世和研究学问的世界观、人生观、价值观和方法论等也与时俱进，都得以大大提高。此外，马克思主义的精髓是"解放思想、实事求是、与时俱进"，使得我后来在研究人口学和老年学中有了一个明确的理论指导方向。

2. 在学术研究中以马克思主义思想为指导

自从我来到中国人民大学任教后，就开始了对于马克思主义的系统学习。我读夜大、看原著、勤思考，算是对于马克思主义有了一定程度的认识。可以说从那时起，马克思主义思想理论使我在学术研究上终身受益。之所以我能够认识到人口老龄化、存在决定健康长寿等问题，学到很多深层次的东西，并且有一些思考，我认为马克思主义在思想上给我提供的望远镜、显微镜作用至关重要。

20 世纪 70 年代，最开始我正式接触人口学研究时，因为在那个年代还很难完全摆脱阶级斗争的禁锢和教条主义的影响，所以我们出版翻译的人口学领域书籍很多都是以马克思主义为纲的指导思想。比如在《人口理论》这本书里头，当时我们几个编写组的老师引用了大量马克思、恩格斯、列宁、斯大林还有毛泽东关于人口方面的著述。对于资本主义国家的人口理论，像"适度人口论""人口爆炸论"等，都从阶级的角度进行了批判。还有就是对当时叫"苏修"的一些专家的人口理论也进行了一定的审视和怀疑。然后，从中国国情的实际出发，提出了咱们自己的一套人口理论。

后来，我们还翻译了法国人口学家索维的《人口通论》。这是本大部头的书，是联合国人口司建议的西方人口学方面的理论著作，分为上下两册。其核心思想就是"适度人口论"。当时，我们虽然费了很多工夫翻译这本书，但是对于其核心观点还是站在社会经济不断发展和进步的角度来进行研究，不能够限定在人口规模和结构上来进行研究，要根据各国的国情，具体情况具体分析。

1980 年前后，我国开始重视人口理论的建设并以马克思主义人口理论为指导，强调两种生产理论，从我国实际出发，赋予了马克思主义人口理论的新内涵，从此成为我国控制人口增长的理论依据。

进入 20 世纪 90 年代以后，中国人口学关于人口、资源、环境以及可持续发展的关系，在理论上提出许多新认识。我在刘铮主编的《人口理论教程》一书中负责"人口和生态环境"这一章节。这是过去中国很少讨论和研究的问题。当时，我也是从马克思主义理论出发来阐述我自己的观点的。

马克思主义认为，人类周围的自然环境和人类本身一样，都不是神创造的，而是物质运动经过长期演变而成的。自然环境的这种运动永远

不会停止，但它的变化速度比社会的发展变化速度要慢得多；因此，对比于人类历史活动的过程来说，它可以被看成是相对固定的，它的发展变化受自然规律的制约，而不能由人们恣意决定。这是我对人口、资源、环境的关系进行研究的起点。

马克思主义对于人口、生态、环境关系的观点是具有深刻洞见和借鉴意义的。资本主义国家在资源的开发、利用以及环境的保护和治理方面，常常局限在维护大资产阶级利益的范围内，而难以正确处理；只有在社会主义制度下，在人口和生态环境上人们才第一次成为自然界的自觉的和真正的主人，因为他们已经成为自己和社会的主人了。

后来，我陆续写了好几本相关的书，比如《人口与生态环境》和《人口、资源、环境关系史》。目前我国对于生态环境的保护，无论在实践中还是理论上都取得了很大的成果，这是符合马克思的判断的。习近平总书记曾经提出"绿水青山就是金山银山"的理念就是生动的证明。随后，我的研究重心转向了老年学领域，马克思主义对于我的老年学的研究更具有指导意义。过去我花了很长时间从人口学、社会学等方面研究老年人、老龄化，进行了很多理论探索。我最近这些年开始思考要从哲学的高度去研究老龄科学，也提出了一些新思想、新观点。

2019年，我和杜鹏博士以及好几位从事老龄研究的专家合作出版的《老年价值论》一书，内容中就有一些从哲学的高度来论述马克思"存在决定意识"，就是物质条件决定人的体能和智能。我就是在这个基础上延伸出新的认识——"存在决定健康长寿"。这里的存在不仅仅包括自然生态环境等，也包括社会生态环境，更直接的是社会环境形成各种相互制约和影响的关系。对于老年人来说，社会环境更为重要，包括宏观的社会制度，中观的医保、社保，微观的家庭关系、人际关系等。这也是我根据这么些年的研究和体会，以及对于马克思主义的论述和理论指导提出来的。马列主义是一种高屋建瓴的理论指导。我的学术研究也可以说是贯彻了我对马克思主义的学习、思考和认识。

第三节

······························

上山下乡锻炼

1. 四季青公社和湖南农村

1951年，我在辅仁大学经济系教学一年后，该系就被合并到中央财经学院统计系，我在那里又工作了一年。我们当时是按苏联的一套教材讲课，对于我们这些从美国回来的教师来说，适应教学并不是难事。所以我当时比较注意的就是自己的思想改造，开始接触阅读马列主义的书籍，同时我也积极参加政治运动。最早的就是报名去农村参加土改。后来，辅仁大学党委领导说土改已接近尾声了，就建议我参加"三反""五反"运动工作队，我在这次运动中得到锻炼，思想觉悟有所提高。

1953年，我被合并到中国人民大学计划统计学系工作。在中国人民大学计划统计学系经历了中国第一次人口普查，并在人民大学夜大学习了马列主义四门理论课，又经过了八次考试，以全优成绩毕业。

1957年，就是在这一年"反右"运动开始了，国家也开始加强对教师的政治思想改造。中国人民大学作为党创办的第一所大学，响应这次号召是最积极的，常常起到带头作用。我记得在北京市委发出知识分子下乡与工农相结合、进行思想改造的动员后，人大的校领导就召集全体教师开会，并作了动员报告。

校领导在动员会上说，学校的教师和干部要下乡劳动锻炼，并动员大家响应党的号召，跟工农相结合，增强与劳动人民的思想感情，了解他们生活的疾苦，进行政治思想改造。当时，在历史背景和政治环境下，那个年代的大学教师和学生几乎都生活在大城市，很少从事体力劳动，养尊处优，缺乏吃苦耐劳的精神。对于要求大多数人下乡劳动，从来都没有想到过，这也让当时很多人对下乡进行思想改造和劳动的道路充满了迷惑和不解。

那个时候，谁也不清楚知识分子若下乡去改造思想和劳动，未来将会如何呢。因为动员会上，领导只说教师需要下乡和工农相结合，进行思想改造和劳动，自愿报名参加，并没有说去多长时间才能返校，而且还强调说："党什么时候需要你们回来，才能调回来。"所以动员会开完后，虽然有很多教师都积极报名参加，但是有一部分人犹豫不定。甚至有人报名了，真正落实时，提出各种理由，打起了"退堂鼓"，他们担心前途未卜。

当时，我也是有过一些思想斗争的，也曾想过这一次下乡不知能否回到北京高校教书，我把报名下乡劳动的决定，告诉了妻儿、弟弟一家以及跟随弟弟一家来到北京的合姐，合姐得知后，也很想不开，她立刻跟我说："当农民多辛苦呀！你这不是要一辈子受苦吧！你是不是犯了什么错，要受惩罚呀……"

但我最后还是下定决心积极带头报名参加。就这样，我也算是成为中国人民大学第一批下乡劳动进行思想改造的积极分子了。那时，我心里对中国共产党是充分信任的，认为党是为国为民的，下放劳动的政策有利于知识分子认识中国的国情，也培养知识分子与工农建立深厚情感，何况我之前养尊处优，从未失学过呢！

最后，在北京市委组织下，我作为高校积极分子第一批下乡劳动。记得中国人民大学头一批去了六七百人，我是其中之一，我们分别到了不同的乡村。我下乡劳动的第一个村子是北京海淀区西山四季青乡南平庄村。当时，让我们下乡劳动的主要目的不是生产，而是思想改造和劳动。所以我虽然在四季青南平庄劳动，但领取的还是中国人民大学的工资，我们生活完全同农民一样，日出而作，日落而息；我们与农民同吃、同住、同劳动，但我们还有一些政治学习。我在生产队主要就是种大白菜，到了冬天我们就在菜窖里倒大白菜。干农活很累也很苦，吃的也是粗粮淡饭，但我从来不觉得委屈。我之前对劳动没有什么认识，通过这次下乡劳动，我感受到劳动人民的勤劳和艰辛。当时，我干农活十分积极，受到干部和当地农民的好评。

　　我在的那个生产队的队长叫刘德林，他十分能干，把一个生产队领导管理得井井有条，后来当上了四季青人民公社的副社长。我对他说，如果你有机会读更多书，一定比我强多了。我们成了好朋友，我回校后，仍然有一些来往。我一直积极参加劳动，也在劳动中慢慢转变思想。我觉得再苦也苦不过红军长征，再苦也苦不过革命先烈，我觉得自己没有什么特殊。

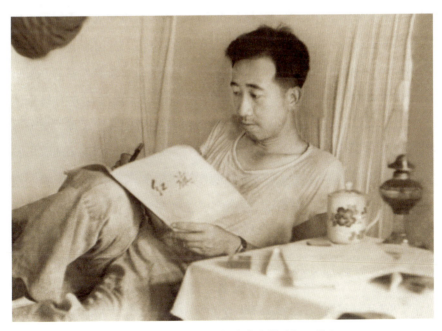

1957 年，来到农村的邬沧萍在煤油灯下学习

邬沧萍参与编写的第一部著作
《商业统计学》

在劳动中,我一直心情愉快,在下乡劳动期间一直受到好评,记得当时国内的报纸对我进行过一些报道和宣传;还有苏联的《鳄鱼杂志》也专门进行了报道,拍了我的照片刊登。当时,北京军区的外语学校和一些单位多次邀请我去作知识分子下乡劳动体会和思想认识的报告。1958年,我被评为北京市的先进工作者(北京市劳动模范),与我这次下乡劳动锻炼且表现积极有关。时至今日,我还享受北京市劳动模范的优待。

从1958年开始,也就是我在南平庄村整整干了一年农活后,才回到人大从事教学工作、编写教材,我和刘新共同编写完成了我的第一本著作《商业统计学》。

在20世纪60年代中期,中国对农村开展社会主义教育运动,也叫做"四清运动"。在这期间,包括我在内的中国人民大学的几百位教师去了条件更艰苦的湖南湘潭农村参加"四清运动"。我被安排到易俗河村,这次下乡不仅与贫下中农同吃、同睡、同劳动,还帮助当地农民发展生产和整顿基层农村工作。我在湖南农村待了大约一年,还被评为"四清运动"的优秀工作者。

2."五七"干校

1967年,这时"文化大革命"已经开展了有1年了。当时的北京市革命委员会发布一纸命令,中国人民大学和清华、北大、师大一样停止办学。号召大家走"五七"道路，我们学校也是积极响应。于是，中国人民大学的所有教师都一起被下放到江西省余江县的刘家站"五七"干校去接受劳动改造了。

在江西"五七"干校，我主要是种稻子，许多教师则是打石头盖房子。我的妻子李雅书跟随北京师范大学到山西临汾的"五七"干校，她的工作是在农村养猪。

我的儿子和女儿跟随北京 101 中学到山西绛县插队去了。孩子们在农村劳动近十个年头，子女那一代人失去了人生中学习的最好时间。虽然一家人就这样妻离子散、各奔东西，但我一直是个乐观的人，我相信这只是暂时的。在那个时代，也是不得不响应党的号召——"知识分子要与工农相结合"。这次运动的时间比较久，我跟着学校到江西走"五七"道路，在那里待了 3 年，也是与妻子、儿子、女儿分离了整整 3 年。后来，即使从干校回来了，但我仍然是经常下乡从事调查研究、参加农村收割和到工厂劳动锻炼等，加起来差不多有一年多。这期间，还经常有各种各样的政治运动，我都参与了，所以这一段日子，我真正从事教学和研究的时间是不多的。

总结起来，我在"文化大革命"时期是接连多年多次到农村工作和生活。"五七"干校的劳动思想改造，加上之前在四季青公社的劳动改造，无论是吃住的条件，还是繁重的体力劳动，对于我这种留学归来的知识分子而言都是一种崭新的、从来没有过的经历。我想这也是党和国家为什么觉得我们这些知识分子需要去到农村、下到基层接受这些锻炼和思想改造的原因。

现在想起那一段下乡劳动思想改造的经历，艰苦的生活是肯定的，但我个人还是比较乐观、比较坦然的。虽然我在"文化大革命"中因受到歧视一度情绪有些低落，但回想起来，在回国后的历次政治运动中，我没有受到很大的伤害和打击。因为我当时还年轻，而且我的历史干净，没有国民党、"三青团"的经历，到海关工作也全是凭考试成绩录取的，政治问题是清白的。当时，也有人说了好话，说我们刚回来的人也不容易，所以对我来说还是公正的。知识分子跟工农相结合，用下放劳动的这种方式，究竟是一个进步还是浪费呢？在我看来，下放农村劳动的政策是值得重新评估的，在某种意义上是一种人力资源的浪费。

当然，这对我们来说还是有些好处的。实践也证明经过劳动锻炼的这些人，后来不论到哪里都还是比较勤奋努力、任劳任怨的。他们大部分人思想作风都很艰苦朴素，爱国主义立场都比较坚定。我虽然曾在香港拿过"金饭碗"的高工资，也曾在美国的纽约学习和生活，发达的地方、好的生活都见过，我也算是曾经沧海吧！但是通过劳动，我慢慢就觉得，认识我国农民的生活对我从事社会科学研究大有好处。自己长期在城市里生活，换换环境，参加劳动，过艰苦朴素的生活有助于增加对社会的认识和体验。

至今我仍然相信乐观、豁达很重要。我下放的时候三次都是劳动模范，1958年还被评为北京市先进工作者。1964年前后，在湖南湘潭参加社会主义运动时也评为先进工作者；20世纪70年代初，在江西"五七"干校三年中，我成为"插秧能手"和"劳动积极分子"，并作为"五七"战士代表回京观礼。在这个时候，我患了比较严重的胃炎，食欲很不好，面黄肌瘦。但在海淀医院看病吃药病情好转后就回到江西"五七"干校继续劳动。从那以后，胃炎再也没有复发过了。

第四节

结缘人口学

1. 第一次全国人口普查开启了我对人口问题的思考

20 世纪 50 年代初期的新中国，在进行大规模经济建设的同时，也开始执行发展国民经济的第一个五年计划。在这样的形势下，无疑更迫切需要翔实的人口资料。1953 年，中央人民政府决定对全国进行一次人口普查，这是我国第一次全国性的人口普查。这样全国范围大规模的人口普查，不仅是新中国成立后中华大地的一件大事，也是可以载入中国历史史册的大事，更是令全世界都关注的事情。在当年社会主义经济建设的起步阶段，很多人都关注新中国第一次人口普查的结果。也就是说，在经历了抗日战争、解放战争和新中国的诞生后，现在的中国到底有多少人？

1953 年，我当时正在人大教书并同时坚持对马克思主义的理论学习。正是得益于在中国人民大学工作，我才有机会参与第一次人口普查。人口普查是由政府主导的，不是所有人都能参加的。那时，要动员几十万党员、干部和群众来开展。当时都是用笔登记，以算盘计算为主。

1953 年的第一次人口普查是保密的，不是所有人都能参加的，那时候的中国很多事情都是保密的，人口普查这个我们现在看起来很普通

的东西在当时也都是保密的，所以参与人员是要经过挑选的。而人民大学作为中国共产党创办的大学是能够参加的，所以我作为人大统计学系的教师带着学生参加了由苏联专家指导的中国第一次人口普查。

这次人口普查是中国历史上的一次突破，我也从参加普查的工作中学到一些人口调查的知识和方法，这也是我开始从事人口研究的一个发端。

当年，我们国家的第一次人口普查是向苏联学习的，并得到了很多苏联专家的指导。其实现在看来，那时的普查也没有什么很高深的学问。但我去做这些工作后，却使得我开始对人口有兴趣。之前我在统计学系也教过人口统计学，了解很多人口统计的指标，这为我后来做人口学、老年学的教学研究打下了很好的基础。

大家没想到，这个普查一做完，我国人口的问题就显露出来了。

那是在1954年，我国公布了1953年的人口普查结果——全国人口数量超过6亿！大大超过人们普遍认为的4.75亿估计数。中国的总人口到达6亿，这个令全世界震惊的人口数据出乎国家领导人和学者专家们的意料。在这个数字公布之后，全国各行各业的民众、教育界、医学界甚至包括国家领导人和民主人士都开始讨论这个问题。6亿人口的国家，在当时就是世界上人口最多的国家了，因为它占到世界总人口的1/4，所以大家都觉得不可思议！

记得当年对人口数量的热烈讨论大致分成两派，其中一派是"一边倒"，一切唯苏联马首是瞻，自以为是；另一派是"马列主义的教条主义"。当时真马列主义也有，辩证唯物论和历史唯物论的马列主义也有，当然还有冒牌的马列主义。

当时，较年长的知识分子几乎无例外地都认为人口太多了。他们认为中国的生产力水平很低，解决6亿人口吃饭和就业问题是很困难的，全国人民大多数从废墟中站起来没几年，中国怎么能够养得起全世界1/4的人口呢？当时的一些有识之士都主张要控制人口。

正因为这种对人口数量的恐慌，就引发了全国对人口问题的议论。于是很多学者分别在各种场合提出了中国人口过多，必须要节制生育的观点。这些学者的观点从今天的视角看来无疑是有根据、有道理的，也值得客观地研究和历史地评价。在当时中国的社会环境下，节制生育的主张是无可厚非的。但反对节制生育的大有人在，他们受到苏联的理论和人口政策的影响，而不是从中国的实际出发，他们的主张和话语权很强。

对于当时专家学者提出的中国人口增长过快，必须节制的问题，我认为他们提出的观点是有道理的，也是符合中国实际的。但那时觉得自己还很年轻，论资历、论对人口问题的熟悉程度也不能和那些资深的专家学者相比，因而我当时并没有把自己的想法谈出来。我所认识的那个时候的老一辈人口学家、社会学家和经济学家都发表了议论。在开会讨论中，许多医学专家和社会知名人士也都发表了意见。那个时期，中国的学术杂志不多，在《新建设》《人民日报》《文汇报》等报纸杂志都有不少关于讨论我国人口的文章。大多数的知名学者在这些文章中都对当时我国人口过多的问题提出了忧思和建议，不少人还表达了需要尽快节制生育的观点。当时在人大的几位年长的同事，如著名的社会学家陈达、李景汉、吴景超等更是立场鲜明地表明了观点。在这些文章和讨论中，马寅初先生的意见在理论和实际结合上说得最完整。当时他在《新人口论》中指出，在中国的国情下，人口过快增长不利于国家的经济发展和人民生活的改善。他还旗帜鲜明地反对当时"人口增长快是社会主义制度的客观规律的必然性、优越性"的观点。此外，他还提出了"控制人口数量，提高人口质量"的正确主张。马寅初先生的这一主张，也为后来我国在20世纪70年代全面推行计划生育工作提供了理论基础。

但是也有一批声名显赫的权威学者持反对意见，甚至他们把主张控制人口的人称为"马尔萨斯主义者"。于是，在当时中国政治形势"一边倒"的情况下，苏联学者认为"人口多、增长快是社会主义优越性的

体现",因为苏联地广人稀,所以一直鼓励生育,完全压倒了节制生育的主张,认为主张节制生育就是"马尔萨斯的人口论"。这也使得我国当时提出节制人口观点的学者受到批判。

那时,我还处在学习马克思主义期间,没有参与到讨论中来。我认为争论双方都缺乏人口数据来支持。反对节制生育的一方低估了新中国成立后人口增长的巨大潜力,他们未认识到人口死亡率大幅度下降,如果不加节育的话,人口不到 30 年就会翻一番,后果是严重的。我不敢苟同,但自己觉得人微言轻,所以没有公开表达自己的意见和观点。

第一次人口普查是首次得知中国人口超过 6 亿的具有权威性的一次全面人口调查。对我来说,是以统计学老师的身份参与的一次具有历史机遇的专业实践,更多的则是学习和运用了人口统计的知识和方法。针对我国人口问题的争论,在我心里埋下了对人口问题思索的种子,从那以后就不断对中国人口问题进行思考、研究和探索。

2.印象深刻的第三次全国人口普查

后来的第二次到第六次人口普查,我都在不同程度上参与了。要说印象最深的应该是第三次人口普查。第三次人口普查为什么是特殊的呢?因为第三次人口普查是在 1982 年,当时我国已经获得联合国合法席位了,而且联合国也认为搞清楚中国的人口对于了解全世界的人口很重要,所以在人才和技术等方面给了很多资助,来帮助中国搞好第三次人口普查。1982 年我已经是全身心投入人口学研究,担任人口所副所长和人口学培训中心的主任,参加国内外有关人口的各种会议,感受到庞大人口数量在中国是无法回避的问题,不能不重视。

为了完成第三次人口普查,国家动员了 600 万人参与。中国 600 万人的数字在总人口中是个零头,不会觉得有什么惊奇之处。可是有一次我在国外开会的时候,当我跟外国的专家说,我们中国的第三次人口普查有 600 万调查员时，他们大吃一惊，因为有的国家可能全国总人口都没有 600 万。除了调查员数量多之外，第三次人口普查在技术设备上也有很大的改进，调查项目也增加了很多，进行调查和数据处理使用的许多设备都是来自联合国从各国采购的现代化的电子计算机。

1983 年，第三次人口普查的数据公布了。这次人口普查结果显示中国已经有 10 亿人口了。从人口结构上，我开始意识到中国老龄化问题已经显露端倪了。这次调查后，中国与联合国共同召开了一次中国人口普查国际会议，许多国外人口学家和统计学者来参加，我也有幸参加了这次国际会议。

当时，我最先从统计数据发现我国人口老龄化的新问题。不久，国际人口学会（有人翻译为人口科学联盟）在意大利召开的年会上，我根据中国人口结构出现的金字塔的底部老化预见到未来的中国人口老龄化问题，并作了发言，谈到中国已经开始出现人口老龄化的苗头。当时的国家统计局局长李成瑞、人民大学的刘铮和我三人去参加了这次国际人口学会的会议，与会者对我的发言和制作的图表十分赞赏！

在第三次人口普查后，我就把研究重点放在了对人口老龄化的关注上。我用英文写过多篇研究报告，也参加了多次国际会议并向外国学者说明中国的人口老龄化苗头和趋势。

我是通过分析我国的人口结构图发现中国开始有人口老龄化情况的。我根据第一次、第二次和第三次人口普查的数据画了一个图，现在已找不到原图了，大致显示出中国的人口结构从金字塔型在向"子弹型"转变。2000 年，第五次人口普查数据出来时，人口年龄结构就明显是在向中下部变小、上部扩展的趋势发展。

我为什么坚定地要从事老龄研究，也是因为对于老龄化的判断。我认为人口老龄化在短期内是不可逆转的，提醒中国的有关部门要重视人口老龄化问题。这时，我与中国老龄委的领导和工作人员经常一起讨论人口老龄化的问题，我还推荐国外的一些项目让老龄委负责研究。

第五节

义无反顾投身中国人口学研究

1."禁区"解禁——毫不犹豫加入人口研究小组

1971 年，还是在"文化大革命"时期，我从江西"五七"干校回到北京了。这个时候突然传来一个令世界瞩目的新闻：联合国大会投票通过，恢复中国在联合国的合法席位。

1971 年以前，我们是闭关锁国的，跟全世界都不交往，联合国里面的中国代表一直是蒋介石集团控制。直到 1971 年联合国恢复了中国的合法席位，这也就意味着中国从此就要履行很多联合国会员的义务，比如出席联合国的各种会议，以及参加各类问题的讨论等，其中就包括人口委员会及各地区的社会经济委员会中涉及的人口会议。当时，中国为什么能恢复联合国的合法席位呢？是因为非洲国家都赞成中国参加。尽管许多发达国家不赞成，但由于得到很多欠发达国家的支持，所以中国还是得以恢复了席位。

在那个时期，联合国面临的最重要问题之一就是世界人口问题。比如因全球人口飞速增长导致全世界都在关心第三世界人口激增的问题。因此，人口问题也被认为是世界三大难题（即人口、贫困、污染问题，也就是英文所谓的 3P 问题：Population，Poverty，Pollution）之首。由于"3P"问题引起全世界的极大关注，从而国际社会提出第三世界国家的人口问题必须加以解决。

在联合国初创时，仅有 6 个委员会，但其中就包括一个人口委员会，由此也可以想见联合国对世界人口问题的重视。正是在这样的形势下，作为世界上人口最多的中国，就受到参加联合国各种人口问题讨论的邀请。

在这样的背景下，中央就开始准备参加即将在 1974 年召开的第三次国际人口会议。当时，国家计划委员会打算组织人员来研究人口问题。但是大家都知道，由于种种原因我国早在 20 世纪 50 年代初就在院系调整中取消了人口学等学科；再加上后来的"反右"运动，把马寅初的"新人口论"批判为"马尔萨斯人口论"。由于这些原因，人口学研究在我国几乎成了近 20 年无人问津的"禁区"。而要适应新的国际形势，唯一的办法就是重新筹组研究人口问题的班子。

考虑到当年批判马尔萨斯人口论时人民大学从事过人口研究的学者最多，国家计委就把重新筹组研究人口问题小组的重担交给了当时的中国人民大学党委。说起来，当时的筹组工作还真是干得雷厉风行。没过多久，由中国人民大学党委亲自选派的十几名来自各系的教师就组成了人口学研究小组。

大家都知道人口学研究在中国曾是"禁区"，因而这次被选中的人民大学教师中有一些是心不甘、情不愿地来到人口研究小组的。但我与他们不一样，不仅心甘情愿，而且是"求之不得"。因为早在美国留学期间，我就萌发了研究中国人口的愿望。我同人口学很早就有点儿渊源，新中国成立前就接触了人口问题。我的知识结构虽然同人口学没有直接关系，但很多方法和理论基础还是相通的。

我在美国留学期间，人口学还是鲜为人知的学科。当时美国普林斯顿大学等几个大学以及美国人口普查局有专门的人口研究。但在那个时期，世界上都在热衷于研究国民收入，我和很多中国学者、留学生都踊跃参加这些研究讨论课程。我参加了世界国民收入的比较研究课题，利用美国图书馆丰富的资料来进行研究。经过反复的比较计算，我们发现1936年是旧中国最好的年景，但就是在这个相对经济状况最好的年份，如果按4.75亿人口来计算，这一年中国人均国民收入只有36美元，相当于美国当时的1/60—1/70。计算和研究的结果让我们大吃一惊，真正懂得了旧中国贫穷到什么程度，同富裕国家差距有多大。当时，我们在美国哥伦比亚大学的一个学分学费就要30美元，几乎与旧中国人均国民年收入相差无几。这一比较对我刺激极大，我认为我国贫困落后同中国人口过多的关系很大，这项研究结果大大促使我响应党的号召，回国参加革命和新中国的建设。

在我决定回国参加革命前，我和进步的同学学习过艾思奇的《大众哲学》。回国后学习毛泽东同志1949年写的《历史唯心主义的破产》。作为批判崇美思想的必读教材，我也反复地学习六评"白皮书"关于社会发展与人口关系的思想。这些宏文巨著使我对我国人口问题的认识从哲学上和政治上有了质的飞跃，但是对中国人口和贫困问题相互关系的困惑始终挥之不去。

1952年，全国高校院系调整，仿照苏联教育模式取消了社会学、人口学、心理学等课程。北京原来从事社会学、人口学的教授们都被重新安排工作。这就相当于在理论上认为，在社会主义条件下不存在人口问题和社会问题，人口学和社会学等学科是无足轻重的。

我真正转入人口学研究是1972年从"五七"干校回来以后。当时，因为1971年联合国要召开人口讨论会，而我国刚刚恢复了在联合国的合法席位，国家为准备参加"国际人口会议"而筹备班子来研究人口问题。当时，主导思想还不确定中国必须控制人口。因为我一直从事统计学的教学，并且在外留学多年，算是英语水平比较好的，所以我在结束"五七"干校学习改造回到北京后不久，就被吸收进了人口学研究小组，从事翻译和研究各国人口资料。

这个人口学研究小组是以中国人民大学的老师为主要班底的，我记得具体的情况是因为以前批判马尔萨斯人口论的时候，中国人民大学就有人研究人口理论，所以国家计委一开始就找中国人民大学，而且当时各个政府机关都很信任人民大学。计委就找到了徐伟立，人大停办前她是校党委委员，又是工业经济系主任，徐伟立去找刘铮、李宗正商量，然后找到我做些联合国文件的翻译。这个工作需要研究很多英文资料，要翻译很多文件，而那时老师们几乎都是学俄文的，懂英文的不多。研究小组一共有十几个人，工经系、法律系、经济系等各个学科都有，刘

20 世纪 70 年代中期，邬沧萍走进人口研究小组

铮是小组的负责人，当时到计委工作的绝大多数都是中国人民大学的教师。

由于当时人口学研究是"禁区"，很多人都不愿意参加研究人口问题，领导也曾找我谈过话征求我的意见。我认为研究人口虽然有风险，但也没有什么可怕的。不过真正搞起来也有点担心，确实心有余悸。那时"四人帮"搞的极左思潮还在台上，以前被划为"右派"的许多人也都是因为人口问题被批判的，学术上的问题是小，但政治问题就大了。尽管如此，我还是没有犹豫就参加了人口研究小组的工作。我在美国就曾思考过，中国的贫穷有两个原因：经济不发达是一个原因，人口多也是一个原因。我早就看到，中国并不像过去所说的那样"人口众多、地大物博"。中国地大但物并不博，我研究过中国耕地少，水资源不足，又是个农业大国，因此，经济发展不能不受到自然资源的制约。所以我当时就认定，"人口多是提高人均收入的一个大障碍，必须改变"。因此，我抓住这个难得机会，开始从事人口学教学与研究，为国家做一些力所能及的事情。

从"五七"干校归来加入人口研究小组，这可以说是我人生中、学术生涯上迈出的重要一步。在当时的情况下，转行去研究人口问题是要顶着政治风险的，我也刚经历了大量的运动，但是我还是坚持了自己的初衷，投身人口研究，也算是义无反顾、求之不得吧！我当时作为留学回国的知识分子，希望能够改变我国贫穷落后的面貌。研究人口也是我认为自己能够发挥作用的空间，这也可以说是我在中国人口学研究的道路上正式迈开的第一步吧！

2. 人口学研究受到应有的重视——坚定选择留任人口研究所

1974年，联合国在布加勒斯特召开了第三次世界人口会议。我国派代表团参加了会议，我所在的人口研究小组为本次参会做了充分的智力支持。会议结束后，我们这个人口研究小组也因完成"历史使命"而随之解散了。

但在当时，中国在已经恢复联合国合法席位的形势下，作为人口大国，在联合国关注的人口问题上必须要有自己的话语权。因此，填补我国人口学研究领域的空白显然已是国家所需。

于是，由国务院文教办牵头，联合北京市委和计划生育办公室，共同建议成立一个专门研究人口的常设机构。他们的建议很快得到批准，并以中国人民大学原有的人口研究小组人员为基础，组建成一个人口学的研究机构——人口研究室（当时设在北京经济学院），是新中国第一个人口学的研究机构。在当时的形势下，这个人口学研究机构的成立无疑表明，我国曾经取消的人口学已得到恢复和正名。虽然，这是一个名正言顺又极具意义的研究机构，但在中国人民大学党委着手组建人口研究室时，原来在人口研究小组的教师却大多数都不愿意在这个研究人口的新部门继续"留任"。

一方面是不愿意改行到新的专业，另一方面，更重要的是担心人口研究有"风险"，心有余悸。本来在这个人口研究小组成立之初，就有很多老师是"不情不愿"地加入进来的，现在能离开了，自然很多人都是能走就走了。那时，虽然中国人民大学还没有复校，但很多教师还是愿意回人大做原来的工作，当然我要想回到原来的统计系也可以，但我觉得统计学这个专业很多人都能做，也培养出了很多人，那时候中国不缺少统计方面的人才。但是研究人口要有基础才行，因为统计学里有一个分支就是人口统计学。从事人口学研究还需要懂数学、英文，还要懂马列主义理论，所以我认为我留下来研究人口比继续从事统计学在当时对国家的贡献更大，更何况研究中国人口也是我在美国留学时的一个学术愿望。

结果在没几个人愿意留下来的情况下，只有刘铮和我坚定地选择人口学研究。我觉得我是得益于学过马列主义，因为人口学的基本原理和

哲学基础可以作为一个望远镜，让我站得高、看得远，这一点是其他西方学者不能比拟的。有了这样的基础和条件使得我没有犹豫，义无反顾地投入做人口学研究。正是在这样的志向和机缘巧合下，我就有幸成为新中国最早从事现代人口学的研究者之一，迄今为止也是我国从事人口研究时间最长的人了！

但留下来后，无论是当时中国国内的国情，还是国际上人口学研究发展的情况，都在客观上为刚刚成立的人口研究室即将开展的工作带来很多困难。

其一，人口学这门学科在旧中国就很不发达，专门从事人口学研究的学者可以说屈指可数，留下的著作也不多。历史上留下来的人口学知识也大多数是 20 世纪 30 年代的学术成果，缺乏现代人口学的理论、知识和方法，最为缺乏的是完整可靠的人口数据。关于人口问题的争论文章大多是一些以主观判断为依据的论文，缺乏人口变量数据来证实，难以令人信服。可以说旧中国人口学可以继承的实在是少之又少，新中国人口学几乎从零开始。

其二，中国长期闭关锁国。第二次世界大战后，第三世界人口激增。国外在人口理论观点、研究重点和研究方法上都有许多创新。联合国人口委员会 1954 年和 1965 年先后在罗马和贝尔格莱德分别召开过两次较大的世界人口学术会议，并开展了一次规模很大的世界生育率调查。

到了 20 世纪 60 年代，联合国资助许多发达国家和发展中国家开设了人口研究机构和人口培训机构，专门培训第三世界人口学人才。在中国恢复联合国合法席位之前，所有这些国际人口活动和会议我们是一无所知。当时，国际人口学资讯只有来自苏联的这条唯一渠道。苏联的人口状况和自然资源状况都有自己的特点，同中国的实际情况有很大的差异，因此，苏联的人口政策和理论与西方发达国家大相径庭，研究方法也相对滞后。中国人口政策和理论方法上又不能够照搬照抄，而要根据中国实际情况来研究，必须符合中国的国情和特点。1971年联合国恢复我国的合法席位以后，在北京图书馆内设立了一个联合国资料室，能够为我们提供一些研究资料。

其三，开拓创新人口学在当时最为困难的是学术环境恶劣。中国人民大学人口研究机构成立时，"四人帮"还在台上，批林批孔、政治大批判之声不绝于耳，极"左"思潮和教条主义盛行，许多人对当年的大批判记忆犹新，心有余悸，使得他们对人口学敬而远之……思想的禁锢不能不影响到人口学的开拓和创新。直到十一届三中全会提出解放思想后，人口学才得以阔步前进。

从人口研究小组到人口研究室，是我专心投入人口学研究的一个里程碑。之前能加入人口研究小组可能主要看中我的统计学知识和技术以及阅读外文文献的能力。在经过了人口研究小组的几年工作后，我对于从事人口学研究的想法更坚定了，也就更坚定决心投身其中了。在人口学研究室我跟刘铮、查瑞传等老师一起为没有理论和方法的中国人口学研究做了很多基础性的工作。

1974年，邬沧萍坚定选择留任人口研究所

第六节

废墟之中建立中国人口学

1. 初探人口统计数据与方法

在新中国成立以前，人口学从来就不是一个学科部门，只是在高等学校的社会学系内，作为一门课程，也没有一个专门的人口研究机构。当时在大学内开设人口学课程的老师都是 20 世纪三四十年代回国的留学生，如南方的陈长蘅、许士廉；北方的陈达、李景汉等。中国的人口研究机构只有华东师大建立的一个由胡焕庸教授为首的人口地理研究所。

在抗日战争时期，清华大学迁到昆明的西南联大后，陈达教授和戴世光教授在昆明的呈贡县开展过人口小普查。清华大学迁回北京以后就没有继续从事人口研究工作了。1952 年，高等学校院系调整后，人口学、心理学和社会学一道被撤销了，从事过人口学教学和研究的教授、学者都离开人口专业了。陈达、戴世光、李景汉等教授都调到中国人民大学，从事劳动经济系和统计系工作。

1975 年前后，在重新研究人口学的时候，人口统计指标和数据的整理和系统介绍就成为我们开展专业研究的入门任务知识。为此，戴世光教授和我主要是参加编写《世界人口统计简编》，这个小册子还有个副标题，叫做"1974 年世界人口基本情况，二十年来世界人口和经济发展"。

接着刘铮、戴世光和我一道编写了《资本主义国家经济统计指标基础知识》。这是开展人口研究基础性知识的学术著作。当时，中国人口学基础本来就很薄弱，又停滞了许多年，可以说是百废待兴。国内关于其他国家人口数量和相关指标的资料较少，不便于开展学习和研究。我们就想着要根据联合国、粮农组织、国际劳工局的一些外文资料，整理出一些关键指标，出一本中文的小册子。这样国内的学生、

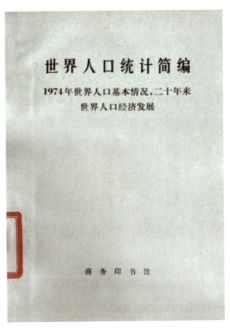

邬沧萍等在人口研究所初期参与
编写的著作

研究者、政府官员就可以很方便地查阅、了解其他国家的人口和经济数据。

这是很基础性的工作，但在当时的情况下，基础也非常重要，如果不了解其他国家的数据，对于世界人口没有概念，那理论学习也只能是无源之水、无本之木。当时，我们做了十个表，分成了四个部分，前三部分都是人口数据，首先列出来的就是各大洲的人口基本情况。用的最新数据是1974年的，还对近几年和近两百年的人口变化做了比较整理。后面则列出了世界各国人口的基本情况，主要就是人口数、人口增长、出生、死亡和平均寿命这些指标。性别、年龄和城乡构成这些基础性的人口指标我们也做了整理。

我记得我们在书稿的最后还补充了经济活动的数据，像耕地面积、谷物产量、国内生产总值等这些重要的经济指标。这本小册子虽然薄，但还是需要经常翻阅的。那时候不像现在这样信息发达，你想要哪个国

家的人口经济数据上网一查就有。当时权威的、可信度高的数据大多都是外文的，而且分散在不同的文本中，查找起来是很不方便的。我们整理出这个小册子之后就方便了很多。当然，我们那时候所找到的资料也并不全面，很多国家的统计资料也并不完整，很多缺漏只能用相近年份的数据填补。现在看来，这本小册子还是有诸多不完善之处的。但它作为我们早期对于世界人口资料整理分析的集成，对之后的工作还是有很大的开拓和借鉴意义的。

当年我国经济百废待兴，相关经济统计工作也处于起步，亟须引入世界通用经济统计相关知识，因此《资本主义国家经济统计指标基础知识》应运而生。这本书的编写目的是向广大学生、经济工作干部、统计工作干部和教学研究人员介绍资本主义国家经济情况，分析资本主义经济危机，以及使用资本主义国家统计资料为中国经济与世界接轨奠定统计基础。

虽然《资本主义国家经济统计指标基础知识》只有薄薄的一本，但

邬沧萍在人口研究所参与编写的著作

麻雀虽小五脏俱全。我们主要挑选了四十组指标，从劳动开始，介绍经济活动部门分类、劳动力人数、就业人数和劳动生产率等最基础的指标。在这个基础上，进一步引入工业总产值、农业总产值和建筑生产指数等生产领域的指标，以及批发价格指数、进口额、出口额等贸易和物价领域指标。在这本书里，我们也关注到消费价值指数、实际工资和"贫困线"等购买力、工资和收入领域的指标。此外，还梳理了

财政收入总额、国内投资总额和国际收支平衡等更宏观的财政、投资和国际收支指标。

在此基础上，又介绍了国民生产总值、国民收入和年率、季节变动指数等更宏观的经济统计指标。总体上，从生产、收入、财政、投资等七大部分系统详细地介绍了资本主义国家常用的基本统计指标。这本书可帮助读者梗概性地了解当时资本主义国家常用的基本经济统计指标的含义、统计范围、计算方法以及使用时应该注意的问题等。而且我们考虑到国家差异，选择参照美国、英国、日本等国的统计规定，省略了特殊的统计规定和烦琐的计算方法，以此简化论述，方便读者阅读。我认为，在当时的历史环境下，编写这两本基础性资料可以说为20世纪70年代改革开放前的中国了解世界人口和经济的基本情况，向人们介绍人口学、人口与经济统计指标起到了一定的作用。

2. 人口理论的引进与编著

尽管我们编写出版了《世界人口统计简编》和《资本主义国家经济统计指标基础知识》这些基础资料，但这些资料更多偏向于实务操作和具体数据。我们人口研究室的几位老师，包括刘铮、冯立天、戴世光、侯文若等人感觉还有必要对人口理论进行系统的梳理和介绍，例如马克思主义人口理论、马尔萨斯人口论、"适度人口论""人口爆炸论"等都还缺乏系统的整理研究。于是《人口理论》就应运而生了。

当时，我国的人口理论和政策是以马克思列宁主义、毛泽东思想为指导的。我们对马克思、恩格斯、列宁还有毛主席的著作和论述也做了探讨性的研究。在这本书里面，我们首先概括地阐述了马克思、恩格斯、列宁、斯大林和毛主席关于人口问题的基本观点，然后对新老马尔萨斯主义以及资本主义国家和苏联的人口问题、人口理论和人口政策做了批判性的阐释。最后对社会主义社会的人口规律以及当时我国人口有

邬沧萍在人口研究所参与编写的著作

计划增长的政策和计划生育工作等，从理论和实践相结合的方式作了较为全面的论述。

20世纪70年代初，国务院批转了《关于做好计划生育工作的报告》，把控制人口增长的指标首次纳入国民经济发展计划。在这个背景下，西方和苏联的学者对我国的人口政策和计划生育肆意扭曲，把我国实行的计划生育诬陷为按马尔萨斯主义的策略办事。现代马尔萨斯主义者还将第三世界国家贫穷落后、无产阶级和劳动人民失业、贫困、饥饿的情况归因于"人口爆炸"。针对这些不同的观点和看法，我们在《人口理论》这本教材里也在理论上进行了批驳和进一步的阐释、论证。

3. 翻译《人口通论》

当时，国内的人口学在理论方面主要是学习西方。国外的大部头理论著作多用英语、法语写作，因而国内的研究者、学生读起来并不便利。而且外文书籍也较难取得，于是我们人口研究室的老师就琢磨要翻译一本有代表性的人口理论著作，方便国内的学者和学生阅读学习。

中国恢复在联合国合法席位以后，中国人口问题受到联合国的高度重视，联合国也加强了同我国在人口上的合作。联合国秘书处的人口司向我们推荐索维的《人口通论》，建议我们翻译出来。经过认真的翻译和校对，这部人口学经典最终于1983年出版了。

邬沧萍参与翻译和校对的译著

"一个人只有膝盖开始疼痛时才会开始意识到膝盖出了问题。"这是索维在《人口通论》里头的一句话，用于比喻人口问题的隐蔽性。这是一个很好的比喻，说明人口问题是有惯性、长期性和延迟性的，往往问题开始显露出来的时候已经很难解决了，问题的根源事实上在很长时间以前就埋下了。

《人口通论》是法国人口学家索维的主要著作，也是那时西方人口学界比较有代表性的人口理论著作，原书为法文。该书最早在50年代出版，后来再版过几次，我们是根据其中一版的英译本转译的。这本书比较厚，分上下两册，上册的标题叫"增长经济学"，下册的标题叫"社会生物学"。上册主要是从经济学视角探讨人口增长问题，分析各种不同条件下人口数量、人口增长与经济发展的关系；下册则是基于过去社会历史发展的事实，就人口增长对社会发展的影响进行分析研究。

索维的主要理论构想是提出人口适度增长概念。他是主张增加人口的，认为人口不断增长能够刺激推动经济发展，因为他是站在资产阶级视角立场进行的写作，所以在《人口理论》一书中学者们对他的观点是进行过批判的。但是索维在这本书中援引了许多实际资料，从人口与环境的相互关系入手，对与人口有关的各种因素及其相互影响做了比较详细的分析。

他的研究方法是值得我们中国人口学借鉴的，因此，把这本书翻译过来还是对中国人口学的发展起到了一个基础性的作用。这本书现在依然对人口学者有一定的参考价值。当时，我们所许多同志还研究了一些中外人口思想史和人口发展史，翻译了许多英文、俄文的人口著作、文献和资料。

4. 主编《世界人口》

《世界人口》这本书的出版背景说来话长。当时，第二次世界大战后，世界人口问题受到举世关注，国外相关人口研究的出版物应运而生，但是我国这方面的工作起步较晚。1978 年华北地区经济规划会议提出关于开展世界人口研究的建议，我国关于世界人口方面的研究工作得到推动。1979 年，全国经济规划会议通过了《人口学规划》（草案），由我负责"发达国家人口"的研究项目。

在 1980 年的人口学教育与研究规划会议上，根据分工，由我所（中国人民大学人口研究所）承担编写《世界人口》一书。此外，教育部还规定将该教材作为人口学专业本科学生的必修书目。

因此，我和侯文若同志开始编写这本对构建人口学理论体系意义重大的人口学教材。我参与了其中差不多八章的编写，其他由侯文若、李春、邵宁、延希宁同志参考了不同语种的文献一道编写。我们通力合作，一起完成了这部人口学基础教材。

世界人口研究的问题涉猎宽广、现实性强，要求形成严谨的科学体系以指导实践，所以我们编写组在叙述方式和数据来源上力求严谨科学。

首先，这本书一共二十章节，以世界人口为研究客体，从世界人口的各个侧面构建章节。全书一共由六大部分构成，分为世界人口的自然变动、世界人口的经济侧面、社会侧面、世界人口的空间移动和分布、世界有关人口的政策和世界各国人口问题六大部分，使用综合平均法、比较法、典型法和分析综合法来回答世界人口的主要研究问题。

邬沧萍等同志在 1980 年承担编写的
著作《世界人口》

在整体安排的基础上，我们并没有笼统地按通常的国别方式分开叙述，而是选择按问题的性质展开，把不同国家、地区属于同一性质的问题归总起来，找出其中属于共性的东西进行分析研究，并形成必要的结论。同时，我们也直接利用了国际组织和各国人口机构以及其他人口研究机构的统计材料和研究成果，力争能准确和系统地呈现所有世界范围内有关人口发展和人口问题的世界人口研究内容。

编写这本教材责任重大，且世界人口范围广、资料多，我们在编写过程中遇到了很多困难，但经过与几位同志的精诚合作，终于完成《世界人口》的编写并于 1983 年出版，为世界人口这门综合性较强的专业课程打下坚实基础。

我们认为世界各国人口的情况迥异，有必要分别研究。当时中国人民大学人口所就决定分别研究美国、日本、法国、苏联等几个国家的人口状况和政策，我负责研究日本的人口状况和政策，还有教授研究其他国家的人口与政策，所有人都先后完成了初稿并油印成册，但都没有公开出版，都存放在人口研究所的资料室保存了。

5.《人口研究》的创办和《人口译丛》的出版

粉碎"四人帮"后不久，我建议创办一份人口刊物，以此来推动人口学发展。当时所有人文社会科学各门学科的研究刊物几乎都是由社科院承办的，比如《历史研究》《经济研究》等。那时候社科院没有关注到人口研究，所以我们的学术刊物就命名为《人口研究》。1977年，《人口研究》首刊出版，这是人口研究所创办的我国第一个人口学学术期刊。

我当时在《人口研究》主要负责介绍国际人口科学研究协会、联合国人口基金、联合国人口委员会、罗马世界人口会议（1954年）等国外机构和国际会议情况。我认为，这个期刊的出版，对当时刚刚起步的我国人口学研究队伍的壮大和发展还是起到积极促进作用的。

在这本期刊的发展中，我也经常发表有关人口和老龄的文章。除《人口研究》外，我在《人民日报》《光明日报》《求是》等报纸杂志上

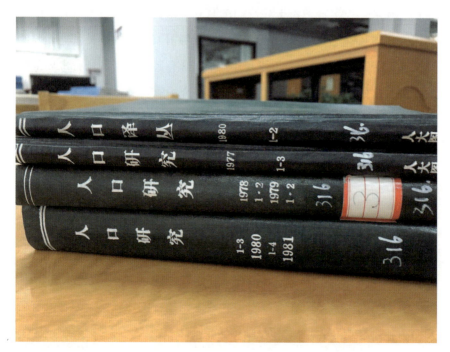

1977年至1981年，邬沧萍主编的《人口研究》和《人口译丛》

发表的文章最多。后来，我就只当《人口研究》的顾问了，这本刊物主要由人口系的翟振武教授、陈卫教授等来负责。

《人口研究》创刊至今已有40多年了，我现在还任名誉主编。该刊也成为中国期刊的方阵期刊。我们曾出版过几期英文版，出版过几年《人口译丛》。但当时物质条件很差，又缺乏经费支持，完成这些奠基工作要付出很多艰辛……

这就是在20世纪70年代那个特定的历史时期，我们这些第

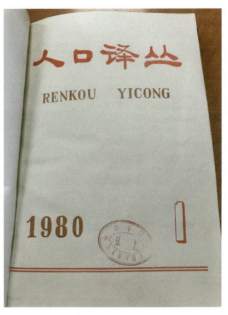

1980年，邬沧萍主编的《人口译丛》第1期

一批从事人口学研究的工作者迈出的第一步，也可以说是我们为中国人口学研究最早的贡献吧！虽然在今天看来，我们做的这些工作没有什么惊天动地之处，但却为中国人口学的教学和研究工作打下了基础。

6.中国人口学走出国门

1979年，联合国决定资助中国组织一个人口学家代表团出国考察，这也是我国与联合国人口基金合作的开始。

我们就以人大的老师为主要班底组成了一个人口学家代表团出国考察。代表团由刘铮任团长，我担任秘书长。代表团的成员还有中国人民大学的杨学通、查瑞传，以及社会科学院的张乐群等5人。这是新中国成立后第一个出国考察访问的人口学家代表团，也是我自1951年留美回国近30年后，第一次走出国门进行考察访问。

1981年，邬沧萍作为中国人口学家第一次出席在马尼拉召开的国际人口学会

我们这个代表团的特别之处在于，团员中有三个都是研究人口学的党外学者。代表团这样的人选，更让我亲身体会到改革开放后党对知识分子的信任，让我十分感慨，从心底里感觉到，我和党的感情又拉近了一步。

这次出国考察的代表团对联合国及美国、英国、法国、泰国等几个国家的各类人口学机构进行考察访问。先是应邀访问了联合国人口司、人口基金会、亚太经社理事会人口司、世界生育率调查会（WFS）、国际人口科学研究联盟（IUSSP）、国际人口学研究机构联合会（CICRED）；又考察了美国、法国、英国、泰国等国的十几所世界知名大学的人口研究和教学机构，前后大约一个多月。

这次考察对我的震动很大，我亲眼见到外国的研究水平确实比我们全面得多、科学得多，感受到我国人口学研究同国外人口学研究的差距。也大大开阔了我们的视野，提高了我们对现代人口学的认识。

同时，我还见到了外国搞人口学研究的权威、教授，结识了多位世

1981 年，邬沧萍在日本人口学会议上作学术报告

界知名学者。我和他们进行了学术交流，成为学术上的同行和朋友。

这次出国考察，我也顺路见到了自我回国后多年未曾谋面的几位亲友，一别近 30 年，我看到他们的生活确实比较好。相比之下，跟随代表团出国考察访问，当时发给每一个人的零花钱只有 10 美金，想买点什么都不敢买的我，确实倍感寒酸。

虽然他们比我富有，但我却没有丝毫自卑，我更加坚定中国的落后面貌非改变不可，我相信也一定能够改变的。虽然外国的研究水平确实比我们高，但中国也有自己的特色，我相信我们中国将来也一定会后来居上的。

7. 中国人口学的发展

回忆我国人口学研究的发展道路，真正迈开步伐是在党的十一届三中全会后。人口研究所最初于 1974 年在中国人民大学院子里成立时，人大还没有复校，我们的办公室只有半间房子，真是又穷又艰苦。后来，我们得到教育部和校领导的重视以及联合国人口资金的资助，开始有了几十台电脑，又有了汽车，还有一台几十万美元的彩色印刷机，还得到大量的人口书籍和文献。

全国人口研究机构也从最初只有中国人民大学一所，很快发展到包括北京大学、复旦大学、河北大学、中国社会科学院等单位在内的多所人口研究机构。

不可否认的是，我国人口学最初的发展在财力上离不开联合国的资助。因为我国是世界人口大国，如果中国人口搞不清楚，必然会影响全世界人口的调查统计。同时国际上对于复杂多样的中国人口也缺乏了解，所以联合国十分希望中国搞好人口学的研究，也能够带动其他发展中国家人口问题的研究。通过二三十年的实践证明，中国在人口问题的"南南合作"中发挥了很大的作用。

中国人口学真正得到发展，是在党的十一届三中全会以后，是党开启了改革开放的路线，摒弃了"以阶级斗争为纲"，确立了以经济建设为中心的政治路线，使中国人口学从无到有，不断茁壮成长。这无疑为我国人口学的发展开辟了最广阔的道路。

而在开展"实践是检验真理的唯一标准"的大讨论中，更是提出了解放思想、实事求是的思想路线，把颠倒了的人口理论纠正了过来，从而使我国人口学者的思想禁锢和余悸得到消除，独立和创新的思想被激发出来，并在改革开放路线的指引下跟上时代的步伐。

第七节

对新中国人口问题的探索

1. 撰写改革开放后第一篇人口学理论文章

人口非控制不可这一思想产生的时代背景值得一提。当时第一次人口普查之后，发现原来4万万、5万万同胞的认知全错了，普查的结果是6亿人口，中国成为世界上人口最多的国家，占世界人口的1/4。

这一结果出乎所有人的意料，全国所有知识分子，甚至国家领导人都开始讨论这个问题，全国人口问题的大辩论由此开始，百家争鸣、百花齐放，公开发表的文章很多。许多学者开始主张要控制人口，清华大学的陈达、人民大学的吴景超、北京大学的马寅初都持这个观点。

我记得在1963年，全国有2950万新生人口，耕地原来是一个人有三亩多地，后来变成一个人只有一亩多地，怎么养活这么多新人口？工业基础非常薄弱，一穷二白，只能靠农业，但生产率也不高，怎么养得活？所以不约而同地都开始认识到人口问题的重要性，毛主席有好几次批示里面也提到人口非控制不可，国家开始组织人口小组研究中国人口和世界人口问题。从20世纪70年代开始计划生育受到政府重视，宣传的标语和口号遍布祖国各地。

在这个背景下，1979年5月15日，我和刘铮合写了一篇《人口非控制不行》的文章，发表在《人民日报》上。过了不久，刘铮和我又在

《红旗》上发表了我国必须要控制人口的理论文章。

这是时隔 20 年冲破人口禁区后，《人民日报》发表的第一篇人口理论文章。我认为，新中国成立后我国人口增长快、底子薄，不控制人口的增长就不能促进四个现代化的实现；只有控制人口增长才有利于提高劳动生产率，才能积累更多资金，才能适应科学技术现代化的需要，才能适应广大人民群众对生活水平提高的要求。有必要指出当时我国的生产力很低，同现在我国 GDP 超过 100 万亿人民币是不可同日而语的。

因此，除在先进技术的基础上高速发展生产外，还必须控制人口增长。多年计划生育的实践证明，控制人口增长是符合我国当时的国家、集体、家庭和个人的根本利益的。我国当时控制人口增长是一项明智的理性选择，也是一项战略任务。

自此以后，我在 1979—2000 年先后从不同角度，诸如从我国人均国民收入、基本国情、自然资源环境等方面来论证人口问题；另外，从中国四个现代化、人民生活、人口素质以及文化教育水平等，特别是从

1980 年，邬沧萍为北京军区总参谋部人口理论学习班讲课

中国人口增长的巨大潜力和世界人口与发展的比较研究等方面，来论证中国严格控制人口的必要性和重要性。

这一时期我先后发表的文章、论文和报告有几十篇，其中发表在《人民日报》《求是》《光明日报》《经济日报》《中国社会科学》和《人口研究》等报刊上的有二三十篇。

2. 起草新中国第一份人口研究报告

1979 年 3 月，我与刘铮、林富德撰写的《对控制我国人口增长的五点建议》的研究报告通过当时计生办的一个副主任送到了国务院。国务院也作为讨论文件，两次登在《内部参考》里并发给各省委，然后还在中央经济工作会议上发放，我们的建议得到了高度重视。

后来，这个研究报告还获得教育部第一届人文社科一等奖。就是在这篇报告里，我特别强调提出了我的"提倡一胎不能持之过久"的观点。我在报告中是这样写的："杜绝三胎，大力提倡一胎，虽然是我国目前能把人口增长速度较快地降下来的一个比较可行的方案，但绝不能持之过久，因为有半数家庭只有一个孩子，半数家庭也只有两个孩子，在21 世纪初就会出现人口老化。因此，在 20 世纪末以前，就应该根据当时的实际情况，对人口前景作通盘考虑。"

在 40 多年后，我们的国家迎来人口老龄化的今天，回过头来看我当时提出的"提倡一对夫妇只生一个孩子，不能持之过久"的观点应该是正确的，没有问题的，甚至也可以不谦虚地说在当时是比较超前的。经过充分调查和研究，我是站在一个人口学工作者的视角，论述"杜绝三胎，大力提倡一胎，对于两胎不鼓励、不提倡、不反对，由育龄夫妇自愿选择"的观点。

在当时的国情下，有不少人希望严格控制人口，很快把人口出生水平降下来。有权威人士已经在报纸上公开提出"持续几代人坚持一对夫妇只生一个孩子"的观点，使中国的人口可以减少到 6 亿或者 7 亿。但在 1982 年 7 月，中国第三次人口普查结果表明已经达到 10 亿人了。

1983 年，在昆明召开的一次人口区域规划会议上，一些权威人士就提出要以"持续几代人一对夫妇只生一个孩子"的原则来制定我国的人口规划。我在会议上提出反对意见，我认为这不符合人口发展规律，也不利于我国社会经济的可持续发展。

尽管这些人的初衷或许就是为了控制中国人口的增长，但他们的主张显然是违背人类人口发展规律的。我在会议上重申《对控制我国人口增长的五点建议》，一对夫妇只生一个孩子不能持之过久。虽然遭到一部分人反对，但我在会议上坚持我的观点，可以说是"舌战群儒"。当时之所以力排众议，敢于提出我认为对中国发展有利的主张，是因为我是经过大量实证研究的，我是从人口长远的发展规律来看问题的，因而我认为必须坚持。事实上，在会议上大部分人虽然同意我的观点，只是因为计划生育已经如火如荼地实施了，他们不敢公开表态支持我的观点。这次会议最终没有作出主张持续几代人一对夫妇只生一个孩子的结论，后来也就不了了之了。

那时候，把中国人口降到 6 亿—7 亿主张的人，他们不是从哲学社会科学角度，而是用数学、电脑研究生育率的模式来规划人口的。他们认为，一对夫妻生一个孩子，这样持续几代人，中国就不会有十几亿人口了，就变成六亿到七亿人了。计生委曾有人一度考虑过按照每一个家庭都只生一个孩子来规划，实际上是行不通的，也未能得到实施。我认为，作为一门应用社会科学的人口学知识，在国家咨询决策中应该起到指导和参谋作用。因而，在几次有关会议上，我都公开表明了自己的观点。

后来，我们国家对生育政策进行了调整，如对农村人口的生育政策也放宽了些。现在人们谈中国一对夫妇只生一个孩子是不够准确的，因为很多地区的农村生了一个女孩的家庭也可以再生一个。1980 年国家

20 世纪 80 年代，邬沧萍在北京顺义进行人口调查

提出一对夫妇只生一个孩子，在当时第一个人口高峰下也是不得已的一种选择。

回顾 40 年来我国计划生育工作所走过的道路，从独生子女政策到"双独"二孩、"单独"二孩，及至 2016 年全面放开二胎，再到 2021 年实施三孩生育政策，也是一个从控制人口增长到应对人口老龄化的过程，我也更加相信在《对控制我国人口增长的五点建议》中所论述的"杜绝三胎，大力提倡一胎"及"提倡一胎不能持之过久"观点是正确的、经得起检验的。

3. 应该怎样开展计划生育

对于 20 世纪 50 年代以来，新中国有关人口问题和计划生育工作的开展，我认为我们也应该正确并客观地看待。因此，现在回过头来看，在新中国成立之初就着手控制人口，还是有点不切实际的。那时百废待举，顾不上人口问题也是无可厚非的。

但是在第一次人口普查结果公布后，许多有识之士提出，在我国开展节制生育的意见是正确可行的。在反右派斗争中，把主张控制人口作为右派分子向党进攻的一环来对待。在1957年6月反右斗争开始之初，并未牵扯到人口问题，但后来到了10月风云突变，矛头指向了从事人口问题的老专家，老账和新账一起算，我所熟悉认识的人口学者、社会学者的人口观点和主张都受到政治上的批判，几乎全部被划成右派，只有马寅初当时得以幸免。

但其后对马寅初的《新人口论》批判得更为严厉，批判文章多达几百篇。对他的批判持续到1958年全国大跃进时期。那时候持"人手论"观点的人更是振振有词，批判变本加厉。直到1959年，三年困难时期的吃饭问题充分暴露后，对人口问题的大批判才冷静下来。但1957年的反右斗争和随后对《新人口论》的大批判把人口研究的学术问题作为政治问题来批判，使人口学者和社会学者噤若寒蝉，这种万马齐喑的局面持续了长达20年。

我认为在20世纪50年代，我国已暴露出大量人口问题，诸如人口盲目增长，全国大跃进中高死亡率，人口锐减，第一、第二个人口高峰叠加问题等。如果当时重视人口学、社会学的作用，稍微关注一下人口统计结果，就很容易发现当时我国面对的是十分严峻的人口问题。

另外，就是盲目照搬苏联的理论和模式，例如我在中国人民大学统计系工作时，当时系里请来三位苏联统计学教授，在讲到人口统计时，一位教授就批判一本苏联布尔亚斯基的《人口统计学》，认为这是贩卖西方人口统计学。这本书我曾看过，其中讲到稳定人口和静止模型，只是用了一些数学推导就受到苏联学者的批判。我认为这本书谈的是统计方法和技术问题，不涉及政治问题。

其后，在一次讨论科研课题时，苏联教授就让戴世光教授写一篇关于批判资产阶级生命统计的反动本质的文章。我认为生命统计就是研究出生率、死亡率、生育率、人口自然增长率，是人口基础信息和技术方法问题。但在那时，人口问题是个学术禁区、是"高压线"，碰不得的。

我经过研究发现，当年我们之所以在理论上不能正确认识中国人口问题，很大程度上是受苏联的影响。因为中国那时候的许多理论观点完全受苏联影响。

苏联地广人稀，一直鼓励生育，最要紧的是苏联在理论上认为人口多、增长快是社会主义优越性的表现。在相当长的时间里，国内就有人认为人口多是好的。我知道中国在有些地方还曾经按苏联的办法推行过几个月奖励"英雄母亲"的生育政策……

我们在理论上一直没有搞清楚人口是多好还是少好，中国应该怎么办？这就耽误了20多年。当然要在理论上全面认识也很难，过去我国一个农民家庭生六七个孩子，你让他不生，也做不到。如果我们一开始就能全面认识人口问题，就能够尽早开始搞计划生育。

从已公开的文件来看，1957年反右运动以前，在全国范围内开展计划生育是可能的：其一，那时许多干部和群众已经有自发节育的要求，只是缺乏领导、指导和技术手段；其二，党的高层领导包括毛泽东、刘少奇、周恩来、邓小平、邓颖超等，在当时都有过节制生育、控制人口的主张和论述，毛泽东还提出计划生育这个概念，并提出由政府设一个部门主管制定规划等。

更为重要的是在1956年，党的八大会议上就明确指出，国内的主要矛盾已经不再是工人阶级和资产阶级的矛盾，主要任务是发展生产力。并且强调坚持民主集中制和集体领导制度，反对个人崇拜，发展党内民主和人民民主。遗憾的是后来未能坚持这条路线，反而开展反右斗争、大跃进、人民公社、反右倾等政治运动，到后来提出"以阶级斗争为纲"并发动"文化大革命"，直到党的十一届三中全会才有了转机。

实际上在1979年以前，我们人大的一些同志就已经开始研究人口数量和年龄结构了。我们在一些地方搞过调查，发现很多人，比如工人里就有这样的想法，他们认为："国家这样困难，我们生孩子多了也不

1981年计生进修班留影（1981年7月2北京西郊机关门招待处

1981年，邬沧萍为计划生育进修班讲课后与学员合影

好啊！"有的女工就提出来："我们也可以只生一个孩子。"他们都很爱国啊！

所以我们当时就有一个思想：短期内生一个也不是不可以。这也使得我起草那份报告的时候就很坚决。我们的政策是什么呢？就是"提倡一对夫妇只生一个孩子，坚决杜绝生三个孩子"，现在很多人都认为那是当时形势下一个比较明智的选择。总的来讲，我们当时提出严格控制人口还是利大于弊。

我还想说的一点就是，我们在谈改革开放成就的时候，如果不谈人口，我认为也是不公正的。因为如果不是控制了人口，少生了三四亿人，中国绝没有今天的这个发展机遇，光是吃饭、就业、住房、教育问题就难办得多。

这些也可以说是我对自己曾经经历的那个时期，对中国人口学与计划生育工作的回顾和总结吧！我只想让人们知道，人口研究与国家建设、社会发展、人民生活是息息相关的。我国自20世纪70年代开始恢复人口学研究，这对我国的人口发展是起到了促进作用的。

正是从这一段历史中，我们可以看到，正是在当年中国计划生育工作者与致力于人口学研究的中国人口学工作者的共同努力和推动下，使中国顺利实行计划生育，并让中国 13 亿人口到来的时间推迟了 4 年，世界 60 亿人口日到来的时间也推迟了 4 年，从而使中国成为世界上生育率下降最快的国家之一。

第八节

低生育率、人均观念与性别比

1. 低生育率研究

1995年，中国妇女的总和生育率经过20世纪70年代的大幅度急遽下降和20世纪80年代的波动缓慢下降之后，在20世纪90年代前期又有了引人瞩目的变化，越来越多的省区市正在接近甚至开始低于生育的更替水平。

那么，人口低增长甚至负增长的前景将如何演变？人口增长的新态势将会导致什么样的后果？在理论上我们能未雨绸缪地作出什么样的解释？特别是，如何认识低生育这一新的人口现象？对于一个深受沉重人口压力之苦的中国来说，低生育的确是政府长久努力的一个政策目标。但伴随着低生育时代的到来，一系列新的人口问题也开始接踵而至。所以，对"低生育"现象远非只是为表达一种欣喜的情绪，而是需要高瞻远瞩和居安思危——实践在呼唤科学的理性。

在这个背景下，我与穆光宗合写了一篇文章发表在《中国社会科学》上。这篇文章拓展人口转变论，对20世纪90年代我国人口发展的新形势进行了理论和对策的论述。

人口转变论的提出对认识低生育是人类发展的必然是一个重大贡献，但未能进一步深入认识诸如人口老龄化、发展中国家史无前例的人口增长和低生育率下人类可能面临的新问题等。这是因为学科本身的局限和时代的局限，低生育现象客观上要求人口转变论研究的继续和深入。

1985 年，邬沧萍出席"中国千分之一人口生育率抽样调查学术讨论会"

就中国而言，低生育率目标的不断逼近和实现，至少表明我们在人口控制方面取得了很大的成就。但少生并不是一切，我们不能陶醉于现代人口转变在一个又一个地区的次第实现，我们还需要早日考虑低生育率带来的新问题和新挑战。为此，我们必须保持足够清醒的头脑，对中国的低生育率现象给出清醒的判断。那么，如何看待中国的低生育率现象呢？我们认为，中国低生育的实现有其特殊性，是不稳定、不平衡、不彻底的，生育率转变的任务并未完成，而且伴随生育率的下降和转变，我国人口问题的焦点开始从高生育率带来的挑战转向人口老龄化及其他与低生育有关的问题。世纪之交的中国正处在这样的人口问题转型期。

进一步从人口再生产规律角度来看，中国人口控制的目标并非简单地越少生越好，也非生育率越低越好。最优的生育率调整是超前有序的。由于低生育及其新人口问题的出现，人口转变理论的解释力和预见力开始受到挑战。

认识低生育率现象及问题有助于我们重新认识和做好人口的综合规划。在这篇文章中，我们特意指出了伴随持续的低生育而来的问题，即

低生育与人口增长的稳定问题、人口老龄化及老年人口问题、劳动力短缺问题、独生子女问题、出生性别比偏高问题等，以期更好地实现现代人口转变，更好地推进人口现代化，从而为 21 世纪中国社会经济的现代化创造出尽可能有利的人口环境和人口条件。

2. 人口和生态环境关系的理论阐释

在人口理论上，很早的时候我就十分关心人口、资源、环境的相互关系。过去，我国曾自诩为地大物博，可我研究下来发现事实并非如此，重要资源按人均都低于世界平均水平。改革开放后不久，我就接触到可持续发展理论，更加重视我国人口容量问题，并且发表了一些文章，出版了一些著作。

在同我国学者合作编写《人口理论教程》（1985 年）过程中，我主动承担编写全新的"人口和生态环境"一章，从人口和生态环境的平衡、人口和自然资源的关系、人口与环境的关系以及人口容量与生态平衡四个部分来阐释人口与生态环境的关系。以马克思主义立场、观点和方法，结合中国实际去分析、判断国外人口学的发展，吸收其科学、合理的观点和方法，全面详细介绍了人口和环境的本质联系。

20 世纪 90 年代，我和侯东民教授主编的一本《人口、资源、环境关系史》被评为精品教材。1992 年，我在新德里参加中印人口学者讨论会，了解到世界科学院院长专门讨论科学技术与人口关系的会议也同时在新德里召开。我从两个会议中进一步认识到科学技术有助于节约资源、保护环境，有助于扩大人口容量；但也认识到科学技术是一把"双刃剑"，在解决资源、环境问题时，也要付出各种代价。因此，在科学技术很发达的条件下，人类控制人口和进行人口研究，仍是不可替代的。

3. 树立人口意识和人均观念

说起人口意识和人均观念，要追溯到我在美国念 MBA 的时候，也是我转而研究人口的原因。我为什么会搞人口研究？因为我在读 MBA 的时候，选修的一门课堂讨论研究课给了我很大启示。当时计算人均国民收入等指标是新兴的内容，我在图书馆查了大量资料，发现中国最好的年头是日本侵华前的 1936 年，人均年收入为 36 美元，与当时我在哥伦比亚大学的一门课的学分 30 美元相比，人均年收入之低令我咂舌，直观感受到中国人口太多、经济落后是我国的基本国情。从那时起，我从人均收入开始树立人均意识，开始关心人口问题，看一些人口方面的书籍。

后来，我主张"人口不控制不行"，起草《对控制我国人口增长的五点建议》报告，在河北的农村进行了很多调研，发现人口如果不控制，将来年年增长 3000 万。同时，我国缺乏足够的耕地、足够的水资源，所以我没有把人口研究仅仅局限在人口上，也一直在研究人口与资源环境的关系。之后，我参与《人口理论》教程编写，也主动负责了其中的人口与生态环境章节。我认为，我们研究人口的一个核心问题就是人口与资源环境的关系，是人口可持续发展最重要的一部分，我在多年研究过程中，也一直贯彻人口意识和人均观念。我认为必须从人口与资源、环境的全局来研究

20 世纪 80 年代末，邬沧萍谈提高人口意识的资料

人口问题。

4. 对人口性别比的研究

1982 年，我国在联合国支持下，采用现代普查技术和方法进行了一次成功的 10 亿人口的普查。随后，我国筹备召开了一次规模庞大、规格很高的人口普查国际科学研讨会。会议的组委会希望我承担研究中国人口性别和年龄结构方面的一个课题。我自以为能驾轻就熟地开展研究，但在分析 1981 年出生人口性别比资料时，就碰到对部分省份出生人口性别比偏高认定和判断上的难题，我意识到这一问题是有重大现实意义和理论价值的。

在 1982 年中国第三次人口普查的数据中，我敏锐地发现了出生性别比问题，于是着手进行调查研究，并在"中国人口问题研究"的科研项目中承担了对中国出生人口性别比的分析，终于在第三次人口普查后

20 世纪 80 年代的邬沧萍

准备召开国际会议之前，将我的研究成果写成了《中国人口性别比的研究》一文。这篇文章后来被收录在《中国人口问题研究》一书中。

所谓人口性别比，即是指男女人口数的比例。一般情况下，世界上大多数国家的人口性别比都是相差不大的，只有像澳大利亚和阿拉伯石油输出国的科威特、阿拉伯联合酋长国、卡塔尔等人口迁入或是迁出比例很高的国家，某些年龄组的男女人口数

差别才显得突出。

一个国家的男女人口数量若不平衡，也就是性别比过高或过低，就会给婚姻、家庭、社会安定团结等方面造成这样或那样的影响。在那个时期的中国，从全国范围来看，没有什么有影响的、大规模的国际迁移，相比之下，国内的迁移则对城镇、乡村和地区之间的性别比平衡有一定的影响。虽然如此，但长期以来，我国对这个问题却几乎没有研究过。

中国的人口性别比一贯偏高，不管是在新中国成立前，还是在新中国成立后的社会主义建设时期，与大部分发达国家和一些发展中国家相比，中国的人口性别比偏高都是不可否认的事实。但自20世纪70年代以后，关于中国人口性别比偏高问题让国外一些人认为是溺婴现象造成的，并就此攻击中国的计划生育政策。这也使得我国国内有些人为此产生忧虑，他们担心中国将来会由于男女性别比例失调产生很多问题。

在这样的形势下，我作为一个人口学的研究者，有责任和义务对中国的人口性别比进行系统的研究。在当时中国人口性别比持续偏高的现实情况和历史趋势下，对性别比的研究就成为一个科学上必须回答的问题。我当时的研究最想搞清楚的问题，就是中国的性别比偏高的原因究竟是什么。对此，我在《中国人口性别比的研究》一文中通过分析我国人口性别比的历史发展，与世界各国进行对比，澄清事实，找出缘由，以获得对我国人口性别比比较清楚的认识。

在这篇文章中，我分成了"我国人口性别比偏高的原因及其发展趋势"、"我国人口出生性别比偏高原因的探索"和"从研究我国人口性别比提出的几个值得注意的社会问题"三个部分，对我国人口性别比问题进行了阐述。

首先我通过历史资料和最新的人口普查资料以及国外人口数据，对我国人口性别比偏高的原因及其发展趋势进行了研究。通过查阅《现代中国人口》《中华民国统计提要》等书籍资料，将我国江苏省的江阴、

河北定县以及四川的 3 个县等 10 个地区曾经在 1932 年到 1942 年进行的"具有现代意义的人口调查"的宝贵人口数据资料进行了统计整理；还对我国各省 1946 年与 1982 年人口性别比资料进行了对比分析。除了比较我国在不同年份的情况，我还进行了国际比较，将新中国成立前与美国、英国、法国、苏联、日本、德国、瑞士、巴西、印度等 15 个国家人口性别比的资料以图表的形式进行了对比分析。通过对这些实际数据资料的统计分析，我得出了"旧中国人口性别比一贯偏高，新中国成立后虽已下降不少，但仍属世界性别比最高之列"和"新中国成立以来，我国人口性别比高是一贯的，并在地区上带有普遍性"的结论。

在考虑形成我国高人口性别比的因素时，我通过对详细具体的数据进行分析，提出了"我国人口出生性别比高是我国总人口性别比高的基础"、"我国男女死亡率差别小是导致我国人口性别比高的主要原因"以及"我国人口年龄结构偏年轻是造成我国人口性别比高的重要原因"三个论点。

当时论文中所引用的很多新中国成立之前的资料可能不是十分准确的。因为新中国成立之前无论在统计上还是调查方法、技术上都存在问题，而且在调查登记中，婴幼儿特别是女婴的出生、死亡漏报、瞒报现象严重，对孕妇死亡的禁忌也常常造成统计资料的不准。因此，我们引用这些资料只是说明新中国成立之前人口性别比之高的一般趋势。但是这些详细的图表资料和数字与我提出的三点结论和新中国成立之前的总人口性别比、出生性别比之高的事实是相吻合的，说明了新中国成立之前的社会经济、医疗卫生对女性死亡率有更不利的影响，从而造成过高的人口性别比，而且我国当时的人口性别比高是带有新中国成立之前高性别比痕迹的。因为出生性别比是人口性别比的基础，所以在论述了造成中国人口性别比高的原因之后，我就顺理成章地需要对我国出生性别比偏高原因进行探索。

我从《中华民国统计提要》、国际联盟《统计年鉴（1937—1938）》

《浙江人口通讯》《北京日报》等资料中摘取人口数据，进行整理和分析，将 1933 年南京、上海、北京、天津、青岛、杭州、广州、汉口 8 座城市，20 世纪 30 年代的英国、法国、美国、瑞士、新西兰、德国、苏联、日本、巴西、埃及等 15 个国家，以及北京妇产医院 1972—1979 年、北京市 1950—1980 年中部分年份出生婴儿性别比以详细的数字图表形式一一列出。

我还整理出了我国 19 个市 88 个城乡医疗单位 1960—1981 年产房分娩登记的结果，以及 1982 年我国第三次人口普查的资料。通过这些资料图表的分析，我发现新中国成立之前和新中国成立后我国人口出生性别比很高，新中国成立之前性别比偏高由来已久，而且高于世界的平均水平。

在了解了我国人口出生性别比高的事实后，我试图运用相关分析肯定或否定一些现象同出生性别比之间的联系。但限于数据的缺乏以及研究尚处于初期阶段，我的这些结论都有局限性。当时我对人口出生性别比与地理因素和人口分布特征之间的联系进行了一定的分析，发现海拔高度与人口出生性别成反方向变化，而人口密度与人口出生性别比则基本呈正相关关系。我还考察了推行计划生育、控制人口增长与出生性别比的关系，我当时得出的结论是总和生育率与出生性别比之间没有明显的相关关系，与母亲的受教育程度关系也不大，而母亲的生育年龄对出生性别比有影响，且城乡之间存在差异，除此之外，我还考虑了胎次以及结婚和生育月份对于出生性别比的影响。

关于溺婴、统计漏报、瞒报和出生性别比的问题我也进行了一些分析和论述。在当时溺婴和弃婴的陋习仍未根绝，遗弃的又多是女婴，而且这种情况在农村要比城市多，会影响调查统计得出的出生性别比结果，这是研究者需要注意的问题。

就我在研究过程中发现的一些问题，我认为必须彻底查明我国人口性别比偏高的原因，提出了"完善对人口出生性别比的统计"、"在我国

城乡抽取一定数目的妇产医院和妇产科，就若干年份的婴儿出生性别比的历史记录进行调查分析"和"在中国城乡组织一次较大规模的孕妇跟踪调查"的几点建议。

我还从两个现象中发现了性别比的两个特点：一个特点是我国人口性别比趋于平衡的时间大大晚于发达国家，这是由于我国男女死亡率差别不大所导致的；一般来说，女性的死亡率低于男性，但我国女性的死亡率下降速度慢于男性；另外一个特点是我国 20 岁到 45 岁这一年龄段女性在人口中比重提高，从另一个方面说明我国女性的死亡率下降慢于男性，这是生物学因素、女性的营养水平、教育水平、社会地位和生育、劳动负担等的综合反映。

虽然从研究的结果看来，我国的出生性别比在很多年份都偏离了标准值域，也会引起很多社会问题。但实际上，任何从统计中归纳出来的所谓"标准"都具有时代和历史的局限，随着时间的推移和人类社会的进步以及随着观察和研究范围的扩大，有关人类本身规律的一些准则无疑需要得到修正与完善。人口出生性别比就具有这样一种统计规律。因而，我们必须正确对待我国高出生性别比现象，对各种具体现象做具体分析。必要时，有针对性地予以解决，完全没有必要感到迷惑不解或恐慌。

虽然由于种种原因，我这篇被称为具有人口学预见功能的论文在几年后的 1988 年才正式发表，但我在这篇论文中对出生性别比与总和生育率、母亲年龄、胎次、结婚和生育月份等精细的分析一直被后续的研究所引用和参考。

在 20 世纪 80 年代，我还指导了中国人民大学的一个叫刘爽的本科生的学士论文，她的论文就是以中国出生人口性别比为题。她的这篇论文写得很好，比我当时指导的一些硕士学位论文质量还要高。

在她完成论文后，我推荐她在国家计生委召开的一次出生性别比全国研讨会上发言，立即受到了国家计生委领导的关注和重视。后来刘爽又读了硕士和博士，我还是她的博士生导师，她的博士论文研究的就是中国的出生性别比与性别偏好。

我认为有责任提醒全社会和全人类都来关注出生性别比这个重要的人口变量，因为这关系到人们对生存权的选择和人类发展的前途和命运。20 世纪 80 年代以来，中国出现了持续的出生人口性别比攀高的现象。出生性别比失常对今后的深远影响可能超出人们的想象，必须早为之计，防患于未然。如果在第三次人口普查以后对出生性别比加以重视的话，情况会更好。

我之所以认为出生性别比研究具有重大、深远的意义，有几个理由。首先就是古今中外对出生性别比的研究都不够重视，是有时代局限性的：一是由于出生性别比往往只从人口学去研究，它是人口学的一个变量，而这个变量又很难准确统计，许多人常常把它同人口性别比混为一谈，认为无关宏旨。二是因为出生性别比在过去常常被视为一个常量，即或有点变化也微乎其微不被关注，更认识不到其长期失常造成的累积效应；而人类历史上又缺乏有说服力的实证。总之我认为人口性别比问题的研究不能掉以轻心，对此我提出了以下几个看法：

首先，人口变量在变化起始时大多都不被重视，一旦积累起来就积重难返，解决起来非常棘手，具有滞后的累积效应，出生性别比更是如此！

其次，传统的人口学具有数量科学的特点，且大多认为科学的任务只回答数值大小、多少、高低，即只回答是什么（What），不必分析影响数量变化的原因，即不需要回答为什么（Why），有学者认为更不需要研究发展的前景或后果及提出对策（How）。然而科学的任务不仅要认识世界，而且要承担社会责任，以推动人类社会的发展。人口学研究出生性别比，防止它对社会和个人的负面影响，是时代赋予我们的历史使命，人口学者责无旁贷。

复次，人类历史上研究出生性别比由来已久。在科学不发达的年代，人们都认为出生性别比是"命中注定"和"神的旨意"，人类要改变它是无能为力的。在当代科学技术发达的条件下，通过人工流产、胎儿产前性别鉴定等技术和手段，不但可以干预生育的数量，而且可以影响生育的时间，甚至孩子的性别也能选择。因此，出生性别比及其相关问题不能不结合人口学、社会学、经济学、伦理学、医学、法学等领域开展综合研究。这一点随着今后该现象的日益复杂会更加受到重视。

复次，出生性别比超常在世界少数国家、特别是一些发展中国家与地区都有过，不过我国的情况更为突出和严重，这与中国的国情如人口众多、生育政策和传统文化等相关联。其深刻根源在于传统的男女事实上的不平等。出生性别比失衡出现在我国人口生育率迅速下降到低于更替水平和胎儿性别鉴定技术易获得的知识经济与市场经济时代，这绝不是一个偶然的现象。少数发展中国家和地区包括当时的亚洲"四小龙"都先后出现过出生性别比失常的现象。按照联合国的预测，人口大国的

1986 年，邬沧萍在东京参加国际会议

妇女生育率在 21 世纪中叶前后都会先后达到更替水平，届时出生性别比失常也是有可能的。中国作为一个负责任的人口大国，深入研究出生性别比失衡问题，并把经验教训总结出来，是对人类的一大贡献，也是一种"软实力"的体现，不必讳莫如深。

最后，出生性别比失常的深刻根源在于育龄人群的生育"性别偏好"，这是一个以传统文化为根基的观念问题，属于意识形态。它会随着人类的社会发展、时代的变化而改变。随着人类向往和享受更多的自由与全面发展，人们将有能力获得更多的选择，生育上的"性别偏好"这一选择也不能完全排除，哪怕只是很少数人做出的选择，也可能是人类社会又要面对的一个新的个人选择与公共利益矛盾的问题、一个发展与伦理道德矛盾的问题。对出生性别比理论和方法的研究绝不是一个无关紧要的问题。

5. 推动性别平等

在 20 世纪 80 年代初至 90 年代中期长达十几年时间里，我潜心于中国人口的研究，也算是最早开始对中国人口发展战略进行思考的一批学者了。当时计划生育搞得如火如荼，我提出人口零增长的战略构想，并为推行中国的计划生育工作做了大量的研究和宣传。其间，我发表了《按最优方案实现我国人口的零增长》和《中国生育率迅速下降的理论解释》等很多人口学及与其紧密相连的有关我国计划生育的论文和文章，还受邀去中央电视台、中央人民广播电台演讲人口理论、人口政策，也到北京、上海、辽宁、山东等地对广大干部和群众作学术报告和普及宣传讲座。

这一时期虽说主要的研究重心在计划生育上，但我同样也对人口性别问题给予了相当的关注。早在 20 世纪 80 年代对我国人口性别比进行研究的时候，我就从统计数据中发现我国男女不平等现象直接或间接导致了许多的人口问题，所以我是一直倡导性别平等的，特别是在计划生育上也应该平等，也做了一定的努力。

我的两篇文章《计划生育，男儿也是"半边天"》和《应大力提倡"计划生育丈夫有责"》在社会上反响强烈，特别是在当时我国大力推行计划生育工作的形势下，这两篇文章对宣传普及计划生育工作具有积极的意义，也对推动男女平等意识起到了一定的效果。

《计划生育，男儿也是"半边天"》是 1991 年我发表在《人民日报》上的一篇短文。1992 年在全国政协七届最后一次会议闭幕会发言时，我建议普遍宣传"计划生育丈夫有责"，在社会上引起了很大共鸣，显然因为它反映了广大群众，特别是妇女的心声。它把在中国长期以来被视为一种"隐私"、难登大雅之堂的问题名正言顺地提了出来。

后来，国家计生委宣教司、《中国人口报》和《中国妇女报》就这个命题展开过征文讨论，我认为这是有远见之举，具有极其深刻的、深远的社会意义。我国宪法和婚姻法中规定"夫妻双方都有实行计划生育的义务"，这是明确表示计划生育男方也同样有责。我在这篇文章里指出，在我国以计划生育为国策的国情下，实行计划生育就特别需要男方的合作和主动，需要夫妻双方坚持节育长达 20 多年，需要双方间的理解和谅解，只把计划生育的责任推在负责生育的女性身上是不公平的。

在当时的情况下，我通过调查得出，我国男性育龄人数比育龄妇女多，我国各级国家机关、党团组织、企事业单位的负责人也是近 90% 都是男性。再加上我国农村男子的文化程度一般都高于妇女，所以计划生育工作由占据社会主要角色的男子，以及对"计划生育国策理解更深"的男性领导积极参与和以身作则，势必对推动全社会开展计划生育的作用更大。

后来，我在政协会议上题为《应大力提倡"计划生育丈夫有责"》的发言中，更进一步从"有利于实现男女事实上的平等"、"有利于家庭生活的和谐和稳固"和"有利于提高人口素质"等方面，论述了提倡"计划生育丈夫有责"的更深远社会意义。总而言之，计划生育丈夫有责就意味着丈夫和妻子负有同样的甚至更主要的责任，意味着丈夫尊重妻子的生育意愿，努力避免计划外怀孕，而且要帮助妻子在教育、就业、经济上做到事实上的平等和自我价值的实现。丈夫的"责"还体现在要和妻子共同对子女全面负责，共同完成优生、优育、优教的职责。也就是丈夫在家中承担子女的良养、良育的责任是无可代替的，特别是父亲的身教重于言传。

我当时写这些文章的原因是认为有必要通过普遍宣传"计划生育丈夫有责"来形成这种良好的社会风气，推动丈夫和父亲在家庭中充当负责任的、文明的、尊重女性的角色，对于那些玩世不恭、未婚同居、未婚先孕和早婚早育的人来说形成一种舆论压力，这样才能有利于性别平等意识的培养和计划生育的开展。

如今回过头来看，这两篇文章发表距今已过去30年了，当时我所提倡的观念在后来起到了一定的效果。现如今社会上性别不平等的情况虽然依然存在，但比起20世纪八九十年代还是有所进步的。

我是在特殊的计划生育时期，以推动计划生育实施为出发点，在推动性别平等上作了一点小小的贡献。关于生育的选择，现在的家庭基本是男女方商量着来。最新公布的第七次全国人口普查数据结果中我国的人口性别比为105.07，出生人口性别比为111.3。这些数字较六普都有所下降，但还未达到国际上公认的出生性别比105左右的数值。我国出生人口性别比有所下降，也可以说是受到了性别平等在我国不断发展的影响。性别问题一直是人口研究的重要领域，现如今也有很多的人口学家、社会学家对两性议题进行讨论和研究。

我对我国计划生育工作的积极宣传和科学普及，也受到了国家和政府的认可，收获了诸多荣誉和褒奖。1990年，我被北京市委宣传部授予国情演讲比赛"灵山杯"一等奖；1995年又被中央几个部委授予第二

届中华人口奖（科学奖）。在被推选为中国计划生育协会副会长后，我参与了国务院新闻办主持的《中国的计划生育》白皮书的修改定稿工作，为最后的成稿献出了我的一份力量。后来，由我任主编之一的《转变中的人口与发展》系列专著还获得了中国人口学会和国家计生委第二届人口研究优秀著作一等奖。

第九节

关于中国人口学学科发展的思想观点

1. 冷静思索中国人口学的"膨胀"与"萎缩"

从最开始我冒着一定的政治风险参加人口研究小组，摸索着走进中国人口学的大门，到后来义无反顾投身中国人口学研究，参与创办我国第一所人口研究机构——北京经济学院人口研究室和第一本人口学术期刊——《人口研究》，我经历了初期从"废墟"中开拓和创建百废待兴的新中国人口学后，在紧接着到来的我国改革开放中，也就是20世纪80年代至90年代期间，还经历了中国人口学"膨胀"与"萎缩"的发展过程。

1971年中国加入联合国后，中国开始广泛参与国际事务，当时全世界都关注人口问题。作为第一人口大国的中国人口问题就成为国际社会关心的焦点问题。由于人口问题的重要性，联合国就要我们弄清楚中国究竟有多少人。中国人口数量长期弄不清楚，全世界有多少人口就没法确定。所以联合国就资助我们，希望我们把中国人口问题搞清楚。

1979年后，联合国就开始资助中国。资助主要用于在中国进行人口理论培训和科学研究。有了联合国资助以后，研究的条件就好多了。借助联合国的资助，中国的人口学开始迅速发展，先有10所院校成立了人口研究机构，后来又增加了10所，派出了数以百计的人口研究人

才和干部到联合国、人口培训中心和高等院校学习和考察，人口学队伍也壮大起来。

首先，是以中国人民大学为首的很多院校先后成立了人口研究的机构。1981年，在联合国来中国考察后，联合国的专家与中国教育部协商在中国人民大学和上海复旦大学创办我国两个人口学系，开始招收人口学本科生。

1985年，联合国建议在中国成立一个人口学培训结构，经过考察和比较后，决定在中国人民大学创办我国第一个国际人口学培训中心。这个中心是由联合国和中国合办的，而我则作为中方的代表。中国人民大学是接受援助的大头，在国内是领先的，获得了第一期援助的资金的大部分，受援额超过中国社会科学院。我记得第一次援助有108万美金，社科院只有二三十万。人民大学人口所接受联合国的捐款最多，图书资料也最多。人口研究所还曾被教育部定为全国人口学研究中心、资料中心。所以说受益于联合国的这些资助，中国人民大学的人口学教学和研究得到了很大推动，在发展中始终走在全国高校的前面。

另外，中国当时每年外派的学者很多，后来联合国就跟我们谈判，说要在中国建立一个人口培训中心，可以邀请全国和全世界的学者来这个中心开展教学讲座。当时，全国想办这个培训中心的不止人大，复旦和南开也想竞争。南开因为在天津，没有国际机场，不方便国外的学者来讲课就被淘汰了。剩下复旦跟我们竞争，而教育部比较认可人大的力量。当时我跟学校领导商量，要学校表个态，如果学校支持，我们就尽力争取。结果学校表示要全力支持，所以后来我们还是成功争取到了这个培训中心。1985年，教委和联合国人口基金把中国人民大学人口所定为"中国人口学教学与培训中心"，承担国内外人口学培训的任务，我在这个中心也当了好几年的主任。培训中心的设备很好，当时电视机就有二三十台，还有很多阅读器。我记得中心还有一台价值几十万美金的印刷机，当时全国都没几台。依托这个培训中心，当时人口所派出的留学生在中国人民大学是最多的。人民大学人口所曾应邀参加过许多国际会议，还经常在大会上作报告，考察交流。其他学校的学者也有很多是从我们这里培训后出去的，所以现在说人大是人口学研究的龙头，也都得到了大家的认可。

在 20 世纪八九十年代，我国人口学取得了迅速发展，这离不开改革开放的大好形势和国际方面例如联合国人口基金的资助。但是到了20 世纪 90 年代末期，由于中国的计划生育工作已见成效，很多人就认为中国社会已经不那么过度地需要人口学了。一时间，曾经迅速发展的人口学机构和研究人员的队伍减少了。对于这一段中国人口学持续 20 余年"大起"和"大落"的发展历史，我算是一个亲历者。我也在不断思考这其中的缘由，我想要以一种冷静的头脑来面对中国人口学发展的"膨胀"和"萎缩"。

2009 年的时候，我曾对中国人口学走过的从"热"到"冷"的发展历程进行过一次比较系统的回忆和梳理。在这个回顾性研究中，我认为中国人口学本来就先天不足。改革开放后，人口学迅速聚集了大批学者，他们大多认为进入人口学是为了控制人口增长，为计划生育服务的。

由于联合国人口基金提供很多经费，让研究人员出国学习和考察，邀请一大批学者来华讲授人口学，还有所有人口机构都能得到图书资料、最新的文件和研究手段，使得我国人口机构和研究人员迅速增加。因而在人口基金的帮助下，我国人口学发展很快。

在获得联合国人口资金第一期的援助后，国内就有 10 所高校和中国社会科学院设立了人口研究机构。到第二期援助的时候，又增加 10 所高校，以后全国进一步发展到 20 多所人口研究机构，但当时不少人口学研究成果是低水平的重复。鉴于我国人口众多，控制人口增长的任务繁重，我建议可以打破人口学只培养研究生的外国常规，招收少量本科生。经过教育部和联合国人口基金的论证，同意 1981 年在中国人民

邬沧萍在 20 世纪 80 年代的学术报告会上

大学和复旦大学开始招收人口学本科生。

在当时实行计划生育是我国的一项基本国策的氛围下，报考人口学和录取的都是高考入学考试成绩优异的学生。一直到 1995 年，由于我国本科专业的调整，人口学专业才开始转型。

我国人口学由"热"变"冷"是在 20 世纪 90 年代末。那时，经过二十多年的努力，我国计划生育已取得巨大的成就，人口生育率已降到更替水平，甚至更低。这就使得计划生育在我国的紧迫性有所缓解，社会对人口学的需要也渐渐冷却下来。另外，联合国人口基金也认为，中国人口学教育培训项目 15 年来已取得巨大成绩，不再需要继续资助，并且中国应该在人口学的南南合作中发挥作用，帮助其他发展中国家发展人口学研究。因此，本来有些过剩的人口学机构和人员出现减少和萎缩。

但人口学是服务于计划生育的吗？肯定不全是，人口学还有更宽广的研究内容和更崇高的学科使命。对于究竟应该怎样科学地认识人口学的性质和任务，我在我国人口学教学和研究第一线这么多年来，也一直都在思考。

2. 方兴未艾的中国人口学

在经历了 20 世纪八九十年代我国人口学由热转冷的大起大落变化之后，我觉得有必要重新审视人口学的定义、研究对象和科学性质。

我认为当时出现人口研究机构和人员减少与萎缩的现象反映出了大

多数人对人口学的认识问题，所以为了提高对人口学的科学认识，我从20世纪90年代后期就开始从历史和全球的视角重新审视现代人口学发展的轨迹。

我认为人口学是人类社会一门不可或缺的科学。人口学是研究人口各个变量诸如人口的数量、质量、结构、迁移、分布、出生、死亡和增长等的科学。

人口学还研究人口变量之间的相互关系和人口与经济、社会、资源、环境之间的相互关系。人口学既研究全部人口，也研究亚人口。随着人口的增加，人口变量的发展变化越来越复杂，对人口问题的深入认识越来越需要科学的理论和方法。

于是我花了很长时间诉诸历史文献，从人口学的发展历史、国内外人口学的发展道路着手进行研究。经过一个时期的研究，我在世纪之交的人口科学讨论会上，发表了一篇以"正本清源重新审视人口学的定义、研究对象和科学性质"、"人口学在20世纪后半叶达到空前繁荣，是一门新兴的学科，绝不是夕阳科学"以及"人口学是21世纪一门实践需要的朝阳科学"为主要论述内容的论文——《人口学在21世纪是一门方兴未艾的朝阳科学》。后来，这篇论文发表在了2002年的《人口研究》期刊上。这篇论文在会上引起了热烈讨论，论文公开发表后，也引起了学界和社会的热烈讨论，我认为这篇论文对于我国人口学稳步发展是有帮助的。

人口学（Demography）被国际公认为一门科学可以追溯至1662年格兰特（John Grant）发表的《关于死亡表的自然的和政治的考察》研究。格兰特也被公认为人口学的鼻祖，后来欧洲不断有人开展人口方面的研究。到了1882年，日内瓦国际卫生学和人口学大会上正式确认人口学为一个学科部门。

在人口研究的早期，关心人口问题的都是统治者和一些有远见的思想家。一般人对人口问题大多是漠不关心的，所以法国人口学家索维才

会在他的著作《人口通论》中写道："人口学长期以来始终是一门有气无力的科学，不是没有教师就是没有学生，而目前正慢慢得到重视……人们对于本身的人口问题也仍然是可悲地茫然无知的。"我通过对人口学学科的起源和发展历史的研究发现，早期人口研究较为冷清是具有时代局限性的，因为当时社会对人口学知识没有很大的需要。

我溯源人口学的起源和发展是为了推动中国人口学的进步。我对中国人口学命运、中国人口学存在隐忧等方面进行了详细论述。中国是世界上人口最多的国家。人口学在我国的命运值得人口学界、人口工作者和政府部门领导的关注！

人口众多是中国最突出的国情。即使在今后半个世纪内，我国人口不再增长，但人口众多仍是一个大问题。不仅要关注人口总数，很多亚人口（如妇女、老年人、迁移人口、流动人口等）、人口质量和结构等都不断地需要研究。作为从理论上研究和指导我国人口实践的科学，其兴衰直接标志着社会对人口问题的关注程度。难以设想不重视人口科学的话，如何能够持久重视人口问题呢？

20世纪90年代末期，人口学遇冷，教学和研究逐渐走向萎缩。那时候中国人口学的前途和命运存在着诸多隐忧，比如说人口学本科专业从1998年停止招生，还有就是失去联合国援助后我国人口研究机构萎缩，有的人口研究机构名存实亡，再就是人口学前途命运的最大隐忧莫过于人口问题得不到应有的重视。

分析当时人口学在我国遇"冷"的形势，我认为其原因主要出在了认识上。人口学在我国得不到重视是个认识问题。首先，人们对人口问题的周期性、积累性和长期性认识不清。更为严重的是，社会上还有一些人包括一些有影响的学者在内，甚至认为人口问题在中国已不是个重要问题。其次，由于我国人口学的发展同我国开展计划生育、控制人口增长紧密联系，不少人认为人口学就是计划生育学。认为我国计划生育大功告成，人口学已派不上多大用场，这是极大的误解。再次，人口学知识的价值并未深入人心。因为人口的效应往往要经过几十年，多则几个世代才显示出来。

我当时就想到了冷落人口学早晚要付出沉重的代价。新中国成立后，由于取消了社会学和人口学，不认识人口发展的规律，使我国人口盲目地增长到8亿时才不得不严格控制人口增长，使我国几代人都不得不为此失误付出沉重代价，这是不重视人口学的"前车之鉴"。这就要求我们必须加强前瞻性研究，特别是准确、科学的量化研究。

找到了问题也要指明未来的发展方向，我当时认为首要的就应该是正确认识人口学，所以我分别从"人口学是一门独立科学""人口学的学科名称""人口学的定义、研究对象和学科特点""人口学的学科性质""人口学的学科体系"5个方面论述了人口学的任务和目标等。人口学不仅仅是控制人口和计划生育，我所做的这些研究以期正本清源，重新审视人口学的定义、研究对象和科学性质。

为了搞清楚人口学发展的历史和规律，我收集了大量第二次世界大战后世界人口学发展情况的事实资料。我发现在第二次世界大战后很快出现了人口学空前繁荣所具备的客观条件，人口学从那时起真正开始崭露头角。我从人口研究的资料、视野、方法论、技术、理论创新、知识创新、研究机构、教学和培训、研究成果、国际学术会议、信息技术发展、知识普及等10多个方面论述了第二次世界大战后人口学的繁荣发展。通过对人口变化的历史轨迹和人口学的发展轨迹进行研究，我总结出了人口学发展的五个阶段，其中第四阶段是以研究生育率为主的人口再生产为重点的现代人口学，第五阶段则是第二次世界大战后各个国家人口急剧增长后开始出现人口老龄化等新型人口问题。基于这些研究，我做出了"人口学在20世纪后半叶达到空前繁荣，是一门新兴的学科，绝不是夕阳科学"和"人口学是21世纪一门实践需要的朝阳科学"的重要论断。

我在文章的最后还前瞻性地指出"人口老龄化、高龄化及其引发的

——邬沧萍口述实录

许多人口理论和方法问题""21世纪面临的大量新情况、新问题，诸如单亲家庭、破损家庭的子女问题，青春期少女怀孕，高龄妇女等量变会对社会进步带来挑战，它们将是人口学研究的一个新天地"等。我认为"21世纪发达地区将出现很多新人口问题需要继续深入研究，而且很多都是前所未有的"。

为什么说人口学在21世纪是"方兴未艾"的"朝阳科学"呢？这是因为在21世纪，包括我国在内的发展中地区过去存在的传统人口问题有待解决，同时也不断产生新问题，这些领域都是人口学研究最广阔的天地。我还提出，发展中地区生育率下降和惯性增长将要持续半个世纪到一个世纪，在这一个时期要实现社会经济良性运行，就必须开展大量人口学的科学研究，防患于未然。

21世纪人口学在中国更加任重道远。因为中国既有发展中国家的人口问题，又有发达国家的人口问题，人口问题的复杂性和多样性将使人口学在中国有广阔的用武之地，也是中国对于世界人口作出贡献的新亮点。

在2020年10月召开的十九届五中全会上，党中央提出"实施积极应对人口老龄化国家战略"；在2021年3月公布的"十四五"规划里进一步明确提出"制定人口长期发展战略"。党和国家的最新政策动向表明，我当时对于人口学发展的判断还是较为正确的。

当时处在一个曾经蓬勃发展的人口学遇"冷"萎缩的时期，作为一直站在我国人口学教学与研究第一线的教师和研究者，我必须迎难而上，用真实的数据资料、科学的逻辑对人口学的发展历史和未来进行全方位审视和考察。我是想要为人口学"正名"——《人口学在21世纪是一门方兴未艾的朝阳科学》可以算是达到了这个目的。

3. 对人口学学科体系的思考

在写完《人口学在 21 世纪是一门方兴未艾的朝阳科学》后，我又完成了社会科学的一个重点课题"人口学学科体系"的研究。

我国 20 世纪 70 年代开展计划生育并与联合国合作研究人口问题。之后我们相继派出 200 多人到国外培训、参观访问。又先后在人大、复旦两所大学招收人口学系本科生、研究生。很快，全国又接连成立了二十多所研究机构，还有在全国开展人口、计生宣传教育等活动，人口学也成为改革开放后发展最快的学科之一。可以说当时我国的人口学发展形势如日中天。

21 世纪之交前，我国计划生育取得举世瞩目成就，但人口学教学研究的热度已大不如以前，人口学系停止招生，人口研究机构大部分下马或改行。在此背景下，国家社科基金单独立项编写出版了《人口学学科体系研究》，这是一项科学的、有远见的推动人口学学科发展的举措。当时，很多人虽然学习人口学，但却不清楚人口学真正的科学定义。人口学是一门学科而不仅仅是一个专业，也没人定义人口学研究什么。每一门学科总有研究对象，人口学的研究对象是什么？当时是不明确的。我翻过很多外国有名的大百科全书，没有一个敢定义人口学是什么，可能很多人把人口学等同于人口统计学，现在看有很多百科全书和词典里面，把人口统计学翻译成人口学。

我是经过了研究以后，第一个提出人口学定义的中国学者。原先人口学科被取消了，当得以恢复的时候，我觉得要研究人口学首先得明确学科存在的价值是什么？为了解决这些问题，我就主编了《人口学学科体系研究》这本书。这是一个国家项目，本来是由其他人主持的，但原来的主持人在接手这个项目以后就去世了，所以我就承担了这个项目。在这个项目里，我专门研究人口学学科的研究对象是什么、人口学的学科体系包括哪些内容等问题。

当时我认为人口学研究必须从人口和经济、社会、文化及其相互关系来系统地看待，它就必然是一门哲学社会科学，我的这一定义后来也被翟振武教授他们在撰写《新中国人口 60 年》时引用了。我认为人口学研究的是人口变量与其他变量之间的相互关系，人口变量和社会、经济、文化和整个社会生活之间的相互关系的一门学科。人口学的定义搞清楚了，整个人口学也就有血有肉了，每一门学科作为独立学科一定要有研究对象。

人口学作为一门独立的学科体系而有其独特的社会科学价值。我在这部著作中，首次明确人口学（Demography）的研究对象是"人口变量"。而研究人口变量与经济、社会、环境和人类生理心理等变量的本质联系，是一门以量化科学、实证科学为重要特征的不可或缺的社会科学。我认为，人口学不同于人口统计学。以往许多英汉字典把 Demography 译为人口统计学是存在理解偏误的。

我更反对把人口学等同于计划生育学。尽管在中国人口学的发展与计划生育的开展息息相关，但人口学显然不仅仅局限于生育问题的认识，它具有更广阔的学科视野和更丰富的学科理论、方法。

在这部著作中，我们进一步阐明了人口学的研究对象、学科性质和各分支学科，澄清了很多概念、理论认识上的误区，特别是把人口学的学科使命与我国的现实需要联系起来，拓展了人们把人口学局限在研究计划生育的狭隘认识上。在计划生育政策已取得巨大成就时，对于很多从事人口、计划生育的工作者和人口学的研究者来说，《人口学学科体系研究》的出版起到了鼓舞信心的作用，使他们看到人口学是一门研究对象广泛的社会科学。从事相关工作或研究能够学以致用、在中国是大有可为的。我同时认为，《人口学学科体系研究》还不仅仅是一本单纯聚焦在人口问题上的著作。人口问题本身就关系到我们社会、经济、文化、生态等发展中的几乎每一个领域，所以作为学科体系来讲，必须要把人口的发展与人类社会的发展联系起来，才能科学、系统地定位这门学科。

在这部著作中，还涉及当代人类社会经济全球化、构建人类命运共同体中许多带有人类共性的人口问题，诸如高生育、低生育、老龄化、不婚不育、代际矛盾、人口流迁、难民问题和人群融合问题，等等。从我个人的感受来说，这本书也浓缩了我在世纪之交对人口学学科体系的新思考。我期望通过这些思想能够破除我国很多人对人口学的一些偏见和误解，真正从完整的学科体系来看待人口学。我也期望通过这些思想的呈现鼓励更多相关专业的人关注人口学、重视中国的人口问题和人口发展。这本书在 2010 年获得教育部二等奖，应该说也是对这部著作的一个肯定。

在新中国成立 60 周年之际，我又为《人口研究》撰写了一篇关于我国人口学发展的《人口学在我国是一门无可替代的社会科学》。在这篇文章里，我对于改革开放前"以阶级斗争为纲"所导致的人口学研究长期失位，以及产生的后果进行了总结，也对改革开放后 30 年人口学发挥的与时俱进的社会功能进行了梳理。最后，我从以人为本的科学发展观视角和促进人口大国向人力资本大国发展的视角，再一次论述了人口学今后将是一门更为蓬勃发展的朝阳科学。

第四章

与中国老年学结下不解之缘

第一节

....

未雨绸缪预见老龄问题

1. 很早认识到老龄问题

自 20 世纪 70 年代初我开始从事中国人口学研究之后，由于在翻译资料中经常接触国外的最新文献以及经常出国开会，我开始认识到人口老龄化在中国的出现将是早晚的事。一方面，发展中国家的人口激增，大大促进了现代人口学的发展；另一方面，人口老龄化问题在发达国家已经十分明显，促使老年学也在迅速发展。由此我意识到，我国人口学和老年学两门新学科将在我国接踵而来。发达国家的生育率缓慢下降，在生育率下降后近百年才逐步认识到人口老龄化，但我国生育率下降迅速，老龄化的进程必然加速。

1980 年在讨论《中共中央致全体共产党员共青团员的公开信》时，已经有学者提出人口会

政协八届五次会议
大会发言材料之三十七

邬沧萍委员代表全国政协人口组的发言

——人口老龄化和我国的可持续发展

这次是本届最后一次会议，人口组认为有责任提出人口老龄化这个下世纪的突出问题向委员们汇报。

人口老龄化是人类社会发展到一定历史阶段的必然产物。

随着社会经济的发展，卫生保健和环境的改进，老年人越来越多，有的国家 60 岁以上人口已占到全部人口的 1/4，下世纪还将占到 1/3，人的老年期也越来越长，可能是人生最长的一个阶段，可长达 20～40 年，西欧和日本下世纪 20 年代 80 岁以上人口占全部人口 5%。老龄问题现在不仅是个社会问题，已逐渐成为一个政治问题。我国人口老龄化来势迅猛，许多问题非始料所及。老龄化发展同 50 年代的人口增长类似，都有个增长惯性，在起始阶段容易被忽略，一旦发现问题比较严重了，再来解决就非常棘手。我国本世纪末老年人将达到 1.3 亿，占全部人口 1/10，我国即将进入老年型社会。在一个经济文化还比较落后的大国，如何适应

1

1997 年，邬沧萍在全国政协八届五次会议上关于人口老龄化的发言资料

迅速老龄化。随后在 1982 年，我国派代表团参加维也纳第一次世界老龄大会时，老龄一词随之就从联合国的文件中引进中国。接着，我国经国务院批准成立"中国老龄问题全国委员会"，并明确它是一个社会团体。当时，老龄问题在国内还鲜为人知，甚至有人认为这是学者照抄照搬西方，中国不会出现老龄问题。更多的人则担心提出老龄问题会妨碍推行计划生育。因此，在那时提到人口老龄化大多只是在小范围讨论。

1982 年，我国开展第三次人口普查，结果公布后，我被推荐重点研究人口性别和年龄结构。那时我即发现，我国人口老龄化已浮出水面。我深知在大力开展计划生育的同时，过分强调老龄问题不合时宜。因而我能做到的只是在理论和舆论上科学地阐明控制人口与老龄化的相互关系。提出要权衡利害得失，优先控制人口增长，同时也要重视老龄问题的研究。

2. 科学认识老龄问题

1984 年，我完成了自己的第一篇有关我国老龄问题的文章《老龄问题和我们的对策》，并在《人民日报》上发表。在这篇文章中，我分别从"现在起就应该重视老龄问题""科学地认识老龄问题""人口老化对社会发展提出的挑战""控制人口增长与预防人口过分老化"，以及"提高劳动生产率是解决我国老龄问题的关键"等几个方面系统论述了如何认识我国的人口老龄化问题。应对老龄问题首先需要明确什么是"老龄问题"。它包含两个既有联系又有区别的问题：一是老年人的生理、心理和生活特点，在物质和精神方面的需要，以及老年人各种特有的问题；二是老年人和社会经济发展相互关系的问题，实质上就是人口老龄化以及老龄化与社会经济发展的关系问题。

根据当时的全国人口状况，谈论老龄化似乎为时尚早，但我认为要注意到我国老年人数及其在人口中的比重的增长速度非常之快。从当时

1985 年，邬沧萍出席在石家庄召开的中国第二次人口会议

的人口状况来看，城乡 60 岁以上的老年人口近 8000 万，65 岁以上的老年人口 5000 万，是世界上老年人口最多的国家，几乎等于美苏两国老年人口的总和。

从第二次人口普查到第三次人口普查的 18 年间，我国 60 岁以上和65 岁以上老年人口分别增长了 82% 和 100%，年平均增长率为 3.4 和 3.9个百分点，大大超过总人口的增长速度。就个别地区来说，有的省、市已接近于老年型人口。

在国外，老龄问题一般在发达地区较为突出，有的国家的人口老化过程经历了一个多世纪，是逐步加剧的，但我国人口老化的速度大大超过他们。

在一个经济落后的大国里，如何应对老龄问题的挑战没有多少经验可以借鉴。我们必须积累自己的实践经验，因此我当时就倡导要开始重视老龄问题。而到底应当如何认识老龄问题，老龄人口的迅速增加和人

口老化是不是社会发展的一种阻力？我认为应当从社会发展规律出发科学地认识。首先，要辩证地看待人口的年龄，因为随着生产力的发展和社会的进步，老年人不仅寿命延长，身体素质也有极大的提高。我们看到，在发达国家和中国，今天许多六七十岁老人的健康指标同过去四五十岁的人差不多，甚至更好。许多国家和国际机构把 65 岁而非 60 岁作为划分老龄的界限，表明人类在健康上的进步。其次，还要历史地看待老年人的作用。老年人是社会的财富和资源，而不单纯是消费者，更不是社会的负担。他们可以用自己丰富的知识、经验教训和专业技能来教育和启发后代，从而保证社会的进步和可持续发展。再次，养老是一种社会义务，对老年人的赡养实际上是对他们过去劳动成果和社会事业奠基工作的延期支付，也是对他们过去抚养年轻一代的一种"偿还"。最后，老年人自身对社会的发展也要继续承担责任。

随着健康的增进，很多老年人在退休后还要生活很长一段时间。他们可以积极参与社会，促进社会发展，同时也要体谅年轻一代的困难。当然，我不否认人口老龄化会对社会发展带来挑战。其一，人口老龄化会导致劳动力的老化现象，对劳动生产率、经济发展速度和新科学技术的应用带来挑战。其二，工作年龄人口的养老负担加重，即出现老年负担系数提高等新问题。其三，人口老龄化也会对国民收入的分配和使用以及相应的管理体制提出一系列新挑战，如退休金、劳动保险和公费医疗等占国民收入份额过大会影响到扩大再生产和其他人口的生活改善。其四，老年人具有独特的消费结构，如对医疗保健和生活服务有更特殊的需要，也将对生产结构和经济结构提出新的要求。其五，人口老化也会产生一系列新的社会问题，比如老人的居住和照料问题、家庭中的代际关系问题和社会中不同世代间的需求矛盾问题，等等。

发达国家一个多世纪以来的人口发展实践证明，出生率下降是加速人口老化的决定性因素，生育率下降必然导致人口老化。而我国大力控制人口增长必然加速人口老化。当时也有人过分强调人口老龄化的严重性，但是在我看来，根据我国的实际，既要考虑控制人口的数量，也应当考虑避免人口过度老龄化的问题，即要找出一个人口数量和人口老化程度都能接受的数量界限，就是现在所谈的人口均衡发展。

我认为人口老龄化并非无法应对，当时我提出了提高劳动生产率是解决我国老龄问题的关键。人们对人口老龄化最担心的是工作年龄人口对老年人的负担不断加重。在老年人数已确定时，减轻负担的办法一是提高工作年龄人口的就业率（或称扩大就业面）；二是老年人继续参加工作，以更积极的途径让在业人口的劳动生产率得到提高。我认为只有劳动生产率提高了，社会才能对老年人提供各种满足其需要的产品和服务。解决我国老龄问题，还要充分发挥社会主义制度的优越性，就是当今提出的积极应对人口老龄化国家战略的内涵。现在回过头去看，这篇文章只是对当时我国老年人口和人口老龄化状况的客观描述，当然也谈到了老龄化将会带来的挑战。

在 20 世纪 80 年代中期，我发表这篇文章的初衷是希望能够启迪人们不要只看到人口数量问题，也需要开始重视老龄问题了。另外，我这篇文章谈到的应对之策，例如建议老年人继续参加工作等，在经过了三十多年后也还是有现实价值的；实践证明，老人甚至高龄老人只要保持身心健康还是能够发挥正能量的。

第二节

开创中国老年学

1. 将老年学科引入中国

1987年，我在《中国人民大学学报》上发表了一篇文章——《论老年学的形成、研究对象和学科性质》。当时老年学在我国刚刚兴起，并不被很多人知道。我撰写这篇文章就是想能够进一步推动我国的老年学研究。这篇文章后来也被大家叫做新中国第一篇全面系统介绍老年学的论文。现在看来，它的地位在当时整个学科发展的过程中还是比较重要的。

老年学既是一门源远流长的古老学问，又是一门在21世纪初才逐步形成的新兴学科。国际上的老年学起步很晚，在20世纪三四十年代才受到重视，开始只是一部分自然科学和医学工作者有所认识；20世纪中叶以后才被社会科学界所认识。20世纪80年代，我国对人口老龄化开始有所认识并成立全国老龄问题委员会，准备参加在维也纳召开的第一次世界老龄大会，才真正把老龄问题提上了议事日程；另外老龄工作的实践也需要老年学理论作指导，这就为我国老年学的发展开辟了道路。

在国外，老年学在当时完全可以称得上是独立的知识体系，因为它首先有"老龄化"（Ageing）这个科学的概念。很多国家都有用老年学命名的专门的学术研究团体和学会，国际上也多次召开关于老龄问题的会议，而且老年学和其他学科一样有它的发展历史。

我国在许多自然科学和社会科学工作者的倡议下，在中国科学院、中国社会科学院和中国老龄问题全国委员会的有力支持下，终于在1986年5月经国务院批准成立了中国老年学学会。作为老年学的全国性群众学术团体，它的成立预示着老年学这门学科在中国大地上将会生根发芽、茁壮成长。中国老年学学会成立后又被批准加入了国际老年学学会。1988年11月22日，经国际老年学学会批准，中国老年学学会正式成为国际老年学学会团体成员。

追本溯源，老年科学的产生也是由于人类社会对它的需要，同时它的发展也有赖于其他知识的发展和一个允许它发展的社会环境。我把老年学的发展归纳为四个阶段。

第一个阶段可以追溯到十九世纪中叶以前和文艺复兴时期。这一时期西方社会开始科学革命并摆脱宗教的束缚，逐渐认识人类进化的知识，这是老年科学的酝酿和准备阶段。这一时期的老年科学是一门潜科学。这一时期是人类艰苦积累老年学点滴知识的时期。早期哲学家和思想家作出的贡献比较多，后来医生和生物学家等人才逐渐把人类老化的自然规律总结和丰富起来。

第二个阶段是19世纪中叶到20世纪40年代。在这一阶段，人类从自然科学的角度研究个体老化取得了很大的进展。伴随着细胞学、解剖学、化学和生物学等学科的发展，老年医学逐渐成为一个相对独立的知识部门，并且使老年基础医学和临床医学的界限日趋明确。老年医学、老年病理学和老年生物学等知识已经相对独立并系统化。

第三个阶段是20世纪40年代至1982年老龄问题世界大会。这是社会老年学创立和发展的时期。这一阶段大家开始重视从人口学、经济学、社会学的角度来研究人口老化的问题。不仅对个体老化的认识日益加深，而且对人类群体老化的问题有所认识并进行了卓有成效的研究和

——邬沧萍口述实录

探索。老年学的科学活动和学术出版在这一时期都得到空前的发展。

以1982年维也纳老龄问题世界大会为节点，老年学的发展进入了第四个阶段。这次会议对老年学的发展是一个极大的推动，它明确了老年学要以人口老化为重点，但也不应忽视对个体老化的人道主义问题的研究。与此同时，学界也更加重视从社会科学的角度考虑老龄问题。

此外，过去老年学的研究基本局限于发达国家内，现在已认识到了人口老龄化是人类社会的普遍规律，发展中国家或迟或早也要面对人口老龄化的挑战，使得老年学真正成为一门需要人类共同研究的科学，也预示着这门科学今后将得到蓬勃发展。

那么老年学到底研究什么呢？通过大量的文献资料分析，我发现老年学的研究对象经历了一个从模糊到逐步明确的过程。在梳理了当代各种著作对老年学大同小异的定义之后，通过对老年学的历史、科学定义和实践对科学提出的需要，我认为老年学的研究对象是"人类老化的过程，人类个体老化和群体老化的规律性以及人类老化与生态环境、社会生活环境之间的相互关系的本质联系"。

这个定义包含四层意思，第一层意思是，老年学研究人类老化的现象和过程，这是老年学区别于其他学科的最特殊的特点。第二层意思是，研究人类老化必然要区分为研究个体老化和研究群体老化两个方面，因为二者既有联系又有区别。第三层意思是，任何一门科学都是研究客观规律的，老年学也必然要探索个体老化和人口老龄化的规律，前者指人类个体从出生、成长、成熟到衰老，最后死亡的过程中，各种身体器官和心理表现出来的必然的、不断重复的现象和变化过程；后者则是人类社会发展和进步过程中必然出现的现象，不以人的意志为转移。并且，不仅发达国家有人口老龄化问题，发展中国家也同样要经历这一过程。第四层意思是，人类个体或整体人口的老化无疑是以人的生物性为基础的，这是内因，是变化的根据，但除此之外，人口老龄化更大程度上也受社会规律制约。

从老年学研究对象和研究问题的广泛性可以看出，老年学是一门综合性的学科，多种自然科学和社会科学在其中互相渗透，因此老年学是一门交叉学科，也是一门边缘学科。有人认为老年学从老年医学开始，从来都是一门自然科学，另一种意见认为老年学只能是一门社会科学，这两种意见都是不能接受的。在我看来，老年学是一门综合学科，既要研究个体老化也要研究群体老化，二者不可分割。这种特点，使得它包括许多交叉学科，其中所有分支科学都从某一个侧面研究人类人口的老龄化。

2. 希望能够为中国的社会老年学奠基

在《论老年学的形成、研究对象和科学性质》完成后，我又先后完成并在《中国人民大学学报》《人民日报》《中国老年学杂志》上发表了《创建有中国特点的老年学》《老年学在我国是一门有现实需要的科学》《人口老龄化与我国老年学研究的开展》等多篇论文。我当时之所以接连完成发表这些文章，就是想要为中国刚刚起步的老年学开拓道路，也是我为创建中国老年学所作的一些努力。而在这背后，则是许多学者和我自己的潜心研究与艰辛付出。

在当时，我已意识到老年学在我国的发展要有一个比较长的过程，同时还会有思想认识和理论上的斗争。比如有人认为老年学不是一门成体系的科学，它只能是自然科学中的一些问题研究，不涉及社会科学。对于这些质疑，我开始探求大量古今中外文献中老龄科学的历史发展和当代老年学学科的性质、研究对象、研究方法，以及老年学在各国的发展和应用等，才逐步对这门学科的基础性问题有了比较明晰的认识，而且我的这项研究至今还在继续进行。

2000 年，我应邀参加在意大利召开的国际老年学学会成立 50 周年的庆典后，更进一步提高、修正和充实了我对老年学的认识。

1993 年，邬沧萍参加第十五届国际老年学大会

　　回国后，我曾经给主管教育和老龄的李岚清副总理书面和口头汇报过我的认识。我这样做是源于我一直认为老年学在我国是十分重要的一门科学。在 20 世纪 80 年代，通过潜心研究，我才终于确认老年医学源于希腊医学之父的希波克拉底和罗马时代的西塞罗。前者从个体老化病理研究，后者的《论老年》是从社会和政治的角度来探讨。个体老化病理研究随着人类个体老化而不断发展，形成一门老年医学（Geriatrics）。直到第二次世界大战前人类才开始认识到人口（群体）老龄化问题要从社会和政治的角度来研究。

　　1956 年美国学者克拉克·蒂比茨（Clark Tibbits）同其他学者一起完成了一部开创性的著作——《社会老年学手册——老龄化的社会方面》（Handbook of Social Gerontology—Societal Aspects of Aging）。这部著作于 1960 年在芝加哥大学出版社出版，著作明确了从社会科学的角度来研究老龄问题，并形成一门社会老年学（Social Gerontology），蒂比茨被称为"社会老年学之父"。

社会老年学从政治、经济、社会文化、道德、心理、法律、政策等角度来研究老龄问题。老年医学和社会老年学既有联系，又有区别，是构成老年学的两个大学科群。经过几年的研究，我认为老年学是一门包括自然科学与社会科学的一个交叉学科，它是研究个体老龄化和群体老龄化规律的一门科学。这门学科的发展过程符合人类认识世界的规律：即先由认识个体老化到认识全体老化，由认识人类老龄化过程中的生理变化到心理变化，直到老龄化和社会变迁之间的相互关系。因此，老龄问题需要多门学科的知识才能全面认识，才能使人类社会因势利导，才能够全面认识人类的老龄化。经过大量的阅读学习和多次参加国内外老年学的学术讨论，我确认老年学是一门古今中外应对老龄化的人类知识的归纳，也是我国目前和将来越来越需要的一门学科。

1985年我先后在人大、北大和许多老年学会议上作过多次讲座，编写老年学教材，也在很多报纸杂志上发表文章。1986年，中国老年学学会成立，我在第一届大会上被选为副会长，在第二届大会上被选为会长，在学会任职长达10年之久。

3. 钱学森先生对我研究老年学的支持和启迪

钱学森先生和我都是新中国成立后从美国回国参加祖国建设的"老海归"。在美国时，我们并不相识。我是1951年夏回到北京的。钱老在美国被扣押几年后，经过我国政府多方外交努力，直到1955年才回到北京。我对他十分仰慕，在留美时，只闻其名，未曾谋面。

直到20世纪80年代，钱老任第六、七、八届全国政协副主席，而我担任全国政协委员和常委时，才有机会和他见面。我之所以和他结识，是因为我1987年在中国人民大学学报上发表《老年学的形成、研究对象和科学性质》一文后，收到钱老的一封亲笔信。他在信中说"随着我国社会主义建设的进展，老年人会更多起来，老年学的研究也就更

加重要……"钱老在回信中提出了好几点关于老年学研究的超前观点，使我深受启迪，特别是他说我为中国老年人做了一件大好事，社会主义国家与资本主义国家的老龄问题应该有所不同。

人大学报是一本以人文社会科学为主要特点的学术刊物，专业性很强，读者范围也很小，而钱老是研究"两弹一星"的大科学家，竟然还阅读我的论文并加以评述，这是我万万没想到的，也深为感动，钱老的信无疑增强了我研究老年学的决心和信心。后来，在一次全国政协常委会上得以见面并向他表示感谢！我们在老龄问题上交谈了一些观点。

老年学在中国是一门崭新的学科，在发达国家也是到20世纪才兴起的。多年人口学专业知识的研究提醒我少生必然会加速老龄化，这是一条客观规律。因此，我国必须居安思危，未雨绸缪，防患于未然。1982年，我已进入花甲之年，但我仍然认为必须认真探索老年学。当时，国内认识到我国人口老龄化是必然趋势的人不多，有人认为老龄化是学者杜撰，是生搬硬套的；甚至有学者和实际工作者认为研究老年学会妨碍计划生育的开展。因此，当时研究老年学得不到有力的支持。钱老的信对我来说是及时雨，坚定了我在有生之年继续研究老年学的决心。我认为已进入花甲之年的自己，拥有研究老年学的学术背景和作为一个老年人的经验和阅历的优势，我坚信老年学在21世纪必然是一门朝阳学科。

钱老对老年学的远见卓识源于他深厚的科学知识积淀并能学贯文理、一专多能。我曾阅读过他的关于思维科学、系统科学和人体科学的一些著作和文章，其中对我启发最大的是他关于跨学科、跨领域的研究，特别是他关于社会科学和自然科学交叉和融合的观点对我研究人口学和老年学启发最大。当代研究新兴的边缘科学，除了需要有各门社会科学知识支撑外，同一些自然科学知识的相互渗透也是一种客观的要求。受到钱老的启发，更坚定了我从自然资源、环境科学的角度来研究人口学；从健康学、老年医学和心理学等角度来研究老年学的决心和信心。

20 世纪 80 年代到 90 年代期间，我想方设法推动更多的人参与老年学的多学科研究。例如，组织全国老年医学和社会老年学的学者开展了一次健康老龄化的征文比赛，为我国老年医学和社会老年学的融合研究奠定良好基础。我想现在国外讲老年学谈消极面多，谈补救措施多，如生活·读书·新知三联书店出版的 P. 塞尔比和 M. 谢克特主编的《老龄化的 2000 年——对社会的挑战》，副标题就是"对社会的挑战"，而我们是社会主义国家，从马克思主义哲学观点看，老龄化既然是社会发展进步的一个结果，那我们就应研究其积极的一面。不仅摆脱目前的被动局面，而且要使中国老年人也能高高兴兴地为祖国建设出力，发挥老年人之所长。

我开始研究老年学时，世界上只有发达地区才感觉到有老龄化问题。1982 年，在维也纳召开第一次世界老龄大会时，"老龄"这个术语才逐渐地广为人知。世界上第一本关于人口老龄化的著作《人口老龄化及其社会经济后果》是 1956 年由联合国出版的，其主要论点是消极悲观的。1982 年，联合国通过的《维也纳老龄问题国际行动计划》的基调也是被动应对。这是因为在第二次世界大战后，人类的物质生产不像今天这样丰富，科学技术也不像现在这样发达，对地球和人类生命认识的广度和深度都不如今天。大多数人都认为"逢老必衰，逢老必病"，对人口老龄化这件新事物十分担心，因而当老龄化来临时首先想到的是补救之策。随着人的寿命延长和经济的不断发展，生物医学和生命科学才有了较大的发展。发达地区对传染病的预防和有效控制，进一步对人类衰老的过程和各种老年病的认识有了很大推进。更为重要的是，当时发达地区人均生产总值已超过一万美元，人类应对人口老龄化的物质基础已大大提高。

20 世纪 80 年代，人类平均寿命已提高到 60 岁，发达地区已达到72.3 岁，已不再是"人生 70 古来稀"了。从那时候开始，国际上的老年学家对老龄化的担心才普遍有所缓解，乐观的情绪开始日益明显。对

高龄老人起点年龄的界定也由过去的 70 岁推延到 75 岁、80 岁，近年来甚至推延到 85 岁，因为许多老年人到 85 岁都能独立生活。

人类进入长寿时代后，人们虽然还是对老龄化有种种担忧，但不像以前那样忧心忡忡了。在老龄行动计划上也体现出更加积极、主动的色彩，例如，1993 年国际老年学学会布达佩斯会议上大力提倡健康老龄化；2002 年，在马德里召开的第二次世界老龄大会上，世界卫生组织提出把积极老龄化作为国际社会应对人口老龄化的基本理念，把"健康、保障、参与"作为应对老龄化的基本支柱。这两次会议我都有幸参加了，亲眼见证了人类社会对人口老龄化认识的提高过程。

近年来，我对人口老龄化的担心也不像开始研究老年学时那样沉重了，可以说认识在逐步提高。但钱老在 20 世纪 80 年代给我写信时就有这样超前的认识，让我敬佩不已。我认识到，人口老龄化是生产力发展、人类健康增进的必然结果，也是人类发展的客观规律，老龄化是所有国家都迟早会面临、概莫能外的。人类在发展中出现人口老龄化，也必然能够在发展中解决老龄化。人类面临老龄化带来的种种挑战还要持续一个较长的时期，我认为这个过程是很长的。

在与老龄化有关的各个问题中，我特别担心中国的"未富先老"。在我开始研究老年学时，认为我国缺乏经济实力应对老龄化，这源于我对人类发展的前景，特别是对我国在短期内摆脱老龄化冲击的信心不足，根本原因在于对生命科学的迅速发展和对我国改革开放的前景认识不如钱老乐观。钱老在应对人口老龄化上有着坚定的社会主义信念，他当时在给我的信中说："社会主义中国是老年人的乐园！这是中国老年学研究不同于外国老年学研究的地方。"我非常认同他的观点。应对人口老龄化仅有雄厚的物质财富和寿命延长是不够的，毕竟受到老龄化影响最大的是老年群体，将来的老龄社会里老年人口占到 20%—30% 是很普遍的。在很多国家，老年人属于弱势群体，体现在年老体衰、收入微薄，很多人被排斥在社会主流之外，甚至被边缘化。所以中国应对人口老龄化不能不考虑老年人的处境，我认为社会主义制度是老年人幸福安康的根本保证。

从钱老的话里可以看到他的爱国主义思想和社会主义信念，从中也看出他对老年人的信任和期待。人类已进入长寿时代，今天70岁的老人甚至比新中国成立前一些50岁的人更健康。现在是知识经济时代，终身健康、终身教育、终身参与、终身福利已是普遍的共识。老年人的人力资本大大增加，越来越多的老年人仍然能为社会作出很大的贡献。钱老就是一位身体力行、老有所为的楷模。在耄耋之年依然活到老、学到老，特别是他在晚年时提出大成智慧教育的思想，向国家领导人建议我国培养科学创新人才，这些贡献将惠及子孙千秋万代。

4. 中国老年学学科研究队伍的成长与壮大

虽然在20世纪80年代我就深知严格控制人口增长必然加速人口老龄化，但在我国人口未得到有效控制前，不可能过分强调人口老龄化，而应将重点放在做好应对人口老龄化的各种准备工作上。这些准备工作包括舆论、理论、人才、物质、全民健康、立法、制度和各种机制等。对于这些准备工作，国家、政府、社会责无旁贷。作为知识分子也应力所能及地提供智力支持。我在全国政协会议和各种学术会议上向国家教委、老龄委等建议成立老年学专业，招收老年学硕士生和博士生，在我国成立老年学学会等。这些建议和提案都先后得到落实。

1983年，我先后招收了一个硕士生和两个博士生从事老年学研究，他们就是我国最早的一批从事老龄研究的硕士生和博士生。其中一个叫徐勤的硕士生完成了一篇以《人口年龄结构老龄化》为题目的论文。当时，她的论文还受到一部分人的非议，认为中国目前不存在老龄化问题。后来徐勤毕业后一直在中国老龄科研中心工作，并且成为该机构研究团队的带头人之一，直到退休后还参与一些老龄研究工作。

　　2005 年，我办理了退休手续，但同时又被返聘为博士生导师，直
到 2016 年才停止招生。在此期间，我一直在研究老年学，每年都招收
一两名研究人口老龄化与发展的博士生。我先后指导过并已取得博士学
位的研究生近 20 名。如今，他们中有的奋战在科研教学第一线，取得
可喜的成绩，很多已经成为老年学的学科带头人和骨干教师。其中，既
有我在 20 世纪 80 年代初培养的中国第一批人口学博士生曲海波、杜亚
军等人，更有建树颇丰的杜鹏、姚远、姜向群、陈卫、穆光宗、陈功、
孙鹃娟、刘爽、石人炳、张岭泉、何玲等教授。

　　2003 年，在我和杜鹏、姚远等多年的建议下，中国人民大学正式
建立起老年学研究所，并开始招收老年学硕士生和博士生。这是全国第
一个招收老年学专业研究生的高等院校。如今我指导的最早的一批博士
生也早已承担起培养新一代老年学博士生、硕士生的重任。在当今中国
的老年学研究领域，他们不仅努力拼搏、无私奉献，更是中国老年学学
科研究队伍的中坚力量。

　　1994 年，我带头创建的中国人民大学老龄研究中心，在 2003 年更
名为中国人民大学老年学研究所，隶属于中国人民大学社会与人口学
院，现任所长是我的学生杜鹏教授。从创建起，老年学研究所就开始招
收老年学专业的硕士、博士研究生，是我国第一所培养老年学专业研究
生的高校研究机构。18 年来，中国人民大学人口所和老年所先后培养
了几百名博士、硕士毕业生，其中硕博连读的人口学博士生陈功的博士
论文就以研究老龄为博士论文的选题。这些毕业生在全国各地的相关高
校、研究机构或政府部门从事老年学、人口学方面的工作，让我很欣喜
地看到学科的蓬勃发展和人才队伍的日益壮大。

　　2003 年我们在联合国人口基金的支持下，建立了中国人民大学老
龄资料中心，主要负责收集老龄研究的数据、研究报告和图书等资料，
为老龄研究相关的工作人员和有关业务部门提供资料。

　　2014 年以来又持续开展了中国老年社会追踪调查（CLASS）。这项

追踪调查由中国人民大学老年学研究所牵头、中国人民大学调查数据中心等单位负责实施，在 2014 年基期调查的基础上，2016 年、2018 年以及 2020 年又继续完成了追踪调查，为老年学的研究和政策制定提供了较为可靠的数据支持。还是在这一年，老年学研究所又建立了国内首家用于教育和科研的老年体验中心，常年接待社会公众前来体验参观，以提高研究者、老龄工作者、社会公众对于老年人的认识和对老年期的认知。截至 2019 年年底，体验中心已经接待了 1000 多名来自企业、媒体、学校、政府、事业单位以及社会组织的成员。

在推进老年学学科建设方面，在联合国人口基金的支持下，从 2003 年到 2021 年中国人民大学老年学研究所与北京大学老年学研究所等单位共同连续主办了 17 届中国老年学学科建设研讨会，邀请老年学研究领域的多学科专家学者，对中国老年学在多学科与跨学科发展、教材开发、人才培养和国际交流等方面的学科建设情况进行回顾与展望，并对老年学的热点和前沿问题展开广泛而深入的交流。

自 2014 年以来，中国人民大学老年学研究所也一直承办中国社会学年会的老龄社会学分论坛。中国社会学会理事会于 2017 年 7 月 14 日正式批准成立老年社会学专业委员会。作为中国社会学会的分支机构，老年社会学专业委员会致力于推进老龄社会学相关领域的教学与学术研究、实践与政策的探索，为中国有效应对人口老龄化的挑战和老龄政策的制定提供理论基础和科学依据。

中国人民大学老年学研究所也积极致力于推进老年学教材编写，并主持翻译出版中英文著作数十部。例如《社会老年学》《老年学概论》《老龄社会与和谐社会》《老年价值论》《全面建成小康社会 积极应对人口老龄化》《中国人口老龄化过程研究》《人口老龄化过程中的中国老年人》《中国家庭养老研究》《家庭养老制度的传统与变革》《中国人口老龄化与老龄事业发展报告》《中国社会养老服务体系建设》《老龄工作管理》《老年人精神文化服务指南》等教材和著作；还牵头翻译出版

了多部经典教材如《社会老年学：多学科的视角》《老年学：多学科的视角》《老龄理论手册》《当代老年学名著译丛》等一系列教材和研究成果，其中很多教材已成为国内开展老年学等学科教学研究的基础教材或必读书目。

此外，人大老年学研究所也承担了许多课题和对外交流合作的工作。承担国家社会科学基金重大项目、国家自然科学基金项目、教育部哲学社会科学重大项目、教育部人文社会科学基金项目等数十项；承担全国老龄办、国家卫健委、联合国人口基金、国家统计局、中财办、北京市民政局、北京市老龄协会、东城区民政局等政府部门和国际组织的多个项目。

在国际合作及交流方面，老年学研究所主办或承办了第十三届华人地区长期照护研讨会、人口老龄化与可持续发展国际学术研讨会、国际老年学和老年医学学会（IAGG）分论坛、2017金砖国家老龄会议、第三届全球老龄化和长期照护网络研讨会、第一、二届中印人口老龄化论坛、新时代多学科老龄理论与政策研讨会等若干次国际学术研讨会，这些学术活动大大促进了国内外同行的交流与合作，推动了老年学等学科的进一步发展。

第三节

推动老龄政策有效实施

1.两次世界老龄大会对我的影响

1982 年，我国派代表团参加了维也纳第一次老龄问题世界大会。我虽然没有去参加，但这次大会的召开对于唤醒全世界对老龄问题的重视是史无前例的。正是这次会议，促使我意识到老龄问题是一个国际性的问题。随着老年人的不断增多，老龄问题必然会上升到要由政府、社会去共同关注的问题。我认真研读了这次大会的文件，深深感到伴随老龄化而来的是对社会、经济、文化等各个方面的深刻影响。因此，虽然那时中国的老龄问题还没有受到足够重视，但这次会议的召开却"实实在在"地让国家认识到，必须有专门的部门来负责老龄工作，进而成立了老龄问题委员会。对于我们这些从事研究的人来说，改革开放以来国际上如此盛大的国际会议是以老龄为专题，无疑也是对我们的一种莫大激励。

2002 年我已年届八十，这一年我作为中国老龄代表团的顾问参加了在马德里召开的"第二届老龄问题世界大会"。我认真学习和听取了大会的文件和发言，尤其关注其中世界卫生组织倡议的积极老龄化。我认为它强调的老年人参与社会，并与保障、健康两个支柱相提并论，对人类社会和老年人有深远的意义，可以说是这次会议最重要的成果之

一。这次会议正式提出的"积极老龄化"在全球得到热烈响应,我国的老龄工作者和学者也都大力推崇。

有人把积极老龄化、倡导老人参与社会仅看成是老有所为,我认为这是不够全面的。经过认真研究后我提出它是健康老龄化的必要补充、完善和提高,是一种战略思维。我国老年学要与国际接轨就要充分加以利用和发展,把用于应对个体老龄化的积极老龄化理念升华为应对人口群体老龄化。积极老龄化同我国倡导的政府主导、社会参与、群众积极的老龄工作方针基本吻合,所不同的是前者看重从个体层面考虑,后者从群体层面考虑,而两者是密切相关的。

在 2005 年我参加中国人口发展战略研究时,关于《统筹解决中国人口问题的决定》文件初稿中的"应对人口老龄化",我在会议上提出应该加上"积极"一词,它不是起加强语气的作用,而是同国际社会的"积极老龄化"理念接轨。在应对人口老龄化上,国际共识是要体现"健康、参与、保障"的积极老龄化内涵。我的提议得到会议上领导和学者一致赞同。所以在 2006 年中共中央、国务院《关于全面加强人口和计划生育工作统筹解决人口的决定》中就有一个"积极应对人口老龄化"的命题。我认为这个命题是很科学的,但还有待进一步深化和研究。

2. 政府在老龄工作中的职能

我认为老龄问题仅仅停留在研究层面是远远不够的。学术研究的价值在于既能够指导实践、又能够反映实践中的问题。我国传统上养老基本是以家庭为主,过去政府对老龄工作的重视是远远不够的。但随着老龄化发展,政府在老龄工作中的作用必须要强调。我的《老龄工作应纳入政府的职能》一文就是根据我在全国政协会议上的一篇发言提出的,《中国老年学杂志》特别予以了刊载。当时,我在文章的开头就鲜明地指出:"当前,我国人口正迅速老龄化,如果现在不及早把老龄工作提到政府的议事日程，则有可能重蹈我国五六十年代不抓紧计划生育工作的失误。"

那个时候，人口老龄化国家基本都是发达的资本主义市场经济国家。最初这些国家都认为政府不必介入老龄问题，并对此都采取放任、少管的态度。随着人口老龄化的发展，各国政府对老龄问题的介入、干预和承担的责任已经越来越多。如美国 1935 年颁布的《社会保障法》就表明了美国政府已经承担起老年社会保障这项重要职能。后来，1965 年的《美国老年人法》明确规定了政府对老年人承担的职能，这样就使政府对老年问题的介入达到了新的高度。

日本政府在 20 世纪 60 年代以后，认识到人口老龄化的迫近，于是在内阁和各县先后成立了"老人对策本部"。到了 1986 年，日本政府又通过了《长寿社会对策大纲》，规定各部承担更多老龄职能。由于生产力的发展使得任何国家的人口或迟或早都可能会老龄化，同时由于生产现代化和市场竞争又使绝大多数老年人易沦为弱者，为了社会安定和代际更替的顺利进行，人口老龄化国家把老龄工作作为政府的一种职能势在必行。

这一要求当时在我国则更为迫切，主要有五方面原因。第一，我国的老年人大多都是在一穷二白和战乱频繁的旧社会度过苦难的童年和青少年时期而幸存下来的，身体素质和文化素质大多不足。又由于当时我国经济体制正处在从高度集中的计划经济向市场经济转轨过程中，老年人是处于不利地位的弱者，亟须政府出面加以保护。第二，在我国老年人社会保障的各种改革中，国家始终居于主导地位，国家在老年人心目中仍然是最有威信的，这就要求老龄工作必须纳入政府的职能，这是加快老年社会保障制度改革的必要条件。第三，社区是我国的基层组织，社区介入养老工作本身就体现了它的政府职能。第四，把老龄工作纳入政府职能是计划生育这项重要社会职能的继续、延伸和完善。计划生育的推行是我国人口迅速老龄化的重要原因之一，把老龄工作纳入政府职

2002 年，邬沧萍参加健康老龄化国际学术报告会

能可缓解实行计划生育夫妇的后顾之忧，有利于计划生育工作的开展和持续进行。第五，人口老龄化会引发各种社会矛盾，如抚养比提高、对老年人享受发展成果的不同认识以及有限资源的分配问题等，这些矛盾涉及国家对就业、老年、收入分配等各项政策，因此，只有政府把老龄工作作为一种职能才能协调有关部门对其加以解决。

由于这些原因，迎接人口老龄化挑战的各种准备工作主要是由政府来领导和组织。应对人口老龄化必须早做准备，包括立法和政策准备、物质人才准备、思想理论准备等，只有在政府领导、社会支持、全民参与的前提下才能搞好老龄工作。我们也应当明确，把老龄工作纳入政府职能并不意味着国家大包大办。政府的作用是指导社会参与，只有这样各级政府才能够掌管好和协调好老龄事业。

3. 在中国民主同盟的建言献策与我的研究相得益彰

我在前文曾提到1951年我加入民盟的背景和经过，下面我再说说加入民盟后我的主要工作。我曾经担任过第六届全国政协委员，第七届、第八届全国政协常委，还担任过三届中国民主同盟中央常委。

在我的心目中，民盟一直是具有革命爱国光荣历史的组织，也是中国共产党久经考验的亲密友党。中国民主同盟主要由从事文化教育以及科学技术工作的知识分子组成。我加入民盟之后，开始把全部的热情和精力投入教学和工作中。

改革开放后，民盟中央提出盟员要为国家社会经济建设出主意、想办法、做好事、做实事的号召。我也积极参与国家和区域经济、社会发展规划的制定与实施，尤其是在推动教育改革和治理扶贫方面，民盟进行了不少有益的探索。

我认为我真正开始对社会作出贡献是在改革开放之后。费孝通老先

2006年，在民盟成立60周年大会上邬沧萍与民盟主席蒋树声在一起

生是我国著名的社会学家、人类学家，曾担任民盟第五、六、七届中央委员会主席，担任民盟第七、八、九届中央委员会名誉主席。我跟费孝通主席比较熟悉，谈过很多次话。费老提出的关于民盟作为参政议政党的一些想法对我产生了深刻的影响。他认为作为知识分子对社会的贡献主要在于对社会提供智力支持，也就是"想办法、出主意、做好事、做实事"。我认为他在改革开放以后提出的这个方针对整个民盟起到非常重要的引导作用。

我也通过民盟的《群言》杂志建言献策。该杂志的设立思想是要对国家、对社会提供智力支持。民盟也经常开会对国家重大问题进行座谈，每一期都有一个主题，会后大家会各自写文章。这就是民盟中的知识分子想办法、出主意提供智力支持的形式之一。我当过民盟教育委员会主任，也经常参加民盟中央的讨论。民盟提得最多的是教育问题，关于如何开展义务教育、教育怎样提高人民素质、怎样提升教育的经费保障、如何让农村教师能够留下等，都是民盟在政协中提的重要议题。

中国义务教育迅速发展，经济水平的飞速提高跟人力资本和人才增多有很大关系，民盟在这方面作出了一定贡献。还有一点是我过去没有想到的，费老是社会学家，关心家庭、婚姻、养老和民族等问题，但费老的着眼点是大社会、国家社会、人类社会，这点我非常佩服！因此，在费老的引导下，民盟提出的许多建议都关系到国家区域发展，如西部开发、三江源头等。我也经常参加民盟在贫困地区开展的活动，印象最深的是在贵州毕节。民盟专门在这里研究如何帮助贫困地区，也有盟员专门在定西研究农业发展，这些都是全国的贫困地区，可以说民盟的眼光是非常长远的。

现在我们关心科技发展、互联网、第四次工业革命以及"一带一路"的发展。《群言》中讨论的内容通常都是国家重大问题，说明民盟真正起到了参政议政的民主党的作用。在新的历史时期，青年盟员占到了三分之一，他们的成长进步非常重要。民盟作为参政党，盟员大多都是知识分子，报国靠的是知识，要对政策有用，所谓"众人拾柴火焰高"。青年盟员应该在这点上下功夫，不仅要看到问题，还要提出如何解决问题。青年盟员还要放眼世界，不要只站在自己的立场，而是要站在国家、社会的立场，更应该站在人类进步的立场。现在我们提倡国际化、全球化、构建人类命运共同体，我们思考问题要从开阔长远的视角着眼。作为参政党要经常提好建议，这就要求我们不断学习，保持学习的习惯。例如，我个人无数次地学习了中国特色社会主义思想，我认为这些思想确实是人类智慧的结晶，可以给全世界提供丰富的精神财富。至今，我加入中国民主同盟已经 70 年，是荣誉盟员，我还要在专业方面继续发挥正能量。

4. 我与中国老年学和老年医学学会

1982 年，中国参加维也纳老龄问题第一次世界大会，我开始同老龄委有业务接触，讨论要在中国建立老年学学会，当时国际上有许多国家早已设立老年学研究机构。国际老年学学会早在 1950 年就已经在比利时正式成立了。我担任第六届政协委员时就提出提案要成立中国老年学学会。中国老龄委的同志正式向国家发展改革委员会申请成立中国老年学学会。1986 年经过国家体制改革委员会批准后，正式在中国成立中国老年学学会并加入国际老年学学会。

中国老年学学会第一届会长是由中国社会科学院党委书记梅益担任，我任副会长。1990 年，老年学学会改选，我担任第二届老年学学会的会长，担任了大约十年左右。后来每一届我都被选为名誉会长。在我担任会长期间，其中一个比较有影响的学术活动就是组织了一个约 20 人左右的代表团参加国际老年学学会年会——在布达佩斯召开的第 15 届国际老年学学会年会。那次会议的主题是"科学要为健康老龄化

2020 年，邬沧萍与中国老年学和老年医学学会刘维林会长交谈

服务"。

为了加强学会作为学术交流平台的作用，我提出以健康老龄化为主题召开一次全国性的学术研讨会。得到太阳神保健集团的资助，这次研讨会还开展了"太阳神杯"征文比赛。参赛的论文逾千篇，当时是以中国老龄问题为主题的规模最大、最有影响的学术活动。会后出版了《实现健康老龄化》一书，时任全国人民代表大会常务委员会副委员长的彭珮云为该书题写书名。

中国老年学学会成立以来，为中国的老年学术研究和老龄事业发展作出了很多贡献。后来，中国老年学学会随着国际老年学学会的更名也进行了更名，更名为"中国老年学和老年医学学会"（China Association of Gerontology and Geriatrics，CAGG）。更名后加上了老年医学，使得学科范围更全面，学科的专业性力量更加壮大。学会发展必将更加欣欣向荣！

担任名誉会长以后，我继续参加中国老年学和老年医学学会的很多

2019 年 11 月 2 日，邬沧萍在中国老年学和老年医学学会学术大会上发言

活动。2016 年在学会成立 30 周年大会上给我颁发了一个老年学终生贡献奖。

2020 年，由中国老年学和老年医学学会主编的《写给中国人的健康百岁书：健康长寿专家共识》，我参加了该书的编撰，也为此书作《序言》并参与其中的部分内容的撰写。

第四节

我认识的"健康老龄化"

1. 提倡"健康的老龄化"

人类研究健康由来已久，但在进入人口老龄化社会和长寿时代后，又不断提出新的健康问题，如长寿等于健康吗？活得长是否就等于活得好？为什么人们的寿命延长了，失能失智的老年人也越来越多？与长寿、老龄化相伴随的难道是需要依赖他人照料的老人更多？人们该怎样去度过日益漫长的老年阶段？

我对健康与老龄化的认识经历了一个漫长曲折却又是获得很多收获的过程。早在我研读1956年联合国组织编写的《人口老龄化及其社会经济后果》、1973年出版的《人口趋势的决定性因素和发展趋势》这些经典著作时，就发现在讨论老年人健康长寿与社会发展的相互关系方面大都传达出悲观思维。这种思维总是认为"逢老必衰，逢老必病"，他们还认为，老年人的增多必然加重社会负担，拖累年轻一代。

到了20世纪90年代，国际社会对健康与老龄化的认识已取得显著进展。例如在1990年，欧洲医学会率先提出健康老龄化的理念。到1993年，国际老年学学会在布达佩斯的会议上又提出了"科学要为健康老龄化服务"。

我率领代表团参加了此次大会。这次会议除了生物学家、医学家外，还有不少从事社会学、心理学、老年学的专家学者参加。讨论的范围广泛，涉及的许多问题已不仅仅局限在医学和生物学来认识老龄化，而是扩展到社会方面的多元因素。

这次会议使我茅塞顿开。我细读了会前发表的国际老年学学会的一份研究报告，该报告确认健康老龄化是科学的认识，能为国家方针政策提供智力支持。人类个体的老龄化是可以延缓和推迟的。许多欧、美、日的老年学专家也都在会上作了论证。老年学研究证明，健康老龄化是可以做到的。这次会议大大扭转了人类对人口老龄化的悲观论调。

除了国际环境的影响，我国的医学发展和对老龄问题的认识也在20世纪90年代取得很大进步，许多政策和新理念得到广泛认同，如"人人享有健康"、健康四大基石和医疗模式转变等。

回国后，我得到了当时我国主管卫生工作的国务委员彭珮云的支持，在中国老年学学会召开了两次规模较大的会议，把健康老龄化理念推向全社会。我们还得到太阳神集团的资助，在全国范围内开展健康老

2002 年，邬沧萍参加二十一世纪长寿论坛

龄化征文比赛，收到论文近千篇，从而使健康老龄化的认识得到极大普及。

而在此前，国内外大多数学者对人口老龄化都忧心忡忡，持悲观的态度。我认为在于他们只看到"逢老必衰，逢老必病"，他们担心由于个体老龄化导致社会劳动生产率下降、劳动力短缺、社会保障入不敷出，以及老年人生活不能自理导致的医疗、护理费用增高，社会照料资源短缺等。在我国更多人担心家庭养老、社会养老都难以为继等。

我1992年赴美进行学术考察，专门研究美国社会保险和老年学的应用。我学习了许多老年学、生物学和老年病学的知识，了解了美国的医疗保险和医疗救助等。我还向不少知名专家请教，收集大量保健科学文献。通过这些考察和学习，我深信衰老可以延缓，老年人疾病是可以预防的。同时我也认识到，我国在解决温饱问题后，应对人口老龄化的关键是从制度和机制上解决好老年人健康问题、延缓衰老问题，这是个科学问题。

老年学，特别是社会老年学是一门应用性很强的学科，其重要的社会功能在于为应对中国人口老龄化提供智力支持，而不仅仅是纯学术和理论研究。

20世纪90年代，正是我国经过改革开放初期后人民生活水平已得到逐步提高的阶段。我意识到健康老龄化对于当时我国未雨绸缪地应对即将到来的人口老龄化，对于我国构建科学的医疗、健康、养老体系是非常重要的一个引领性理念。针对国内和国际上的很多学者对人口老龄化的悲观看法，以及发达国家倡导的"健康的老龄化"还没有在中国被普遍认识的形势，我认为必须及时对健康老龄化理念进行介绍和阐释。

于是我完成了《提倡"健康的老龄化"》一文，并于1994年7月29日在《人民日报》发表。"健康老龄化"和"健康长寿"意义近似，但前者丰富的内涵和外延是后者难以直接充分体现出来的。

"健康老龄化"在人口学上的含义，是把健康长寿明确地推及群体老龄化上。人类有个体老（龄）化和群体老（龄）化之分。长期以来人类对自身的老化都是针对个体而言的。20 世纪 90 年代后提出"健康老龄化"所指的群体老龄化，当然也包括个体老化在内，因为没有个体的健康就不可能有群体的健康。

"健康老龄化"在生物学、心理学和医学方面的含义是在各学科对生命的认识取得了新突破的基础上提出的，是科学认识而不是空想。20 世纪 90 年代在生物学、医学研究上已经认识到衰老并不是一种病，而是可以延缓的。

已发现长寿与染色体和遗传基因有关，受损的器官和免疫功能通过生物工程或基因工程或其他治疗方法可以修复或恢复，对早老性痴呆也不是无能为力的。高龄老人的残疾期和不能自理期可以大大延缓，人的机体各种功能到 75—80 岁以前基本上没有明显变化，是完全可能的。

"健康老龄化"是提高人口身体素质的最集中和有决定性的表现。人类机体或器官的衰老大多从青壮年已经开始，有的甚至出生前就已潜伏。已知人类的疾病有近半数是遗传性的或与生俱来的。健康的老龄化首先要求从抓优生、优育开始。随着普及儿童免疫，提高公共卫生和预防医学的水平，消灭各种危害人类的传染病、多发病和地方病实现了人类第一次健康转变，这是健康老龄化的奠基工程。健康的老龄化还进一步要求实现人类第二次健康的转变，即大大降低随着增龄出现的各种疾病，诸如心脑血管病、癌症、糖尿病等的发病率和死亡率。

在老龄对策中，"健康老龄化"是把老年群体的身心健康摆到一个应有的和更优先的位置，并拓宽"老有所医"的思路。目前，我国对老年人的保健准备还未提到应有的高度。随着老年人口和高龄老人的剧增以及我国进入小康社会，老年保健问题将更加突出，"老有所医"特别是"老有所健"的压力将越来越大。

现代意义上的健康远远不再限于延长寿命，而应当是免于疾病和残疾，而且包括体格、精神和社会各方面的健全。因此"健康老龄化"逻

辑的外延应包括在老龄化社会里，应具备健康的生活方式和健康的社会经济机制及其运行机制，实际上指的是必须有一个健康的或良性的老龄化社会。

在健康的老龄化社会里，老有所养、老有所医、老有所为、老有所学、老有所乐是健康老龄化的客观要求和前提条件。

2. 寻求"健康老龄化"的理论依据和实现路径

1995 年，我在不断研究探讨的基础上，根据我国实际情况进一步总结和提升，又完成了《健康老龄化的科学涵义和社会意义——关于中国老年学学会提倡健康老龄化的理论依据》一文。

当时，"健康老龄化"的理论和实践在发达国家受到普遍重视，老年学家在探索人类衰老奥秘的同时，也在探讨衡量健康的老龄化的客观标准和度量方法，并取得了一些成果。

1993 年布达佩斯大会对健康老龄化的提法也取得了比较一致的认同。因此，我想再进一步结合我国的实际集中阐释健康老龄化理论。

健康老龄化是从英文 Healthy Ageing 翻译过来的，为此必须先弄清 Ageing 和 Healthy 两个词的本义和外延。这两个词的专业性和学术性很强，而且都随时代的发展不断被赋予新的内容，含义越来越丰富。

我国通常将 Aging 译为"老化"。20 世纪 30 年代以后，人类认识到人口老龄化的现实，就将其引入人口科学和老龄科学，使其具有人口的含义理解为人口老化。但这个词表达衰老的含义在学术界已是不言而喻的了。

我国现在用的"老龄化""老龄问题""老龄委员会""老龄科学"等关键词中的"老龄"都是"Ageing"一词翻译过来的。源于 1982 年我国参加在维也纳召开的老龄问题世界大会，当时联合国在翻译会议的名称和文件时把它翻译为"老龄"，以后一直沿用。日本 1959 年就成立了老年学学会，将 Ageing 一词译为高龄化。在汉英词典中"Ageing"与"Aging"是一样的，但在联合国和世界卫生组织的文件里，涉及老龄问题都广泛使用"Ageing"，这个词有增龄的含义。

"人口老化"和"高龄化"相比较，我建议仍使用"老龄化"为好。一是，它表达出了年龄这个特点；二是，"人口老化"容易产生歧义，即随着日历年龄的增进，生理年龄、心理年龄也趋于老化，但事实上老龄化并不一定伴随生理和心理的同步变化；三是，个人的日历年龄总是有增无减，不会逆转，所以用"高龄"和"老龄"都有增龄的含义，也更达意。针对我国习惯上把 75 岁或 80 岁以上的年龄才称为高龄，所以用"老龄"比用"高龄"更符合中国实际。而且老龄与高龄的用法在我国已约定俗成，不必再改动。

关于健康（Health）和健康的（Healthy）这两个术语的含义，在不同时代有很大差异。在第二次世界大战前的辞典中都被解释为"健康""健全"或对健康幸福的颂词等，主要都是指躯体的健康。

现代权威辞典或大百科全书把健康一词引申到精神健康和福利，这是近 40 年来的新进展、新认识。这种改变都是源于世界卫生组织（WHO）这一权威机构，它在 1946 年的文件中给健康下了一个经典的定义："健康是一种躯体、心理和社会功能的完美状态，而不仅仅是没有疾病或虚弱"。

以此为依据，现代韦氏大辞典对健康的新解释是："人类生理和心理、躯体和精神的良好状态"；"不受病痛和残疾之苦，身体和精神的功能都处于正常、健全的状态"，并把对健康的解释进一步引申用于说明一个社会和文化的健全和充满活力。

从中可以看出"健康老龄化"一词与我国传统上使用"健康长寿"近似，但寓意更深，内容更加丰富，要全面、科学地理解"健康老龄化"，必须明确几个要点。

第一，健康老龄化的目标是老年人口群体的大多数人健康长寿，体

现在健康预期寿命（Healthy life expectancy）的提高。长期以来人们都把长寿作为健康的标志，评估各个人口、各个国家、民族的健康水平都使用平均寿命（确切称为平均预期寿命）来表示人群的健康。健康老龄化的着眼点是群体的健康长寿，因为所讲的寿命都是平均预期寿命，不是某一个体的寿命，但群体的健康长寿是以个人的健康长寿为基础的。首先这个群体要有健康的个体老龄化，即人的岁数已进入老年期或高龄期，但个人身心健康状况还良好，躯体各种器官功能还相对健全，能独立生活，能参与社会各种活动。

当老年群体的大多数处于这种状态时，可以认为是健康的群体老龄化。只有当群体中大多数人的健康寿命长了，群体的平均健康寿命才能增加。因此健康老龄化的着眼点是老年人中大多数人健康长寿，而不能仅满足于个别人的高寿记录和延长个体寿命取得的成就。把健康老龄化定位在老年群体上，对于老龄政策、医疗保健的战略、卫生资源的分配、各种社会政策和社会生活方式以及老年学的科学研究都提出了方向性的全新课题。

第二，健康的老龄化不仅体现为寿命长度，更重要的是寿命质量的提高。老年人口健康寿命的质量是有客观标准的，也是可以量化的。但在人口老龄化和高龄化后，仅用平均寿命来说明人口的健康就很模糊，常常产生误导。因为在老年期和高龄期个体健康状况差别很大，同样的寿命长度在质量上就有可能有很大的不同。

到20世纪80年代，发达国家的许多老年学家都致力于研究老年期的"健康预期寿命"，并取得较为满意的结果。他们研究人的各种伤残的程度，制定客观标准。老年期生活自理能力也可定出客观标准来加以衡量。因此现在已能初步提出一套在老年人口的余寿中用以衡量健康寿命、带伤残的寿命、完全不能自理和部分不能自理的寿命等的定义。还可以按程度计算在余寿中所占的比例，用以衡量寿命的质量。

健康老龄化就是要求老年人余寿中带病、带伤残和不能自理的时间尽可能缩减，把这部分寿命压缩到生命最后很短的一个时期。目前我国老年人口寿命提高得很快，但质量不够高，健康预期寿命是短板。

第三，人类年龄结构向老龄化转变一方面要求有相应的"健康转变"（Health transition）来适应，另一方面要求把健康的概念引申到社会、经济和文化诸方面。人口老龄化的特征是老年人口迅速增加，在总人口中的比重日益提高；与此同时，高龄人口及其比重增加得很快。一个人随着年龄的进一步增长，身体各种器官逐渐衰老、机能受损、退化、失能以及各种慢性病发病率增加是难以避免的。因此在老龄化的背景下，庞大的老年人口对卫生资源的需求、对护理的需求会急剧递增，造成医疗支出迅速增加是必然的。提高全民健康水平，实现健康老龄化已是客观的要求。为此，在健康维护上，对预防和治疗那些与增龄和衰老相联系的慢性病、对受损的机体和器官功能进行治疗和康复等都提出了新的要求，即应对已存活到老年的庞大人口的医疗保健问题。因此我们对身心健康的概念必须有一个新的视野，对全民的保健采取更积极、更主动的对策。

人口老龄化的另一特点是人口年龄结构的老龄化。这除了影响数量越来越庞大的老年人群的健康、经济和精神生活外，还直接和间接带来许多宏观的社会经济问题，诸如劳动效率、社会活力、代际和谐、技术更新、社会消费结构、生产结构等问题。这在客观上要求把健康的内涵外延延伸到社会经济和文化的健全和活力上来，这就使健康老龄化有了更丰富的内涵和外延，它的广度和深度还有待于我们在实践中来加深认识。

第四，人口老龄化是一个过程。要从个体和群体增龄的过程中认识老年人健康状况的前因后果及发展趋势；把老年群体健康看作进入老年前的婴幼儿、青少年和成年后各阶段所有制约健康因素的最综合、最集中和最终的表现，历史地、全面地认识老年人的健康，它同所有人的福利都紧密联系。

　　衰老并不是一种病态，但在衰老的过程中，个体与个体之间差异极大。许多老年人的慢性病是成年、青少年、婴幼儿时期甚至在胚胎时就已经潜伏下来，只不过到老年期、高龄期才暴露出来。健康老龄化着眼于生命的各个过程，应把进入老年期前和进入老龄期后的健康防治统一考虑。这样提前防治比在躯体、心理受损到后期，衰老、衰退发展到较深的程度时才求助于医疗更主动，而且事半功倍。"老有所医"也应立足在早期的预防，及时进行健康检查，未病防病，有病早治，早日康复。人口老龄化也有一个发展过程，总是由年轻型人口进入成年型人口再到老年型人口。人口老龄化过程和状态也存在一个是否健康或最佳状态的问题。如果老龄化过程过快或过慢，结构过于畸形或不规则也是不健康的。因此，健康老龄化的健康也有人口适度与合理的含义。这就要求人口均衡发展，与时俱进。

　　第五，健康老龄化是人类面对人口老龄化的挑战提出的一项战略目标和对策，它是建筑在科学认识基础上的。长期以来，人类都把健康长寿作为一个颂辞，而不是科学的语言。科学产生于实践的需要，在人口老龄化已成为发达国家普遍现象后，老年人口激增，比重提高，向科学家提出许多重大的理论和实践课题，这就促使老化生物学、老化心理学、老年医学与社会老年学开展研究并取得了许多重大的成果。此外，生物工程的成就对许多疾病的预防和康复有许多新的突破。国际老年学学会第十五届大会是对近二三十年老年学成果的一次大检阅。在会上许多国际著名的老年学家都科学地论证了健康的老龄化，向世人昭示了延长人类的健康寿命并不是一种幻想。国际老年学学会在20世纪90年代以后，发表了一个总结十年研究成果的声明，认为老年人到75—80岁时，生理、心理功能和以前基本一样是完全可能的。事实上，许多国家许多老年人已经做到这一点。因此，把健康的老龄化作为一个战略目标是科学的。

　　第六，健康老龄化是同各年龄人口、同各行各业都有关系的一项全民保健的社会系统工程，需要全党全民长期不懈地努力才能逐步实现。健康老龄化不仅是老年保健问题，更深远的意义在于为今后我国进一步老龄化和为今后更多的老年人（即今天的青壮年）服务，在战略上必须为今天的中青年进入老年期未雨绸缪。推动老年人口实现健康老龄化就要求在老年人的余寿中减少生活不能自理的年限，减少残疾的年限，推迟、减缓衰老和器官受损或失灵，降低慢性病的发病率等。最好是从中青年开始就重视发病前期的病因预防，即一级预防。但对已进入老年的，也只能从他们已形成的健康结果出发，做好对慢性病的早发现、早诊断、早治疗，控制疾病发展，这是二级预防。对已患有慢性病的老年人就要防止致残，促进康复，做到三级预防。老年人健康是全民健康状况的最终和最集中的体现，也是最客观的检验尺度，因此必须从全社会发展的角度来看待健康的老龄化。

　　健康老龄化同卫生保健部门关系最密切是不言而喻的，同体育部门的关系也很密切，"发展体育事业、增强人民体质"的效果最终会从健

2002 年，邬沧萍参加健康老龄化国际论坛

康老龄化中体现出来。教育、科学、文化部门与精神文明建设对实现健康老龄化的巨大作用是难以估量的。科学文化教育水平高就能够识别妨碍身心健康的各种伪科学和迷信的宣传，抵制不健康的生活方式和不良的生活习惯。

健康不单是个生物、医疗问题，很大程度上也是个社会问题。国家建立的和正在进行改革的老年社会保障制度如退休制度、医疗卫生制度和各种老年立法是实现健康老龄化的前提。老龄部门提出的"老有所养、老有所医、老有所学、老有所为、老有所乐"，倡导尊老、养老、爱老，保护老年人合法权益，反对年龄歧视等，都是为实现老年的自身价值，促进健康的老龄化的前提条件。从长远来看，健康老龄化的提倡和逐步实现，最大的受益者将是中华民族的子孙后代。

3. 新颖构想——创建健康的老龄社会

我国是个有浓厚孝道和尊老敬老文化传统的国家。在人口老龄化进程上，虽然是"未富先老"，老龄化发展速度快，但我国也是一个具有后发优势的国家，是全球寿命提高最显著的国家之一。在面对老龄社会的种种挑战时，我认为创建一个有利于所有人的健康的老龄社会才能真正实现个人的健康。在世纪之交联合国老年人年会上提出"建立一个不分年龄，人人共享的社会"。在人类寿命进一步提高的时代，更需要建立一个适应长寿时代人类命运共同体的大健康时代。

新中国成立以来尤其是改革开放以来在推进包括老年人在内的健康方面的制度设计、政策实践是我国人口预期寿命大大延长的根本保证。1982年，我国组团参加第一次老龄问题世界大会并随即成立全国老龄问题委员会就表明国家十分重视老龄问题；2002年，我国组织政府各部门参加马德里召开的第二次老龄问题世界大会，表明中国接受积极老龄化的理念，把积极老龄化理念提高到全党全民应对人口老龄化的共同认识。我国在参加世界第二次老龄问题世界大会后，又充分吸取国外研究健康和老龄化的经验，陆续在多项有关政策文件中强调健康老龄化的构想，表明健康老龄如何在实践层面落实和转化。

2007 年，中共中央提出积极应对人口老龄化的长期发展战略，从群体来研究健康和老龄化，提出很多应对人口老龄化的宏观决策和具体措施；2016 年，中央政治局就我国人口老龄化进行集体学习，强调积极应对人口老龄化。特别是中共十八届三中全会后，更是密集出台了一系列有关老龄的政策措施。

2016 年，在全国卫生与健康大会上习近平总书记强调，要倡导健康文明的生活方式，把以治病为中心转变为以人民健康为中心等。对人民健康的重视从宏观和微观上为老年人的健康长寿提供了有利的环境。

党的十九大把积极应对人口老龄化社会的各项政策和构建良好社会环境与健康中国战略都置于重要地位。2019 年，中共中央国务院提出的《国家积极应对人口老龄化长期规划》，从经济、人力资源、社会服务、科技创新、社会环境等方面来应对人口老龄化；2021 年在提出的积极应对人口老龄化国家战略中强调医养康养服务体系等关系到老年人健康的重大问题，从制度、环境等综合因素来构建健康的老龄社会。

应该说，我国在老年人健康等领域取得的制度建设成就与健康结果成就说明，从促进个体的健康老龄化到构建健康的老龄社会，不但是理论发展的必然，也是健康老龄化这一理念的本质内涵和目标所在。

我不但有幸见证了我国在构建健康老龄社会具有突破性阶段的成果，也为自己对这些理论问题的不断思考、大声呼吁倡导而感到自豪。我国进入长寿时代后，健康老龄化不仅在理论上有科学性，在实践上也是能够逐步得到实现的，由少数人达到健康到多数人甚至整个社会都实现健康也是有可能的。

第五节

未富先老与老年人的生活质量

1．"未富先老"的提出与论证

在我提出"未富先老"与论证在人口转变迅速发生的同时，学术界对我国人口老龄化问题的认识也不断深化。国际社会对此进行了大量研究，学者认为在低人均收入的国家中，中国预期寿命长和生育率低都是突出的。通过国际对比，人们发现中国人口老龄化将出现在人均国民收入还不够发达的时期，与世界上已经人口老龄化的一些国家相比，"未富先老"已经成为中国人口老龄化的一个重要特征。

在这种情况下，我在1986年出版的《漫谈人口老化》一书中，首先提出了"未富先老"的观点。此后，"未富先老"作为明确界定我国人口老龄化特征的描述逐渐开始出现在我国老龄问题的实际工作和学术研究当中。"未富先老"提出后，我也多次撰文强调，必须站在社会发展的立场应对老龄问题。人口老龄化有一个发展的过程，首先要求我国经济、政治、文化、社会也将不断发展。为此，我们要从发展的角度为人口老龄化做好准备。这就是在制度上，要为迅速增加的庞大的老年人口提供一个合理的制度安排，使之能够参与政治、社会和经济生活，分享到社会发展的成果。在经济上，要有必要而充分的物质积累，加强各项为老基本建设，为规模庞大的老龄人口提供必要的经济和医疗保障。

在思想意识上，要在全社会充分形成应对老龄化的思想、理论和舆论准备，发扬我国尊老敬老的优良传统。

在理论研究上，要对人口老龄化进行充分的研究，准确把握我国人口老龄化的特点，了解我国人口老龄化的发展趋势，形成应对人口老龄化科学的理论指导，同时开展对老年健康、教育、康复和护理等方面的研究；在人力资源上，要为人口老龄化储备必要的各种人才；在人口素质上，要不断提高全民的健康素质，为形成健康老龄化打好基础。

当然，我们只能兼顾而不能完全站在老年人的立场来认识老龄化。也就是说，要优先解决"未富"的问题，再兼顾做好应对"先老"的各项准备，否则，"未富"没有解决，应对"先老"的准备就成了无源之水、无本之木，成了本末倒置。现在看来提出全面建成小康社会应对人口老龄化是非常有远见的。这以后，学术界关于这个问题出现了一些不同看法，认为我国是"未备先老"，当然应对人口老龄化应该有所准备，但是如果没有经济发展作为物质基础，何谈应对老龄化呢？

2019 年，邬沧萍在北京市老年学学会第四届会员代表大会暨"求是"论坛上发言

我认为，随着对我国人口老龄化的进一步深入认识，对"未富先老"的理论价值和现实意义也应该进行更加深入的思考。因此，在2007年，我同何玲、孙慧峰一起合写了《"未富先老"命题提出的理论价值和现实意义》一文，发表在《人口研究》上。认识这个问题，首先要正确认识"老"和"富"的含义。"老"的概念是相对的，人口老龄化的数量界限，即人口的"老"与"少"是人为确定的，可以说没有一个客观的标准，见仁见智在所难免。

"未富先老"的"老"，在严格意义上说有两种既有联系又有区别的含义：一种含义是人口老龄化，指老年人口在全部人口中的比重不断提高的过程。另一种含义是指人口进入老年型，即人口按某一个数量标准达到老年型。另外，对"富"的认识也要与时俱进，认为中国已非"未富先老"者认为今天老年人的困境是个分配不均问题。我们认为"既患寡也患不均"。"富"有三层含义，第一层含义是收入和财产（或财富），从微观层面来讲，就是指老年人有无收入和财产，有无收入保障；从宏观层面来讲，就是一个国家或社会保障老年人生活的经济实力，具有代表性的衡量指标就是人均GDP。第二层含义是丰富和富裕，指一个国家养老的物质资源的数量与老年人口需求相比是否充足。第三层含义是发达程度高的意思，除了经济、物质资源实力，还强调社会发展、文化环境，制度建设等"软件"方面。综合起来，"富"可以概括为一个国家应对人口老龄化挑战的资源和能力总和，既包括经济实力、自然资源、养老资源、制度、人才、思想准备等所有方面的内容，代表一个国家解决人口老龄化过程中的各种问题，满足老年人各种需求的综合实力。我国的"未富"就集中体现在应对人口老龄化能力的严重不足上，这一点我们必须有清醒的认识。农村老年人的相对贫困是"未富先老"的集中体现。我国地区之间、城乡之间、不同阶层之间和不同年龄人群之间的收入相差巨大，而处于最脆弱和最底层的就是农村贫困老年人。

尽管进入21世纪后，中国经济迅速增长，发达地区经济增长很快，

"未富先老"的状态正在改变，但我们讲的"未富先老"是就全国总体来说的，特别是针对数以亿计的农村老龄人口来说，他们的处境改变不大，这也是我国"未富先老"不能很快改变的客观原因。

要改变未富先老的状况，应该至少包括以下6个方面的提升，这就是：国家经济实力显著提高；社会保障体系更加完善（老年人收入和财产的增加，老年人能在低水平、广覆盖的社会保障基础上，实现多层次补充养老）；提高生活质量；养老基础设施和资源的充足，社区为老服务基础设施、服务队伍建设等都要大大加强；中介组织和社会力量得到更好发挥；充分利用市场经济作用发展老龄产业作为社会公共产品和服务的补充，使老年人能得到更多物美价廉的老年用品和服务，提升老年群体的生活质量。我们认为，当我们在这6个方面都有较为明显的提高时，才能称得上摆脱了"未富先老"。当今，坚持"未富先老"命题仍然具有重大现实意义，对于我国制定应对人口老龄化和养老服务的方针政策仍然利大于弊。

首先，坚持"未富先老"有利于我们认识人口老龄化的重要性和紧迫性。如果我们不讲"未富先老"，势必会造成认识和舆论上的混乱，甚至认为我国已经走出社会主义初级阶段，这与我国主导思想和对基本国情的估计是相悖的，不利于应对人口老龄化挑战。

其次，坚持"未富先老"的认识有利于我们立足国情做好老龄事业，防止贪大求洋，搞不切实际的形象工程。我们在制定老龄政策，发展老龄事业时，必须脚踏实地，抓紧老年人养老、医疗、服务等最基本需求这几个重点不动摇。

再次，"未富先老"的判断有助于加强忧患意识、公仆意识、节俭意识，使各级政府部门更好地为老年人管理和服务尽心尽力。

最后，坚持"未富先老"认识能够得到老年群体的认同，有利于经济社会发展成果惠及老年弱势群体，促进代际和社会和谐。

2. 关于老年人的生活质量

从"十五"计划起，我国已经进入全面建设小康社会、向现代化建设第三步战略目标迈进的发展时期。与此同时，随着我国人口寿命的延长和生育率的下降，在我国还处于社会主义初级阶段时，就迎来了全球最独特的"未富先老"。人口老龄化的来临使我们意识到在新时期提高老年人生活质量既是一个机遇，又是一个挑战。就机遇而言，经济的长期高速发展和良好的发展趋势为提高老年人生活质量提供了可靠的物质基础，即党和政府的重视为提高老年人生活质量提供了有力的组织保障；日渐完善的各项有关老年人的法规、决定为提高老年人生活质量提供了法律和政策支持。

而全社会尊老、敬老、助老的社会环境更为提高老年人生活质量提供了良好的社会氛围。但同时我们应该清醒地意识到，人口老龄化也是一个挑战，如果现在不关注老年人生活质量的提高，使老年人难以充分享受社会发展的成果，趋于边缘化、贫困化，就有可能失去解决人口老龄化带来的诸多问题的最佳时期。所以，面对人口老龄化的迅猛发展，把提高老年人生活质量提到议事日程上，对于我国的物质文明、精神文明建设具有深远的意义。

在 21 世纪初，大部分人还都只看到养老的基础性问题时，我感到不能把老龄问题局限在只把老年人"养"起来的狭隘思维上，而要从提高老年人生活质量这个更高、更本质的视野去看待。于是，我在 2002 年分别发表两篇文章讨论老年人的生活质量问题。第一篇是与我的学生孙鹃娟合作的《未富先老——我国人口的新课题》，发表在《群言》杂志上。第二篇是我发表在《人口研究》杂志上的《提高对老年人生活质量的科学认识》。

在《未富先老——我国人口的新课题》一文中，我们首先说明了提高生活质量是一个社会进步的命题。生活质量是全面评价生活优劣的概念，其提出和理论本身的发展是伴随着"以人为本"的新发展观不断充实和完善的。它不仅包括生活的物质层面（如生活水平、自然条件等），还包括健康状况、精神生活、社会环境等诸多层面。我们也论证了在当时的发展阶段谈生活质量不是"乌托邦"，而是必要的也是及时的。提高老年人生活质量是时代的要求。这意味着不能仅满足于把老年人"养起来"，而要着眼于促进他们的身心健康水平和社会功能的健全，丰富他们的精神文化生活和强调老年人的社会参与，赋予老年人享有在国内外公认的人权准则和平等享有各种机会的权利。对于怎样提高我国老年人的生活质量，我们认为，需要政府、社会、家庭和个人共同采取行动，只有将各种支持力量有机地结合起来才能满足老年人不断提高生活质量的要求。另外，既要注重老年人物质层面的需求，又要注重老年人精神层面的需求，二者不可偏废。还要关注老年人的生命质量（生存质量），因为保持身心健康是许多老年人的首要要求，也是晚年生活质量的根本保证。当然老年人自身也应与时俱进地提高自身素质，也就是说

2002 年，邬沧萍参加提高老年人生活质量对策研讨会

老年人应不断学习新的知识，提高健康素养，丰富自己的老年生活，做到与时俱进。

在《提高对老年人生活质量的科学认识》一文中，我进一步讨论了老年人生活质量的定义和老年人的特殊需求。我将"老年人生活质量"概括为"老年人对自己的物质生活、精神文化生活、身心健康（或称生命质量）、自身素质、享有的权利和权益以及生存（生活）环境等方面的客观状况和主观感受所作的总评价"。

老年人不是与众不同的群体，但老年人却有许多特殊需求。生活质量的实质是需求满足的程度，老年人的生活历程最长，他们的身体状况、社会地位、收入状况、家庭状况、社会网络等都不同，因此对生活的需求层次差异很大，生活质量的客观状况和主观感受就有很大差异。

至于提高老年人生活质量战略对策，由于我国当前的老年人是在人口"未富先老"的条件下存活下来的，远未达到高消费的阶段，因此，对大多数老年人来说要从扎扎实实地提高老年人物质生活水平入手。根本之策在于大力发展经济，才能"大河有水小河满"。老年人中个体之间贫富差异很大。在提高生活质量上，既要有"雪中送炭"的对策，也要有"锦上添花"的对策。首先要与时俱进，要用改革创新精神落实六个"老有"，开创提高老年人生活质量的新局面。其次要用终生福利、终生健康、终生教育等新制度来保证老年群体的生活质量。

第六节

耄耋之年的中国老年学研究

进入 20 世纪 90 年代中期，我对老年学的研究比以前更加深入和广泛。在第八届全国政协五次会议上，我在大会发言中提出了重新审视人口老龄化的问题。我认为，老龄问题当时已经不仅是个社会问题，而是已逐渐成为一个政治问题。之后，我又针对中国社会老龄化问题分四个方面进行了呼吁：第一，避免出现一个经济上相对贫困的老年群体；第二，减轻健康上最脆弱群体的压力；第三，尽量减轻抚养比提高对国家建设和人民生活的影响；第四，缓解家庭养老的困难。

接着我又提出了五点建议：第一，要提高全党全民特别是决策者和中青年的老龄意识；第二，把老龄工作作为一项政府职能；第三，不失时机地做好应对人口老龄化的各种准备工作；第四，在完善医疗保险制度的同时，推行全民健身运动，促进健康老龄化；第五，要建立一种使老年人能享受社会发展成果的机制，使老年人有一定的经济保障。

我的呼吁和建议引起了与会的政协委员们的关注，很多委员表示赞同。后来在中央电视台"新闻联播"中播出后，更是在社会上引起了反响。但是我并没有停步，在中国老年学研究的道路上，我依然在不断研究和探索，不断前行。

1.《社会老年学》的编写与重修

为中国编写一部有关老年学研究的书，在我心中已埋藏很久。不管是在 20 世纪 70 年代开始研究中国人口学，还是在 80 年代开始创建中国老年学，以及后来在研究、撰写论文的十几年中，我始终都没有放下编写此书的愿望，并为此积极做准备。而正是此前十几年的研究积累，为我完成此书提供了肥沃的"土壤"。

我心中这个由来已久的夙愿终于在 21 世纪即将到来时实现了——这就是 1999 年出版的《社会老年学》。这本教材是我和曾由我指导的三位博士杜鹏教授、姚远教授、姜向群教授主编的，是我们经历几年共同研讨社会老年学的成果，也算是为发展中国老年学作出的一点贡献吧！我们的这部书在"1999 年国际老年人年"脱稿。我担任主编，并独自撰写了序言及第一、二、六、七、八、九、十二、十八、二十三、二十七、二十八章。

20 世纪 90 年代的邬沧萍

回想编写此书的漫漫岁月，我深深感到，做学问是不容易的，水滴石穿，没有安心、静心和执着之心，学问是做不了的。所以，我很感谢这三位学生还有几位学者对我这项工作的支持。我也十分赞赏他们对老龄科学事业执着的追求。同时，我还感到，好的研究成果一定是集体劳动的结晶。众人拾柴火焰高，讲的就是这个道理。此外，苏苹教授和陈杰老师编写了"人的寿命与生理衰老"和"个体心理老化"等两章，他们以非常清晰的思维和出色的文笔，不仅概括了相关的最新研究成果，而且使这本书大为增色，在结构上更加完整。本书的完成，同样离不开他们的奉献。回想起来，我萌生编写一部老龄科学方面的书以作为对我国迎接人口老龄化的智力支持是很早就有的想法了。早在 20 世纪 70 年代初，我在研究中国人口问题时就已预感到人口老龄化是人类社会发展的一条不以人的意志为转移的客观规律。中国的未来将不得不面对严格控制人口增长和人口迅速老龄化的两难抉择。

1982 年，我国进行了第三次人口普查，我特意研究了中国人口年龄结构的变化，更加强了中国将走向人口老龄化的认识，对人口老龄化研究产生了浓厚的兴趣，开始收集和撰写老龄方面的文章和著作。同年，中共中央在党的十二大上做出了"实行计划生育是我国的一项基本国策"的决定。我认为计划生育与重视老龄化问题并行不悖，而且是相辅相成的，但考虑到大多数人包括一部分学者对此尚缺乏清楚的认识，认识到生育率持续迅速下降是加速老龄化的决定性因素。同时我也考虑到当时正是全国大力推进计划生育工作的关键时候，出版一部老龄方面的理论著作，不甚合时宜，所以我暂时搁置了撰写老龄方面专著的念头，转而进行理论、舆论、人才和资料方面的准备。

进入 20 世纪 90 年代以后，我国人口老龄化速度之快始料未及。老龄问题已受到全党和全国人民的广泛关注。全面推进中国的老龄问题研究，建立符合中国实际情况的老年学，已成为我国改革开放和现代化建设过程中的迫切需要。因此，我更加坚定地认为，作为中国老年学学会的会长，自己对此负有义不容辞的责任。1992 年，我赴美国考察老年学，并有幸列席了联合国第 47 届大会。在这次大会上，我和其他 21 个国家的代表协商向联合国提出《联合国老龄问题宣言》，并获得了通过。会议还决定将 1999 年定为国际老年人年。

这次大会使我倍感中国的老年学建设任务艰巨，感受到了很大的压力。我深深地意识到，在中国出版一部《社会老年学》已刻不容缓。

1993 年春，我考察完美国的社会保险、医疗保险和社会福利情况之后，立即回国，全身心地投入本书的编写工作中。根据在社会老年学方面多年的研究积累和国内外学术会议的有关成果，我提出了全书的书写提纲、主体设计、指导思想和具体的编、章、节，然后由我们四位主要作者共同讨论修改，再讨论再修改，反复多次。据我记忆，写作提纲已四易其稿。大纲确定之后，我们分头执笔。每位作者的初稿、讨论稿都要经过其他三位作者的审阅。所以说，本书既反映了我的学术思想，也体现了集体的学术智慧。

这本书的思想在当时看来有一些独特之处：首先就体现在其命名上。本书书名使用了国际上普遍使用而国内不太熟悉的"社会老年学"（Social Gerontology），而没有使用"老年学"或"老年社会学"。这是因为，作为一个完整的老年学学科范畴，应该包括从生物学角度研究老龄化的诸多知识，如人类衰老生物学（Biology of Aging）、老年医学（或称老年病学）（Geriatrics）和老年护理学等，而本书没有包括这些内容，所以不宜使用"老年学"的书名。

我之所以用"社会老年学"而不用"老年社会学"是在对有关学科进行系统比较、研究后作出的慎重决定。因为很长时间以来，很多人把"社会老年学"等同于"老年社会学"，这在学科分类上产生误解。有的学者在翻译国外的《社会老年学》时把书名误译为《老年社会学》。在哲学社会科学分类上，社会老年学与老年社会学是有区别的。其一，老年社会学的学科归属是社会学，社会老年学的归属是老年学。其二，社会老年学是从非生物学角度或从社会科学角度研究个体和群体老龄化的。而社会学不能等同于社会科学，它只是众多社会科学的一个组成部分。其三，即使从社会学角度研究老年，也是不全面的，研究面过窄。老年涵盖在老龄化之内。所以，国外常用的是"老龄社会学"（Sociology of Aging）而非"老年社会学"。

我国学者使用"老年社会学"的概念相当普遍，甚至翻译国外的《社会老年学》也将之更名为《老年社会学》。如天津人民出版社 1986 年出版的由美国作者戴维 .L 德克尔著的《老年社会学》自概念开始学科分类就不清楚，何谈研究？我们在此界定"社会老年学"与其他有关学科在名字上的区别，也是为了给社会老年学正名、确立范畴，促进老龄科学的规范发展。其次，我想说明，社会老年学是交叉学科，它是朝阳科学，是国家建设迫切需要的科学。如果说老年学研究人类个体和群体老龄化的现象和过程，既需要生物学角度，也需要社会科学角度，所以老年学是交叉学科，那么社会老年学主要从社会科学角度进行研究，也属于交叉学科，很多人就不理解了。

其实，现代社会科学划分越来越细，分成了很多学科。当我们研究一种社会现象时，很难只从一个角度或一种学科就将问题研究清楚，必须借助于其他学科的帮助。全面或深入研究年龄、增龄和老龄化现象和过程时，人口学、经济学、社会学、法学、教育学甚至哲学的科学知识都是不可或缺的，需要进行综合性的研究，所以社会老年学具有交叉学科的性质。但是，将老龄人口学、老年经济学、老年社会学和老年教育学等学科知识简单地变成几个板块，做成一个"拼盘"，不是科学意义上的社会老年学，这样就失去了多门学科知识交叉综合研究的性质，二是各个板块表面上似是社会老年学的分支，实际上分属各个学科，自成体系，其研究内容的广度和深度以及方法论常常超出社会老年学研究的需要。

值得指出的是，尽管社会老年学主要从非生物学角度开展研究，但这并不等于说，社会老年学就毫不接触生理学、心理学方面的知识。实际上，要说明个体或群体的社会老龄化，还要从生理和心理老化谈起。评定老年人的价值、老年生活质量、健康老龄化以及医疗保健等也离不开对衰老过程的认识。因此，社会老年学与衰老生物学、老年心理学等学科也有个相互渗透、相互借鉴的关系。没有后者的基础，前者也很难研究深入。本书设立了生理老化和心理老化两章，其意义也正在于此。

当然，这也再次证明了社会老年学作为交叉学科的性质。

此外，我认为社会老年学必须从中国的实际出发。科学产生于社会实践。现代老年学最先出现于先行进入老龄社会的西欧北美国家，是发达国家应对个体和群体老龄化的实践经验的科学总结。我国人口老龄化出现较晚。在应对人口老龄化方面，借鉴发达国家老年学的科学成果是明智的，但必须从中国的实际情况出发，有所取舍，区别对待。西方国家从生物学方面研究个体老龄化的成果，如衰老生物学、老年医学和老年护理学等，大多可以联系我国传统的养生保健理论，直接为老年人的健康服务。而西方的老年学理论，如活动理论、脱离理论、亚文化理论和连续性理论等，则必须结合我国的文化传统和老年人的实际情况，不能生搬硬套。

社会老年学借鉴西方老年学成果要比借鉴衰老生物学和老年医学成果复杂得多。我们既要认识到西方老龄化是在现代化、社会化、市场化的高生产力水平条件下形成的，西方国家的一整套老年社会保险、社会保障、医疗保险和社会福利等制度是在经过几十年的不断完善才进入了规范化和制度化的法制轨道的。这是人类文明的成果，值得我们借鉴，拒绝借鉴的态度是不对的。另外，我们又要认识到，社会老年学的研究角度是社会科学，因而必须注意到生产力发展阶段的不同、社会制度的不同和文化传统的不同，盲目全盘照搬的做法是不可取的。从中国的实际出发，择善而从，才是唯一正确的选择。

在我们当时编写本书的过程中，考虑到西方的社会老年学已有多部译本引入国内，因此对西方社会老年学的介绍着墨不多，重点放在了我国的实际情况上。力图编写一部有中国特色的社会老年学是我们的初衷。同时，在这本书中我还就社会老年学中的人道主义方面和发展方面的问题作了专门阐释。

1982年第一次老龄问题世界大会通过的《维也纳老龄问题国际行动计划》在理论上的重要贡献之一是把老龄问题区分为人道主义方面和

发展方面。前者主要指老年人问题，多从微观角度考虑；后者主要指社会经济发展问题，多从宏观角度着眼。

西方社会老年学的内容几乎都是从人道主义方面论述的，很少谈到发展方面。这同西方文化崇尚个人主义有直接的关系。我们编写《社会老年学》一书时，没有沿袭西方的老路，而是对发展问题予以了较多的关注。这是因为，一方面，老龄问题中最大量的是老年人问题，老龄社会中的发展问题主要也多由老年人问题引发。因此，只谈老年人问题而不提发展问题，或者不将老年人问题提到发展高度来认识，就会使得老年学陷入"只见树木，不见森林"的偏颇。

另一方面，我国传统伦理道德更强调集体主义思想。老龄问题不单纯是老年人的个人问题，还是社会问题、国家问题。这并不是说，不要考虑老年人的个人利益，而是说考虑老年人的个人利益、提高老年人的积极性不应只从老年人个体的角度来看待。老年人的生活照料问题、精神慰藉问题等，靠个人主义是很难妥善解决的。我国的集体主义在解决老年人问题方面将会显现出更大的优越性。

社会老年学的任务不仅是阐释问题，更重要的是要指出人类老龄化的前景并提出可行性的对策建议，这才是社会老年学的价值所在。因此，我们在这本教科书中，不但提出了一系列的社会对策，还指出了人类实现健康老龄化——构建一个不分年龄、人人共享的健康的老龄社会。

就整个人类社会发展而言，任何研究成果都是阶段性成果，都是承上启下的一环。人类社会的实践没有完结，人们对真理的研究和探索也不会完结。我们当时在编写本书的过程中，深深感到社会老年学还是一块有待开垦的处女地，还有很多问题研究得不深不透，有的存而未论，有的甚至还是空白。例如，现代社会老年人的社会价值和社会地位问题、养老理论问题、代际关系问题、代际间物质和精神交换问题、老龄化对社会发展的影响问题、中国传统文化在尊老养老中的地位和作用问

题，等等。

在这本书出版了近 20 年后，我深感有必要重新更新、修订《社会老年学》。有了这样的想法后，2018 年我又召集杜鹏等人大老年学研究所的老师，还有北大、国家老龄委等一批老年学的专家学者来撰写《新修社会老年学》。我期待这本重新修订后的教材能够有更丰富的内容、更新的观点。

2. 通过国际比较看中国的人口老龄化

自从 1999 年时任联合国秘书长安南在世界老人年启动仪式上用人类进入长寿时代来概括时代特点后，我认识到人口老龄化已成为全球关注的人口问题，于是我又开始了对中国人口老龄化国际比较的研究。2005 年，我与我的学生杜鹏博士等人终于完成了《中国人口老龄化：变化与挑战》一书。这是我们经过几年的时间对中国人口老龄化国际比较研究取得的成果。

人口老龄化是一个不以人的意志为转移的客观规律，是人类人口再生产的必然趋势。它是人口出生和死亡（或说人口的寿命）变化的直接后果，它的深层次原因是生产力的发展。伴随生产力发展的社会进步使死亡率先下降（或者说人的寿命延长），接下来是出生率（生育率）的下降。二者从相对高的状况变到相对低的过程称为人口转变（Demographic Transition）。当人口转变开始后，随之而来出现人口年龄结构的变化。人口年龄结构变化既可以表现为人口年轻化（Rejuvenation of Population），也可表现为人口老龄化（Ageing of Population）。但迄今的人类历史已经证明，人口转变的结果是人类人口趋向老龄化，至于人口年轻化只是一个短暂时期的历史插曲。

人类寿命在普遍得到延长后，开始进入长寿时代，这是联合国秘书长安南 1999 年在世界老年人年启动仪式上界定的。就在世纪之交，全球 60 岁和 65 岁及以上人口也分别达到 10% 和 7% ，达到老龄社会的标准。可以说人类最终都会面临人口老龄化，就连世界上最不发达国家的人口在 21 世纪也在老龄化。因此，人口老龄化是 21 世纪全球普遍关注的人口社会经济问题。进入 21 世纪，世界人口老龄化和各国人口老龄化的比较研究已经不是研究人口"是不是或会不会老龄化的问题"，而是"老龄化开始的早晚、老龄化进程的快慢、老龄化的程度、老龄化有什么各自特点、老龄化对经济社会发展影响的广度和深度"等问题。研究人口老龄化，人口统计数据是不可或缺的，而且是不可替代的，特别是人口普查以全面的客观数据提供了事实基础，为研究者作出有价值的判断与科学的预测和监测提供了数据来源，使我们能面对人口老龄化趋势时保持处变不惊并对一些后果及时地防患于未然，并能趋利避害，这是我们开展中国人口老龄化国际比较研究的初衷。

2000 年，中国第五次人口普查在国务院和地方各级人民政府的统一领导和全国各族人民的支持配合下，通过近千万普查工作人员艰苦努力，又经过事后质量抽查，圆满完成了任务并取得了有关人口老龄化的大量数据。我认为这是研究人口老龄化千载难逢的机遇，这项研究对于认识全球和我国人口老龄化具有深远的意义。这一年是中国人口老龄化一个重要的年份，而这次人口普查正好适逢世纪之交也是千年之交，这对我国认识老年人口问题和老龄化问题都是难得的机会。

人口老龄化首先始于发达国家。19 世纪中叶，法国 65 岁及以上老年人口比例率先达到 7%，称为老年型人口。但人类是到 20 世纪中叶前才认识到人口老龄化。而且当时人们认为老龄化只是发达地区的事情，并没有意识到是全球的事情，可以说世纪之交是中国人口老龄化的转折点，体现在 1999 年被联合国确定为国际老年人年。当时，联合国秘书长安南在启动仪式上用人类进入长寿时代来概括时代特点，世界卫生组织总干事布仑特兰夫人在 2002 年第二次老龄问题世界大会上公开宣布全球人类在 20 世纪平均寿命增加了 30 岁。在中国 2000 年也是关

键的一年，按人口普查资料 2000 年也是中国跨进老龄社会的门槛之年。也就是说，在国际上，2000 年人口老龄化的统计资料是比较齐全又相对准确的。因为联合国和各国政府都在人口老龄化的统计资料上，为 2002 年马德里世界老龄大会做了精心的准备。

我国作为世界人口和世界老年人口第一大国，2000 年人口普查也是中国对世界应有的一个贡献，我们应充分发挥它的价值。我们在书中对 2000 年人口老龄化的情况进行国际对比，目的在于为我国人口老龄化的战略选择提供事实和智力支持。很多发达国家的人口老龄化是个自发的、缓慢的长过程，而我国人口老龄化是在人口生育率短期内快速下降引发的，从而导致我国出现"未富先老"的国情，这是我国为了全民根本利益的自觉选择。关于中国自觉选择加速人口老龄化的决策的必要性和利害得失、我国人口老龄化的速度和程度以及对我国未富先老和迅速人口老龄化带来的机遇与挑战等，一直有不同的评价。

在我们的这项中国人口老龄化的国际对比研究中，比较全面地呈现了老龄化的历史资料、现实数据和预测数据。这其中既有发达地区又有发展中地区人口老龄化的情况，从古今中外和未来全球人口老龄化的比较中，既能看到降低生育率有加速老年人比例提高的一面，也能看到降低生育率减少未来老年人口规模的一面。有比较、有鉴别、有数据才能作出接近客观事实的价值判断，避免片面性，这也是当时开展此项研究的初衷！

"以史为鉴"有助于认识我国人口老龄化的特点并探索应对之策。我国人口老龄化符合人类普遍的发展规律，也具有我国的特点。作为人口老龄化普遍规律的诸如生育率下降是人口老龄化的决定性因素；后发老龄化国家的人口老龄化速度一般快于先发的国家；在老龄化阶段，老年人口增长快于全部人口增长，高龄人口增长快于老年人口增长；老龄化的过程大多伴随性别比下降的过程；生育率迅速下降的人口老龄化过程都会出现一个或长或短的低抚养比时期（或称人口红利或人口机会窗口）；一个人口出生的高峰之后，必然有一个老年人口高峰等，这些都是人类在人口老龄化过程中共同的特点。

我国是发展中国家人口大国中率先老龄化的，从国际对比中也会看到我国"未富先老"的许多特点，诸如我国在相当长的时期内仍有人口数量多与人口老龄化并存的双重压力，经济社会发展与老龄化的双重压力，如就业、社会保险、社会保障与人口老龄化的矛盾；寿命延长与健康维护的矛盾；医疗、照料的矛盾；等等。从人口老龄化的国际对比中我们可以借鉴国外的经验教训并预见发展中国家未来人口老龄化的前景，趋利避害地走出一条中国特色应对人口老龄化的道路。

我国 2000 年人口普查第一次采取长短表的方法，资料是十分丰富的。而且第一次按国际惯例在长表中增加了住房普查的情况，从而使我们对"老有所居"的状况有所了解。但在课题研究过程中我们没有条件使用 2000 年各国人口普查资料进行对比研究，因此，在这项研究中，我们所用的国外资料很多是从其他研究中搜集的，而且国外老年人材料大多只能提供 60 岁、65 岁或 80 岁以上的资料，因而难以作更详尽的年龄分组研究。

尽管还有很多不足，但我们仍尽力通过国际对比对中国人口老龄化进行了详尽的研究论证。不仅对人口老龄化作出了有依据的判断和比较科学的预测监测，也大致回答了当时很多国人都十分关注的重要问题，如中国人口老龄化有多快、老年人靠什么生活、老年人在做什么、老年人为什么迁移、老年人的教育水平如何、老年人与谁居住，以及老年人的婚姻、家庭、住房情况如何等现实具体的问题。因而，在 2000 年中国完成第五次人口普查之际，通过这项研究我们充分利用了普查数据的宝贵资源，对认识我国人口老龄化的特点和对策起到了积极的促进作用。

3. 我眼中的老龄社会与和谐社会

虽然我一直致力于老年学和人口学的研究，但我从不把老龄问题、人口问题单独剥离出来看待，更反对就老龄谈老龄、就人口谈人口的狭隘思想。我总是强调，要从整个社会发展甚至人类发展的角度来看一切学术问题才能看得清、看得远。很多人常常问我究竟应该怎样看老龄社会？我想在我曾经撰写出版过的一本著作里能够比较系统地解答这个问题，这本书的书名是《老龄社会与和谐社会》。

2012年，由我和杜鹏教授担任主编的《老龄社会与和谐社会》出版。这本书共三篇二十一章，我除了与学生史薇等合写了第二章与第九章外，还独自完成了该书第一章、第三章与第六章的撰写，并担任了该书英文章节目录的校对工作。

在长期从事人口学和老年学教学与研究过程中，我们深刻认识到中国人口问题和老龄问题的特殊性和重要性；深感一个人口最多和老年人最多的发展中国家在追赶发达国家的过程中，解决好人口问题和老龄问题的必要性、复杂性和艰巨性；也深感人口、资源、环境对我国经济社会发展的约束性。

马克思主义人口理论认为生产方式决定人口的发展变化，人口的发展变化也会反过来影响人类社会的发展。生产力的提高必然导致人口再生产的转变，由高死亡、高出生转变为低死亡、低出生。人类历史的经验已经证实，人口转变必然导致人口老龄化、高龄化。基于这种认识，我在20世纪80年代初成为我国最早研究中国人口老龄化和老龄问题的学者之一。

20世纪80年代，人口老龄化还鲜为人知。值得庆幸的是，我国在党的十一届三中全会后已进入改革开放的新时期。一方面，我国老干部工作正在开启，全国老龄工作方兴未艾；另一方面，由于开放，我们有机会出国学习和交流老年学和老龄工作。作为一份社会责任，我在几十年中先后出版过多本关于老年学和中国老龄问题的著作，撰写和发表过不少论文、文章和研究报告。也深感我国所面临的日益加速的人口老龄化形势是严峻的，这是我国社会经济发展的必然过程，只能按照事物发展的规律因势利导，寻求适合我国国情的最佳应对之路。我从理论上和实践上体会到，我国是以公有制为基础、多种所有制经济共同发展的社会主义市场经济，这同发达国家以私有制为基础的市场经济制度是不同的。特别是我国人口的"未富先老"与发达国家的"先富后老"迥然不同，再加上历史和文化的差异，我国应对人口老龄化决不能全盘照抄西方的模式，只能博采众长，走一条自己的路，走具有中国特色应对人口老龄化的道路。四十多年来，在老年学教学和研究上，我一直在努力探索这条道路，未敢懈怠。

2007 年，中共中央提出积极应对人口老龄化。我认为，我们首先要对我国在 2020 年建成小康社会，到 2050 年把我国建成一个富强、民主、文明、和谐的现代化国家满怀信心，要增强理论上的自觉和自信，要调动全社会包括全党全民和国家、社会、社区与家庭各方面的活力和积极性。另外，就是老年人群体要自觉实现健康老龄化和积极老龄化。

经过三十多年的实践，中国应对人口老龄化的思路和对策日益明确，但还在继续完善。当时组织编写这部书正是试图为建成一个和谐的老龄社会起到添砖加瓦的作用。无论是老龄社会还是和谐社会都是需要大力探究的命题，也是需要多学科知识来共同面对的系统工程。多年来，我对其中的一些问题有过思考，但研究仍有待深入，为此当时还邀请了专门从事相关方面研究多年且已有较深造诣的学者与我们合作。我把已酝酿多年的写作提纲同各章作者讨论，经过作者、编者多次修改初稿后定稿。在《老龄社会与和谐社会》这本书中，既有对如何建立和完善我国现行的有关老年人生存和发展的法律、法规、制度和政策体系的讨论，也包括了这个体系中的社会保障、健康维护、家庭养老、长期照护、养老和为老服务、老年人教育和社会参与等方面的内容。

1996 年，邬沧萍参加全国老年学与人口老龄问题研修班

书中还详细论述了各个养老助老主体即政府、企业、社会组织、社区、家庭成员和老年人本人的社会责任，从而为当代中国提出了积极应对人口老龄化的发展目标和美好的愿景。《老龄社会与和谐社会》后来被评为优秀图书，还参加了国际书展受到国际上专业人士的好评。

4. 在新时期为积极应对人口老龄化建言献策

改革开放以后，我国的经济社会发展取得了举世瞩目的成就。中共中央召开的十六大会议第一次部署了全面建设小康社会的举措，同时也提出了我国建设和谐社会的构想。这让我认识到"全面建设小康社会"和"全面建成小康社会"虽然只有一字之差，但却体现出党中央对我国发展满怀信心，对人民福祉的关怀。接着应中国人口出版社之邀，我又于 2016 年与杜鹏、李晶组织编写了《全面建成小康社会积极应对人口老龄化》一书。

党的十八大以来，党中央从我国发展的需要和实际出发，提出全面建成小康社会、全面深化改革、全面依法治国、全面从严治党的战略布局，标志着我国治国理政认识的深入。我认为，这既符合我国发展的规律性，也契合我国发展的目的性；同实现两个百年目标和中华民族伟大复兴的"中国梦"是一致的。对我们来说，全面建成小康社会积极应对人口老龄化必须走自己的路，因此，也需要我们对建成小康社会充满信心。

在编写这本书时，实行改革开放已近40年，我国在许多方面的改革已经取得了很大的成就，未来需要改革的都是很难啃的硬骨头，这就更需要有理论指导的顶层设计来应对这些困难和挑战。

老龄工作是我国的新生事物，必须有法律来保障，但仅仅有老年法等还是不够的，还应将依法治国、依法行政和道德建设相结合。中国的一切事业关键在党，老龄问题大多数在基层。因此，需要从严治党，加强党风廉政建设，开展群众路线教育，使基层党组织真正做到为人民服务，也必须有强烈的为老服务的责任意识和担当意识。

当时在写作过程中，我国正处于经济新常态时期，我一直认为积极应对人口老龄化仍然需要持乐观的态度。我国经济经过持续高增长以后，进入中高速增长时期。在我们写作这本书期间，中国GDP的年增长速度在7%左右，有人担心中国经济放缓会给应对人口老龄化带来极大的影响，因为积极应对老龄化必须以经济发展为基础，现在经济回落会不会对老龄事业和老年产业产生不利影响？我认为不会，我国在应对人口老龄化问题上是有乐观理由的：

首先，我国经济持续36年的高速增长是人类历史上无与伦比、史无前例的。即使进入7%左右的增长速度，在世界上还是一个较高的增长水平。

其次，我国经济进入新常态，中央提出保持稳增长、促改革、调结构、惠民生、防风险五个方面重要任务综合平衡，推动经济可持续发展。积极老龄化同经济发展的方向要求是一致的。我国不能再靠廉价劳动力的"人口红利"来发展养老事业，因为这充其量是温饱水平的养老，而必须提高人口健康素质，增加人力资本、人才红利，提高劳动生产率，使经济调整有利于老龄事业产业结构，这样应对人口老龄化才是主动的、高质量的。

最后，现在我国经济稳增长，采取积极的财政政策，增加公共支出，这样可以产生许多改革红利，特别是城镇化红利。因此，老年人生活水平提高是可以预期的。

完成这本著作意在为国家在新的历史时期针对老龄事业和老龄产业建言献策。为完成这本长达 60 万字的著作，我对这本书设计了基本的内容框架，而且拟定了该书的指导思想、写作提纲和具体的三篇二十六章的内容安排。其指导思想同应对人口老龄化与我国的全面布局和战略布局为依据。在与副主编讨论修改后，我又独自撰写完成了"导论"和第六章，并与学生史薇共同完成了第一章、第二章、第四章和第五章。此外，在全体作者根据自身教学和研究专长撰写完成各自的章节后，作为主编的我又经过审编全书并修改数次后，该书才得以定稿完成。

我认为，本书中无论是全面阐述积极应对人口老龄化，或是重点论述人类社会对人口老龄化的认识和应对之策，还是创造性地提出积极应对人口老龄化及其深厚的思想理论基础，都包含了

2016 年，完成最新力作《全面建成小康社会　积极应对人口老龄化》的邬沧萍

我在学科基础理论研究中长期积累形成的一些新成果和新思想。

5. 大力倡导并深入研究老年人的价值

随着我对老龄研究的日积月累，我常常感到如何看待老年人的价值是一个影响政策和实践的"背后"深层次问题。我也总是期盼能够从老年人价值的角度来开展研究。在 2019 年，我 97 岁高龄之际，和杜鹏教授等多位专家学者一起讨论老年人价值的问题，大家一致认为老年人的价值是值得研究的新命题，对我提出书稿的提纲讨论修改，参加的作者各展所长，分工合作，终于完成了由我和杜鹏主编的《老年价值论》一书，由中国人口出版社出版。

我们为什么要倡导研究老年价值呢？第一个原因就是，我国已经进入长寿时代，但还未进入健康长寿时代。长寿时代和人口老龄化指的都是人类健康增进、寿命延长、老年人口增多、老年人口比提高，学者们在这一点上认识是一致的。如果说有什么不同的话，长寿时代是用人的平均预期寿命来衡量，老龄社会是用人口年龄结构中的老年人口比重来衡量；二者含义是相近也是相似的。如果说还有什么不同，那就是在一些国家或地区，由于生育率下降，婴幼儿、青少年比例收缩（人口学上称为金字塔的底部老化），而凸显老年人口比例加速。这种情况出现在个别地区、个别时期，如由于我国 20 世纪 50 年代和 60 年代人口过快增长后，80 年代进行严格控制人口增长的情况下才会出现。人口老龄化归根到底取决于人口的寿命延长，如果没有寿命延长何来老年比增加，形成人口老龄化呢？因此，我们可以认为，长寿时代和人口老龄化可以相互补充和并用，在治国理政和健康维护方面显得更为全面。我国在世纪之交时，很少有人使用长寿时代的表述，那时我国人口寿命虽然提高很快，但是农村人口的平均预期寿命还未达到 70 岁，而发达国家人口平均寿命已经超过 75 岁。

但改革开放后，我国经济迅速发展，人民生活普遍改善，人民的文化教育水平普遍提高。到 2018 年，我国平均预期寿命已经达到 77 岁，比 1998 年安南所讲的进入长寿时代时的发达国家平均预期寿命 75 岁还高两岁，比世界平均预期寿命 70 岁高了 7 岁，比不发达国家平均预期寿命高了近 10 岁，与最发达国家相差 5—6 岁；2018 年北京市的人口预期寿命已经达到 82.2 岁。我国进入长寿时代已是客观的事实。

尽管我国在中等收入国家中寿命是最长的，但是我们还不能称为健康长寿的国家。第一，我国虽然进入长寿时代，但老年人不够健康。即便平均预期寿命达到 77 岁，但是我国的健康预期寿命只有 69.8 岁，意味着我国老年人平均大约有 7 年的时间过着不够健康的生活。健康预期寿命很难统计，也没有绝对统一的标准。1998 年，上海市的平均预期寿命和健康预期寿命相差 22 岁，与过去相比已经大有进步。第二，老年人口生命余年（60 岁人口的预期寿命）发达国家为 23 年，我国为 20 年左右。第三，采用老年人生活自理能力指标（ADL 和 IADL）来衡量，我国老年人的躯体功能中一项以上的失能率几乎比所有发展中国家低，但都比发达国家高一倍左右。根据第四次中国城乡老年人生活状况抽样调查，我国老年人的失能和半失能人口为 4000 万左右，是一个庞大的数量。第四，根据我国很多地方的卫生统计，绝大多数老年人都患有慢性病，很多老人还患有多种慢性病，亚健康、不健康的老年人口比例很高。

现在我国进入长寿时代，但不能说进入健康长寿时代。把我国人口进入长寿时代同我国进入老龄社会相联系有助于我们全面理解人口长寿和人口老龄化的各自特点，这样才能提高对老年人健康重要性的认识。另外，强调二者的关系，才能保持忧患意识，认识到我国即使已进入老龄社会但在健康上还有很多短板，有助于我们科学把握人口老龄化的形势。我国是个未富先老的国家，从积贫积弱、从建国时不到 40 岁的平均寿命提高到现在的 70 多岁，但健康水平还未能同步跟进寿命的长度，既要不能有悲观思维，又要谨慎乐观，要采取科学的健康促进行动实现健康中国战略。因此，人类在进入长寿时代后，不仅面临一系列机遇，也面对不少挑战。

从人类起源至今，从原始人的寿命只有十几岁，到如今长寿时代里的八十岁，人类对寿命、长寿的认识也经历了漫长的过程。人类开始认识自身进入长寿时代是在第二次世界大战后，在 20 世纪初，欧洲最发达的几个国家和北美的麻省地区人口的平均寿命只有 50.5 岁，美国平均预期寿命 47 岁。直到 1955 年全球能够进入"70 岁俱乐部"（"70 岁俱乐部"是当时的长寿俱乐部）的国家只有北欧的几个小国及荷兰。

第二次世界大战结束后，发达地区经济蓬勃发展，人的寿命延长速度很快。学者开始考虑长寿的问题，首先是生命科学、生物化学、衰老科学、长寿科学和老年学等专家学者，随后许多社会学家和心理学家开始探索长寿时代老年人和社会的各种关系，诸如，老年人是资源还是负担、延长寿命值不值得、老年人应否继续参与社会等问题，开始考虑老年人的生命价值问题。因为在这个时候，研究生命相关的科学还不够发达。

虽然人们已认识到人的衰老的必然性，但对衰老的预防或推迟只是粗浅认识。在当时看来，老年人必然衰老，必然有各种各样的疾病，老年人对社会不能作多少贡献，还需要照护，是社会的负担。1961 年左右美国学者提出的脱离理论认为，老年人到老年应该脱离社会参与，将权力逐步转给年轻人，通过脱离的方式来解决衰老对社会运行的影响，认为这样对社会、对老年人和年轻人都有好处。

但与此同时，社会学家也提出了活动理论、角色理论、连续性理论，等等。活动理论与脱离理论不同，认为老年人参与社会能够提高老年人的自我能力和价值，能够永葆生命活力，既有益于个人，也有益于社会。当然，老年人的这种继续参与社会，往往不是强制性的而是更加符合个人意愿。角色理论认为，人们在进入老年阶段后所扮演的角色和

年轻人不同，很多方面都发生了变化，如从劳动者变成退休者；失去配偶后成为孤寡老人；或者有的老年人因为年龄、健康等的原因无法掌握新的知识技能，赶不上时代的发展，不能融入主流社会。连续性理论认为一个人在老年期的种种表现和结果与青年和中年甚至更早时期有很强的连续性，在早年活跃的人进入老年期后也更可能继续参与社会并作出贡献。

当然，这些理论的产生与对老年人能力的认识关系极大，包括对人先天体能和智能这类生理潜能与后天获得的知识和能力有关。随着对生命科学研究的深入，也认识到人的能力随着参与社会和不断学习，有些器官功能在不断的活动或训练条件下还可能得到保持甚至提高，因此，人与人之间在老年期差别是很大的。一些心理学家当时就提出了成功老龄化理论，认为一个人如果能够避免疾患或残疾，保持心理健康水平，就有利于实现成功老龄化。在我国，老年人发挥正能量就是价值实现的重要体现。

改革开放后，我国学者先后提出一些有关老年价值的论述，如认为60岁的老年人可以有第二个春天的"二春论""六十而立论""六十而再立论""老有所为是第二次人口红利的动态人口论"等。总之，社会学家、心理学家、老年学家提出的各种理论都是基于对老年人衰老的认识，根据个体不同衰老的情况和不同的角色来认识的。因此，不同的理论适用于不同情况的老年人，不能一概而论。

到20世纪90年代初，欧洲医学会率先提出健康老龄化的概念。国际老年学学会认为老年人虽然活到高龄了，但许多老年人的自理能力和各种功能与以前差不多。1993年，国际老年学学会在布达佩斯的年会上提出"科学要为健康老龄化服务"，认为衰老是可以延缓或推迟的，老年人的生存是有价值的，不必争论延长寿命值不值得的问题。曾经在很长时期，由于人类寿命的延长，需要社会和家庭照顾的老年人越来越多，曾经引起人们对老龄化的普遍悲观思维，认为老年人比例太高会影响人类社会发展，甚至拖累年轻一代。随着人类对衰老和健康认识的深化，人们逐渐认识到并非所有老年人都是社会的负担，大量的老年人还能够作出贡献。老年人不仅是文明的传承者和创造者，也是推动社会发展进步的贡献者。

2002年，在马德里召开的第二次老龄问题世界大会上提出的积极老龄化，把老年价值的认识提到一个新的高度。当今，国内外有识之士都把成功老龄化、生产性老龄化、健康老龄化、积极老龄化作为长寿时代的必然性和可能性。积极老龄化不仅是从个人角度来谈应对老龄化，而是从群体的角度来应对人口老龄化。积极老龄化是健康老龄化的升级版，除了从生物医学、健康维护来谈老年的问题，还着重从全社会角度来谈老年价值问题，并把健康、参与、保障三根支柱结合起来谈人口老龄化，把老年人的社会参与作为长寿时代人类不可或缺的一个环节。有必要指出人与动物不同，动物生存取决于自然生态环境，它只懂得生存，人类不但要生存，还要生活。因此，人类的健康长寿、人的生存不但与自然生态环境有关，更为重要的是取决于社会环境。人类起源后必须组成一个共同体，才能生存和生活，才有安全感，不断改善生存和生活环境，因此，人绝不能离群索居。

在社会中，每个人必须分工合作，能力的大小不同，社会地位不同，所扮演的角色也不同，扮演好自己的角色，根据自己的能力、兴趣、爱好发挥自己的潜能，不断提高，使得自己全面发展，促进社会全面进步。因此，不管用什么方式，自觉或不自觉都是在参与社会，实现自身价值。与此同时，人类在长寿时代可能面临各种各样的困难和无助，必须得到国家、社会、他人的帮助。每位老年人在力所能及的时候，参与社会，帮助他人，在自己需要帮助的时候得到帮助。老年人提高生活自理能力，减少对社会的依赖、减少负能量，也是对社会的贡献。这就是为什么既强调积极老龄化、老年人的独立性和自主性，又强调参与和保障，充分体现了人和社会的关系。在我看来，研究老年价值

合规律性，也合目的性。

进入长寿时代是我国人民健康和各项工作取得伟大成就的铁证，它使社会人力资源大大增加。我国有近9亿劳动力，如果劳动力参与的劳动时间逐步延长5—10年，就可以增添巨大的劳动资源，是任何国家无法相比的，可以说是新的人口红利。另外，我国新一代的老年人比老一代的老年人在文化教育水平、健康水平以及科学素养方面大大提高，拥有的财富资源也比老一代的老年人多得多。我国已经有1.7亿人受过高等教育或经过专业培训的劳动力，他们的寿命延长会大大增强我国的人力资本，可以称之为长寿红利。此外，许多精英老年人还继续在自己的专业领域发挥独特作用。长寿红利对各项事业都能够作出宝贵的贡献。我所认识的许多朋友和熟知的学者，如钱学森等进入高龄后仍然作出了很多重要贡献。我国的科学院和工程院的院士平均寿命达到83岁左右，他们进入老年期以后，在各个方面作出的重大贡献是难以估量的。

同时，我们也要看到我国老年人长寿而不够健康，挑战也是十分严峻的。我国失能和半失能老年人达到4000万。根据预测，我国老年人口在2023年、2032年、2050年分别达到3亿人、4亿人和5亿人。这样庞大的老年人口，如果健康得不到改善，按照过去的比例推算，失能和半失能人口将是十分庞大的，再加上带有各种慢性病和处于亚健康的老年人口，数字是惊人的。因此，要实现健康老龄化和积极老龄化，如何在现有基础上保持甚至降低失能老年人的比重，把"危"转为"机"是我国长寿时代应对人口老龄化的重要课题。

世界卫生组织2015年对健康老龄化最新的定义是老年人的功能发挥。功能发挥就是指老年人生活能够自理，有独立性和自主性。老年人有一两种或多种慢性病也是常见的，只要功能能够继续维持甚至提升，老年人能够完成就自己认为重要的事情、有价值的事情就可以被理解为健康。每一位老年人由于所处的社会地位不同，所担任的角色不同，所发挥的正能量也不一样；老年人只要根据自己的喜好和能力，并得到社会和他人以及各种外力的帮助，从事一些自愿的、无偿的或有偿的劳动，做好自己认为重要的事情，扮演好自己的角色，减少对社会和他人的依赖，也是一种正能量。人是自然人，更是社会人，人的功能发挥与一个人的生理潜能（包括体能和智能）、遗传是有关系的，但不是主要的。人的生存和生活环境对一个人功能发挥有重要的作用，包括生存和生活的外部所有条件对健康和功能发挥有着重要影响和决定性作用。

所有的外部条件可以进一步概括为存在。存在首先指外在的自然环境和社会环境，其中社会环境是最主要的。社会环境包括物理环境或者称为硬环境，主要是指居住的建筑物、道路、交通、医疗、教育等。更主要的是软环境，主要是指社会各种关系，宏观的社会环境，政治、经济、制度、各种方针政策等。每个人适应或利用这种外部环境的能力以及个人与外部环境的互动关系决定了人们的功能能力。其中，生活方式和行为方式起到了重要作用。生活和行为方式又决定了每个人的选择，这种选择又决定着每个人的世界观、人生观和价值观。根据唯物论的"存在决定意识"，这就是为什么不同的人在相同的时空里，每个人的选择有所不同，表现出的健康状况也不同。从生命全周期来看，一个人早期的存在，在很大程度上又决定和影响以后的体能和智能的状况。

古今中外不乏精英老人，他们的榜样力量影响深远。数风流人物，还看今朝。人类有几千年的文明史，过去的人类寿命苦短，但仍然有个别年长者，成为历史上受人们津津乐道的精英老人。在原始社会，人类在生产和生活中非常看重老年人积累的经验、阅历和知识，所以在原始社会的部落酋长或首领都是年长者，因为人们认识到老年人积累的天文地理、农业生产的知识技能，是年轻人所缺乏的，具有独特的优势。老年人对处理各种人际关系和应对疾病、健康、长寿等有关的生命知识也有丰富的经验和技能，因而老年人的价值和作用在历史上得到了广泛认可。

孔子在概括年龄与认知的关系时指出，"三十而立，四十而不惑，五十而知天命，六十而耳顺，七十而从心所欲，不逾矩"。西塞罗的《论老年》可以说是最早的老年著作，在谈到老年人在国家政治中的作用时，他以航海为比喻：老年人是舵手，芸芸众生是划船的水手。虽然带有老人政治的偏见，却也道出老年人与年轻人相比，有"老马识途"的优势。因此，中国古代历史上把老子、孔子、孟子、墨子、庄子等奉为政治家和思想家，他们寿命都比较长，可以说是那个时代的老年精英。孔子享年 73 岁，孟子享年 84 岁，为后人津津乐道。在西方早期，把苏格拉底、柏拉图、亚里士多德等哲学家奉为先哲，把希波克拉底称为"医学之父"，因为他们都通晓天文地理、人际关系、治国理政等方面的知识，有较丰富的历史经验，他们都被古代西方称为老年精英。

广大基层老年人发挥正能量，也是推动我国社会经济发展的重要的力量。首先，长寿时代老年人发挥正能量的条件越来越充分，道路越来越宽广。老年人功能发挥首先要有体能和智能，而且要有老年人功能发挥的愿望和社会提供的有利条件。我国正在开展健康中国行动，为老年人创造了良好的健康促进条件。当代年轻人健康不断增进、文化教育水平普遍提高，为今后的老年人创造了重要条件。我国提倡积极应对人口老龄化，引导老年人自强、自立、自尊、自爱的美德，将会带动广大老年人的社会参与。

其次，在我国进入新时代的今天，老年人发挥正能量的道路越来越宽广。过去许多人长期受计划经济思维的影响，缺乏社会主义市场经济的价值取向，认为"老有所为"只能够在原单位工作、继续参与社会物质生产，甚至认为只有在国有企业才能发挥作用，很少想到基层的老年人参加社会服务业和家务劳动，也很少想到参加民营企业和自主创业，通过有偿劳动、参与社会、从事无偿社会志愿和公益活动等。

我国进入长寿时代，老年人中蕴藏着丰富的人力资源、人力资本和人才资源。我国 60 岁以上的老年人有两亿多，如果能够提高他们的健康预期寿命，就能为社会发展提供更多的正能量。目前，我国有 1 亿多受过高等教育的劳动力资源，每年有 800 万左右的高校毕业生进入社会，从事各行各业工作，老年人对年轻一代可起到"传、帮、带"的作用。如果老年人的人力资源、人力资本和人才资源的作用得到有效发挥，所产生的能量是巨大的。年龄在 50 岁以上的人，在自主创业中有丰富的经验，还能带动中青年自主创业。

再次，我国老年人积极参与社会，从事志愿服务和公益事业还能促进社会和谐，减轻国家和社会的负担，也起到传播正能量的作用。我国大多数人原来生活在熟人社会，但随着城镇化，老年人成为社区事务最积极的支持者，是真正的社区人。他们认为社区就是我的家，成为参与社会治理，从事公益活动、环境保护、治安维护、青少年教育的主要力量。

老年人参与社会、融入社会、互相帮助、共同参与社区的文体活动等有利于老年人的健康，获得丰富的精神文化生活，融入社会这个大家庭。今后我国养老的模式主要是居家养老，居家养老要以社区为依托，解决老年人的困难。

最后，发挥老年妇女的正能量是不能忽视的问题。妇女是半边天，老年妇女人数超过男性老人。根据 2019 年国务院新闻办发布的《平等、发展、共享：新中国 70 年妇女事业的发展与进步》，2017 年，我国妇女就业人数达到 3.4 亿人，占就业人口的 4 成。2015 年，我国女性的平均预期寿命 79.4 岁，超过男性。2010 年以后，在大专院校就读的女生超过男生 3—4 个百分点，妇女在家庭文明建设中发挥了独特作用，老年妇女更是功不可没。老年妇女在基层参与度比男性活跃得多，她们的作用非常大。她们具有生育和参加生产的两种功能，生育是人类社会不可或缺的，是社会存在和可持续发展的前提条件。妇女参加生产是社会重要的劳动资源，是性别平等的必要条件，两种生产都是必要的。老年妇女在家庭中起到重要的作用，承担家务劳动比男性繁重得多，在老年期显出的差别就更大。家庭是社会的细胞，在养老、育幼中，家庭起到基础性作用。当今，不少老年妇女承担着家务劳动，抚养着孙辈，承担着隔代抚养和教育的任务，帮助第三代茁壮成长。

随着家庭人口老龄化，许多老年妇女还要照顾更年长的前辈。老年妇女在社会上的价值是很值得肯定的，她们即使不参加正式的劳动就业，单从抚育孙辈来看也是有贡献的，对子孙后代的启蒙教育起到不可忽视的作用。许多留守和随迁老年妇女，通过家务劳动为中青年一代解决后顾之忧。老年妇女在多代家庭和隔代家庭中，以自己健康的生活方式对子孙后代健康成长有不可或缺的榜样作用。老年妇女在主持家务劳动中体现的理性消费对社会生产也有一定的影响。

很多老年妇女还是参与社区的积极分子。她们参加维持社区治安、环境保护、帮助管理社区孩子和需要帮助的老年人，起到很大的作用。因此，对老年人开展各种形式的教育和学习以帮助树立良好的家风和家教，提高老年人各种能力，实现自身价值，融入社会，让他们有获得感，过有意义的生活，也是十分重要的。

此外，我们还要为老年人发挥正能量、实现价值创造支助性的环境。老年人价值的实现是人的最高层次需求的满足，超过生理、物质、归属、安全等需求，也就是实现人的自由和全面发展，实现社会的共同富裕，推动社会全面进步的具体体现。要发挥老年人的正能量，仅靠老年人个人的力量是有限的，要为他们创造一个支助性的友好环境。要发掘老年人的价值和作用有很多条件和要求：

第一，存在决定人（群体和个人）的健康长寿，首先要把我国建成一个富强、民主、文明、和谐、美丽的社会主义现代化强国，实现健康中国、美丽中国、法治中国、安全中国。这是我国长寿时代老年人实现健康长寿、发挥正能量、实现人生价值最根本的前提条件。

第二，我国已进入长寿时代，老龄社会是客观现实，要对全党、全民进行国情教育，让所有人特别是年轻的一代认识到老年人是社会的资源，而不是社会的负担。老年人不但是文明的传承者和创造者，也是推动全社会发展的重要力量。积极老龄化是一项长期战略任务，对老年人的各种投入是一种投资而不是消费。应尊重老年人的选择，让老年人实现独立自主、继续参与社会是实现健康老龄化和积极老龄化的最优的选择。

第三，全社会要确保老年人过上有保障、有健康、有尊严、有安全感、有获得感、有幸福感的晚年生活。为此，国家、社会（包括企业、社会组织、志愿者及公益事业等）、社区、家庭等要统筹协调好，实现医养结合和康养结合，使社区成为绝大多数老年人生活的乐园。对有需要的老年人建立长期照护、康复、心理慰藉、安宁护理、临终关怀等服务体系。

第四，国家要根据需要尽力而为、量力而行，构建社会保障体系、健康维护体系、养老服务体系、各种救助体系等。加大在法律、制度、方针政策、体制机制、基础设施和人才培养等方面的建设，社会要多方参与，协调行动。

第五，国家和社会要重视人口均衡发展，实现优生优育，对青少年、中青年要做到幼有所育、学有所教、劳有所得、住有所居，要让年轻一代在教育和就业上享有平等的机会，保证他们在进入老年期都有社会保障和医疗保障，实现老有所依和老有所医。建立终生学习制度，提高老年人各方面的能力。每个人进入老年期后能够根据自己的能力和兴趣，在社会、社区和家庭中发挥正能量，实现自身价值。

第六，老年价值的实现是老年人最高层次的需要的满足。不是唾手可得的，必须有政治保障和法律保护。

2002 年，在马德里召开的第二次老龄问题世界大会上，世界卫生组织提出的《积极老龄化政策框架》中积极老龄化理念是这一文件的精髓。我参加并聆听了这次会议，在之后的多年里对积极老龄化理念、理论进行了很多思考，也撰写了专题论文。我认为积极老龄化是健康老龄化的升级版。积极老龄化把健康、参与、保障三根支柱相提并论，强化

了健康长寿与社会的关系。参与就是倡导作为人的义务促进老年人融入社会，对社会作出贡献；保障是强调个人应受到社会的各种安全保护，在需要的时候得到社会的全面支持。

6. 我的新观念——存在决定健康长寿

对健康和长寿的研究一直贯穿在我对人口学、老年学的研究中。我自己也身体力行不断思考影响人们健康长寿的因素究竟是什么。我在进入耄耋之年后，向我打听健康长寿"秘诀"的人更是不胜其数。虽然为了便于人们理解，我总结出若干条我认为是非常有效的经验，并把这些经验凝练为"仁者寿、勤者寿、乐者寿、智者寿"等，我认为这些经验总结体现了生活在一定历史条件下的个人，如何适应生存环境，掌控自我的行为方式，并形成良好的生活方式。这些经验应当持之以恒地实践。

对于健康和长寿的问题，我从 20 世纪 80 年代开始就从哲学社会科

2020 年 9 月 14 日，邬沧萍在《健康长寿专家共识》新书发布暨老龄智库专家研讨会上发言

学的角度对健康老龄化进行过系统阐释。这在当时，我也算是国内最早涉及这个理念研究者之一。事实上，早在人口学的教学研究中，我就对寿命问题有了特别的关注。我了解到代表人类起源的尼安德特人和中国的山顶洞人寿命只有十几岁，经过千万年的人类社会发展，现在发达地区人的寿命已达到80多岁。

当今，在全球发达地区和最不发达地区的人口平均寿命相差甚至超过40岁，说明发展是决定寿命长短的根本原因。历史上高死亡的原因是食品短缺、传染病肆虐、战乱不断和工业化早期的环境污染等结果，也说明环境和发展程度制约着寿命的长短。

我参加过的很多调查，如生育率调查、城乡老年人生活状况抽样调查以及一些长寿调查、卫生调查等。调查结果都说明老年人口的健康状况、慢性病状况、失能状况等，都同地区发达程度、家庭经济状况、居住条件、文化教育水平等各种生活条件、生存环境有紧密关系。

1982年，在维也纳召开的第一次老龄问题世界大会上，专门指出人类健康与人的生物性因素有关，也与社会环境状况有关。收入低、住房条件恶劣、卫生环境差都会大大影响老年人的健康，健康还同老年人的工作、家庭、社会等更广泛的因素相关。在调查中发现，非常贫困的人口达到长寿是罕见的。客观上全面建成小康社会为长寿时代创造了前提条件。以我的长寿老人为例，我曾参加过我国长寿之乡的调查研究，去过海南、四川、江苏等地调查。结果发现，大多数百岁老人生活的自然环境较好，有和谐的家庭关系和尊老氛围，他们通常保持良好的心态，在生活中知足常乐、勤劳朴实、淡泊名利、与人为善。我一生中还结识了不少百岁左右的知名学者，我从他们的长寿经验和生活的态度中受益颇多。如给我写亲笔信鼓励并同我讨论老年人问题的钱学森先生，在去世前不久还出版《闻道集》；被人们称为"拼音之父"的周有光等，他们保持身心健康和活跃的思维等对我认识健康长寿有很大启迪。周老曾经给我讲他的长寿智慧时说："当你不能改变环境的时候，你必须积极适应环境，自得其乐。"又如 108 岁的郑集教授是《长寿》杂志的顾问，是我国著名的营养学、生物医学和抗衰老研究的带头人。郑老谈的"健康长寿十诀"的内涵与世界卫生组织在 1992 年提出的健康四大基石内容相近。而郑老大约在 20 世纪 80 年代初就提出来了，比世卫组织提出早十多年。这三位老前辈老当益壮，有惊人的毅力和智慧，鞠躬尽瘁直到生命的终结。我从他们身上悟到，养生之道和一个人的身体智力用进废退的道理。

在学马克思主义哲学"存在决定意识"的唯物论的基础上，我结合这些调查研究，从感性和理性认识上有了不断进步。我进入 95 岁之后，又进一步深入思考了健康的诸多因素，仔细研读最新的健康与长寿的相关文献后，我大胆地在一些会议上提出了"存在决定健康长寿"的观点。

对人的寿命长短的讨论和研究多到目不暇接，但大多都只从某一个方面或某一学科的角度来认识，只涉及寿命的局部问题。我认为更重要的应该是从人类的个体和群体来看待长寿和健康，人的寿命与遗传基因有关，但环境因素更为重要。我所讲的"存在"是从唯物论"存在决定意识"中发展衍生而来，存在是指人类赖以生存和生活的外在环境、条件和社会关系的总称。其中，环境包括宏观和微观的自然环境和社会环境。条件则是人类在生存和生活中具备体能和智能发挥的硬条件和软条件。这包括：（1）能保障基本生活的物质条件：如，吃、住、穿、用、烧、行、乐等，主要体现在经济收入保障。（2）维护健康的条件包括公共卫生、预防、医疗、康复、心理治疗和照料护理的可及性和便利性。（3）保证人生存、生活和功能发挥的文化教育、思想道德等条件，以保障老年人能够过上有福祉、有尊严的生活，老年人的社会参与不受歧视，在政治和法律上享受到公平和公正。

在我的这一观点中，社会关系指人类生存和生活在家庭、社区、社会中的各种人际关系，包括婚姻关系、代际关系、亲属关系、朋友关系、工作关系等。存在决定健康长寿中"存在"（existence）是重要的关键词和核心。"存在"同国外文献所采用的影响健康的环境（environment）的含义很相近。世界卫生组织关于环境的解释是"构成个体生存背景外界要素，包括家庭、社区和广阔社会；包括建筑环境、人际关系、人们的态度和价值观、健康及社会政策、系统和服务"。根据我国的用语习惯，人们通常认为环境是指自然生态环境，如果用环境决定健康长寿会引起人们的误解。

此外，我认为存在与环境还有不同的地方。西方所指的环境一般指个人的生活生存环境，而我提出的"存在"既包括微观环境，但更重要的是指宏观环境，生存的时代和生存的空间，即包括人类创造的物质文明、精神文明、制度文明、生态文明，这是决定微观环境和个体环境的前提条件。如果使用社会经济发展或用生活方式决定健康长寿，都不如用存在达意，而且用"存在"也蕴含了"存在决定意识"的哲学思想，包括人的世界观、人生观、价值观和健康观等意涵，对人们选择和坚持健康的生活方式十分重要。人生活在一定的社会环境下，受到不同的教育，家庭和社会的影响，不能不决定一个人的世界观、人生观、价值观、义利观、生死观等。所有这些思想都会影响一个人的生活行为方式。人的一生中总会遇到各种喜怒哀乐、悲欢离合的事件，面对这些不同的经历，不同的人有不同的心态和不同的处理方式。这就可以解释一些人为什么在经过艰苦的岁月和人生后仍然能够高质量地生活、高寿存活。

此外，生态环境对人的健康是有影响的，现在所指的生态环境已经同过去农耕时代不同。现在的生态环境多是经过人的社会活动改造后形成的。因此，资源过多的开发和不合理利用会造成公害，影响人的生存和可持续发展。这在本质上属于社会方面的问题，也是应对人口老龄化一个不可忽视的方面。

7. 解读第七次全国人口普查中的老龄问题

70 年前，我从美国回来被分配到人大统计系工作；1953 年就参加了新中国第一次人口普查。从那时候算起，我经历了我国的全部七次人口普查。2021 年 5 月 11 日，国家统计局公布了 2020 年开展的第七次人口普查结果。对于这次普查结果，我也很关注。

2021 年 5 月 18 日，中国老年学和老年医学学会以及中国人民大学老年学研究所，邀请我去参加了一个"老龄智库"专家研讨会。这次研讨会的主题是关于从七普看老龄问题的应对。我在会上谈了我对这次普查结果的看法。

七普数据实打实地告诉我们，我国少子老龄化程度比原来预测的还要高。以往预测的数据认为，2020 年的老年人口数大概是 2.5 亿，距离普查揭示的 2.64 亿还是有较大出入的。另外，普查发现总和生育率 1.3 也是原来没想到的。从全世界来看，我们的人口自然增长率也很低了。1981 年党中央提交并发表公开信，提倡希望共产党员只生一个孩子。事实上控制政策最严格的时候，政府已经开始认识到有可能会有老龄化问题。对生育的控制程度也是不断变化的，原先谈只生一个，后来有所松动。但是总和生育率低到 1.3 在新中国成立以来是没有见过的。到 2050 年中国老年人口肯定会超过 5 亿，必然会超过先前我国预测的峰值人口（2053 年达到 4.78 亿）。以往国内外预测数据认为 2030 年左右中国人口进入负增长，而现在看来，如果在人口政策上没有新的举措，可能这个时间还会提前。

为什么大家都没有预见到中国老龄化水平的变化如此之快呢？因为中国特色社会主义使得经济发展速度超过很多人的预计，寿命长短和贫富水平关系极大。国内外大多数学者人口预测所用的参数都没有预见到脱贫攻坚以及全面建成小康社会能够实现得这么快。扶贫攻坚肯定会延长寿命，但是健康还是个短板。刚富起来，健康水平往往跟不上。老龄人口占比增加，老年人的比例比预测的要高，但是健康老龄化问题需要获得足够重视，现在老年人的健康状况依旧是短板。

很多专家对七普数据的解读都是从受教育水平等来讨论，探讨人才红利、人口素质红利。除此之外，我认为长寿红利也需要重视，要获得长寿红利就必须要重视健康老龄化、积极老龄化。因此，十九届五中全会提出的实施积极应对人口老龄化国家战略具有深远意义，要进行大力宣传，宣传健康老龄化和积极老龄化。健康是其中的基础，必须要把健康问题认识和行动提到一个新的高度。此外，健康长寿并不等于只重视老年人的健康，而是要从全生命周期的视角采取有效的全民健康行动。从出生甚至孕期就开始重视终身健康、终身福利、终身学习等，这需要全社会大力倡导。

老龄化包含底部老龄化和顶部老龄化两个方面，顶部老龄化是由于寿命延长而使得更多的老年人能够活到更高年龄。在老龄化过程中，终身健康就很重要。老年医学应该是终身的健康医学，不应仅只关注老年期的健康，而应着眼于全生命周期的健康。要注重人口与社会经济的均衡协调发展，根据社会经济发展程度开展老年学和老年医学的研究，研究如何实现人口的数量和结构的均衡发展。

在人口老龄化发展过程中，要尽量减少高龄老人对社会和他人的依赖，提升他们的独立性、自主性和生活水平，这是一种对社会的贡献，也才能体现老年人的价值和作用。要让所有人都认识到老年人并不都是衰弱的、依赖别人的，只要能够保证生活自理的功能发挥，他们就可以去做自己认为有意义的事，实现自身价值。因此，应该把健康提高到哲学的高度，让人人都能实现人生价值，过着有成就感、有意义的每一天。

经过我国多年实践，应该从哲学社会科学的高度研究老龄社会的发展，应该超越照料、护理来看待老龄问题。应对老龄化当然必须有物质生活的基本保障，但也必须重视人的精神生活和人生价值，让所有人达到自由和全面发展，促进社会的全面发展、全面进步和共同富裕。因此，未来人口学、老年学的研究应该考虑到从哲学社会科学的高度研究人口老龄化、国家政策和战略。在实现现代化的新征程中，真正做到富强、民主、文明、和谐、美丽以及人人都享有健康的社会，把老年人和全民健康放在更高的位置，减少对他人的依赖，才能更好促进人类社会进步，使人类命运共同体真正建立一个"不分年龄、人人共享"的社会。

第五章

百年回首

第一节

我和我的家庭

我出生在1922年，按照中国农历的算法，我今年就是一百岁，也就是人们常说的跨世纪老人了。所以回首我的人生，首先想到的就是我的父亲母亲，我的家乡。但我的父母去世早，幼失怙恃，所以从小就很疼爱我，抚养我和弟弟长大成人的是合姐……

1. 我与合姐一起长大

关于我的家乡和父母，前面已经说过了。所以除了父母和家乡，最先想说的，应该就是合姐了。因为我从出生，到成长，从幼儿园到小学，到中学，一直到大学，除去我在美国留学期间，我的生活里从来都没有离开过合姐。

合姐虽然只比我大10岁，但她却在很小的时候就和我的母亲在一起生活了。还在我刚刚懂事的时候，就曾听到母亲给我讲过合姐的故事。合姐是在我的母亲结婚时，从外祖父家随母亲陪嫁到邬家的。她原来的名字叫吴合宽，和我的母亲一样出生在番禺的市桥镇。小时候因为家里孩子多，生活困难，经过乡里熟人的介绍，刚刚5岁的合姐就被送到了我的外祖父家。听母亲说，最初外祖父家是准备在合姐长大后专门服侍家中女眷的。可是没想到，合姐一进我外祖父的家门，就得到了外祖父最小的女儿也就是我的母亲的喜爱。从此，我的母亲就一直把她带

20世纪90年代，邬沧萍与弟弟邬法潜、合姐在北京

在自己的身边。

因家境贫寒，合姐小小年纪就离开了父母来到我的外祖父家，但她天生性格爽朗，爱说爱笑，又聪明伶俐。因此，她更得到我母亲的照顾和疼爱。后来我的母亲在18岁出嫁时，带着一直陪伴在她身边的合姐，连同她丰厚的嫁妆，一起来到了邬家。之后，年纪还小的合姐又同我的父母一起，从广州乘船漂洋过海来到了日本。我的父亲和母亲在日本留学生活了三年以后，又带着合姐一起乘船从日本回到广州。因为我的父母非常喜爱合姐，所以后来决定收她为养女。这样，合姐原来的名字"吴合宽"就变成了"邬合欢"。

我出生后，合姐虽然只有10岁，却特别懂得照顾我，也特别疼爱我。后来，我的弟弟邬法潜出生了。母亲为了照顾弟弟付出了很多精力，对我的关心和照顾自然少了许多。那时合姐也只是刚刚12岁，可她却把差不多所有照顾我生活的重任全都承担起来了。随着一天天长大，我与合姐的感情也越来越深。因为觉得比起叫"合欢姐"，"合姐"的称呼叫起来更顺口也更亲切，后来，我和弟弟一直称合欢姐为"合姐"。在以后的日子里，随着我和弟弟邬法潜的长大，合姐不仅成了我们两兄弟生活中感情深厚的亲人，她的名字也简化成了"邬合"。

记得小时候合姐在我的眼中，不仅身材高大，体格健康，而且不管是说话还是做事，总是那样干脆利落。生活中的合姐虽然行事风风火火，既泼辣又能干，但对我们两个小兄弟却一直是极尽温柔体贴，精心照护，疼爱有加。小时候的我，从出生到上幼儿园，上小学，始终没有离开合姐的关怀和照顾。因此也可以说，在我童年的成长道路上，合姐不仅和我一起长大，更是我童年生活中无可替代的比亲人还亲的人。在实际生活中，合姐不仅是我童年时生活、学习上最离不开的人，更在后来长达几十年的岁月中，一直和我们兄弟俩的生活紧紧联系在一起。

合姐后来长大成人后一直没有结婚，她也一生都没有离开我们邬家。当我刚刚上到初二，弟弟还在上小学，我们的父亲不幸患肝癌去世时，已经早就该结婚出嫁的合姐却选择了留在邬家，帮助我的母亲照顾还没有成年的我和弟弟。几年后，当我成为一名高中生，弟弟也上了初中，我们的母亲又因心脏衰竭而离开人世时，合姐已经是年近30岁了，但是她仍然没有离开我们家，而且毅然接替了我的母亲照顾我们兄弟俩，义无反顾，忠心耿耿地帮助我们管理好邬家的财产，不仅一如既往关心照顾我们两兄弟的日常生活，还时时叮嘱我们，一定要努力读书。

合姐做事泼辣，待人宽厚，脑筋也很灵活，而且与邻里们相处得都非常好。记得上小学时，看到父亲拿回家不少电影票，合姐就拿出几张去送给老师。她不仅和老师关系好，还经常和老师聊聊天，为的是了解我们在学校的学习情况。后来我们考中学、大学，合姐都是一直挂在心上。她总是对我们说，孩子考上哪个学校很重要……后来我考上了岭南大学，弟弟考上了中山大学。我去美国留学时，合姐就一直和弟弟一家生活在 起。我在美国留学生活的几年时间，合姐就一直照顾我的弟弟邬法潜的生活。后来随着生活的变化，当我们两兄弟都长大成人各自有了自己的家庭后，我们的合姐又开始跟着弟弟一家照顾他们的生

活。到了 20 世纪 50 年代，因为国家需要，弟弟一家从广州调到了北京。合姐继续帮着弟弟抚养他的第二代小孩，一手带大了他的 3 个子女。等到弟弟的孩子们长大了，合姐又接着帮着弟弟一家带大了他们的第三代 4 个孙辈的孩子……晚年的合姐身体仍然很好，在弟弟一家的关爱和照顾下快乐地度过了晚年，她一直活到 96 岁。说起来，合姐和我们邬家的感情真不是几句话就能说完的……

晚年的合姐

现在回想起来，仍然忘不了我与合姐的深厚感情。忘不了小时候合姐对我的悉心照顾。忘不了合姐的聪明、能干和无私奉献。合姐没有读过多少书，她曾对我说："当年跟着我父母亲在日本留学时，他们都主张送她去学校读书，但由于语言和生活习惯的不方便，她不愿意上学。再加上不久我的母亲就怀孕了，最后还是因为她不愿去而作罢，后来想起来后悔也晚了。"但她深知读书对我们的重要性，所以她除了在生活上关心照顾我们，更时时牵挂我们兄弟俩的学习。

合姐离开我们十多年了，但我仍然忘不了小时候与合姐一起生活的点点滴滴，忘不了她天天送我上幼儿园的情景，忘不了她温柔的笑容和爽朗的说话声……

2. 我的妻子李雅书

　　我的妻子李雅书 1921 年出生于北京，她比我大 1 岁。她的家庭也是一个经济条件较好的大家庭。家中有 3 个姐姐还有一个弟弟和两个妹妹。她的父亲李墨林曾经是当年北京前门火车站的站长，后来又担任过中国旅行社北京分社的社长。在家庭的影响下，雅书和几个姐姐一样，不仅自幼聪慧好学，而且喜爱读书。小时候，她就非常爱学唐诗，也喜欢阅读中国古典文学。她告诉我说，还在上中学前，她就已经把《红楼梦》《三国演义》《西游记》等中国古代名著读了好几遍。

　　从 6 岁开始，雅书先后走进北京有名的慕贞小学和扶轮小学读书。因为天资聪颖加上好学努力，她在小学时一直成绩优秀。这也让她从小就得到父亲的赞赏，也深得几个姐姐的喜爱。小学毕业后，她又考入北京贝满女中。成为中学生后，她的学习成绩仍然名列前茅。她曾回忆说，当年，她不仅在北京市的中学生会考中，多次取得第一名的成绩；后来在中学毕业时，还以文科总分第一名的优异成绩走进了燕京大学。此后的几年，雅书在燕京大学读书的成绩仍然是每一科都是优秀。因为一直都是成绩名列前茅，她也多次获司徒雷登奖学金。所以同样也是因为这些成绩和荣誉，她还是当年燕京大学公认的高材生。

　　1944 年，雅书在成都（抗日战争时期，燕京大学迁到成都）取得燕京大学历史学学士学位后，还是因为成绩优秀，她又

燕京大学才女李雅书

获得燕京大学颁发的"金钥匙奖"。毕业后不久，雅书就来到香港的一家外资银行工作了。说起我与妻子雅书的最初相识，还离不开她的弟弟李梦鱼。当时我在香港工作，我的一个海关同事与李梦鱼同为燕京大学校友。有一次，我和海关同事一起出去玩的时候，在"燕京同学会"认识了李梦鱼，通过这层关系，我有幸认识了后来成为我妻子的李雅书。所以，说起来，雅书的弟弟还是我与妻子最"直接"的"牵线人"呢！

当时的我 24 岁，年轻向上、朝气蓬勃，而且学习成绩优秀，还有海关考试取得第一名的骄傲经历。李雅书当时 25 岁，年长我 1 岁，她端庄文雅、聪慧好学、英语娴熟，是拿到了燕京大学"金钥匙奖"的高

在美国留学的邬沧萍与妻子李雅书

材生。可以说，我们是有着共同追求的年轻人碰到了一起，同样都是努力好学、积极上进，所以我们两个人一见如故。后来，我们经常见面，在一起聊得很多，我们谈工作，谈学习，也谈国家的未来和我们的理想。当时，雅书的姐姐和姐夫已在美国侨居多年，他们都十分希望雅书去美国留学，在我们的交谈中，总是离不了出国留学的话题。

我们在 1948 年赴美国留学后，雅书在 1950 年 6 月获得了哥伦比亚大学政治研究院历史学硕士学位，成绩优异，受到导师和同学的高度评价。随后，她又在这所学院历史系开始攻读博士学位。第二年的 7 月，她放弃了正在攻读的博士学业，在 8 月和我一起回到祖国参加新中国的建设。回国后，雅书先在辅仁大学历史系担任讲师，并先后教授了英语、世界古代中世纪史、世界近代史、世界现代史等课程。

后来院系调整，她调到北京师范大学后，就一直在北师大历史系任教，从讲师，到副教授，再到教授，她教书 30 多年，培育了很多学生。她的很多学生都成为很有成就的专家学者。

至今，她虽已去世十多年，但她的很多学生和同事还都和我有联系。像北京师范大学历史学研究院的院长杨共乐，就是她曾经培养的研究生。多年来，杨共乐一直都和我家有着密切的往来。

后来，雅书还一直担任世界古代史教研室主任，并兼任中国世界古代史理事会副理事长。所以，无论是教书育人，还是搞科研，她都是很优秀的，先后翻译过多本有关历史的著作。这方面，北京师范大学也给了她很高的评价，在她去世的悼词中写道："……李雅书先生热爱教育事业，从教 30 余年，兢兢业业、认真负责，把全部精力都献给了我国的教育事业，堪称是'学为人师，行为示范'的楷模。她爱生如子，诲人不倦，受先生指导、聆听过先生教诲的学生成千上万，他们皆学有所长，在各个领域发挥着重要作用，为传承先生之精神不遗余力……她积极组织教研室成员搞规划、拼科研、抓教学、出成果，为世界古代、中世纪史硕士点和博士点的申报成功作出了自己应有的贡献……"

雅书在北京师范大学除了教学，主要研究的是古代罗马史。这项研究在我国是一个冷门学科。所以当时她从事这一学科的研究，经常会比别人付出更多的艰辛。虽然不容易，但她在这个领域一直积极探索，并取得了很重大的成就。比如她最有名的著述《古代罗马史》，就得到了业界很高的评价："不但填补了我国罗马史研究的空白，而且还解决了罗马史上的许多疑难问题，为中国罗马史研究水平的提高作出了突出的贡献……"还有她写的"试论罗马的贵族与平民的起源""罗马共和早期平民反对贵族的斗争"；还有"关于罗马城的起源的几个问题"和"古罗马的历法和年代学"等也一直是我国罗马史研究者必须认真研读的典范之作。

雅书还十分重视对国外史学资料的翻译工作。在她的亲身参与和努力下，先后翻译出版了《罗马帝国时期》《塔西佗〈编年史〉》《中世纪中期的西欧》等著作。她的这些译作，也成为研究古罗马史很重要的宝贵资料，并得到了业内"……其译文之准确，行文之优美令人叹服。这些作品的出版对于推动我国研究古代罗马史及世界中世纪史学科的发展起了十分重要的作用……"的评价。除了这些，雅书还曾经参加翻译主校了42万字的《伊拉克史》（上、下册）、20万字的《霍姆勋爵自传》等。这些著作，也为我国了解世界作出了重要的贡献。

因为英语能力强，雅书还亲身参加了许多正式的翻译工作。在1974—1978年的时候，根据当时周恩来总理的指示，雅书参与了联合国正式文件的翻译工作，同时还担任了北京师范大学翻译组组长兼主要定稿人。

在这一段差不多4年的时间里，她亲自翻译和校译了数量非常庞大的联合国大会、安理会、教科文组织、贸发会议和海洋会议等文件，也亲身参加了很多外事活动。这些工作，无疑为当年我国正在蓬勃发展的外交事业作出了很大贡献。对此，北京师范大学是这样评价的："李雅书先生文字功底深厚，语言能力超群。她先后学过英语、法语和拉丁语，自学俄语（曾翻译过 25 万字的俄文教材），尤以英语最佳，其听说之流利、读写之典雅令美国朋友也赞叹不已。她多次参与国家和单位的外事活动，为我们国家争得了崇高的荣誉……"我觉得，无论是在教书育人，还是在科研方面，雅书还都是取得了不小成就的，这也让她在 70 岁那年（1991），获得了国务院批准的专家生活津贴待遇。我想这既是国家对她的最高奖励，也是对她回国后多年工作的最好肯定。

雅书不仅在学习和工作上非常出色，她还在努力学习勤奋工作的同时，承担了几乎所有的家务。她以慈母的爱心细心培育我们的一双儿女。我的两个孩子能够健康成长，离不开雅书的辛勤付出和精心培育；我在培养教育子女方面，做得不够多，基本都是我的妻子承担的，我对此感激不尽！

1999 年，已经患上帕金森病的雅书摔了一跤，不幸造成股骨头骨裂，从此相当长的时间卧病在床，只能靠轮椅代步。我当时工作还很忙，为了照顾好雅书，家中一下聘请了两个保姆。病卧在床的雅书和疾病抗争了 8 年后，还是在 2007 年 7 月初去世了，享年 86 岁。

雅书离世后，我们都很难过，女儿京芳更是因为母亲去世时，她正在赶回北京的路上，没能见上母亲的最后一面，她一直感到自责和遗憾，以至于至今提起来还伤心至极。所幸的是，雅书在病中得到了我的学生和北京的亲友们的关心和爱护。像我的学生姚远和他的夫人张燕燕大夫，在雅书生病期间一直给予特别的关照，最后还帮助重病的雅书住进医院。还有我的学生杜鹏，一听说雅书去世，不顾酷暑炎热，专门从外地赶回来帮助我料理后事。

我的侄女邬慧明，那些年在我们需要的时候给予了许多帮助，她经常来家里探望。对我们尤其是对病中的雅书更是关怀备至。还有我的侄子邬志明和慧明的先生赵忠衡，他们对我和雅书也是一直十分关爱，总是主动帮助，有求必应。我和儿女都感恩不尽！妻子雅书是我一生的挚爱，她的去世是我永远不可抚平的痛！

3. 我的儿子和女儿

我育有一儿一女，如今他们已都有各自的家庭，并在 20 世纪 80 年代，先后定居在美国。如今我的儿子已是古稀之年，女儿也年近古稀了。儿子和儿媳今年刚刚退休，他们的两个女儿都是名校毕业，非常的优秀，都有一份理想工作。我的女儿和女婿也都退休了，他们的儿子在美国名牌大学毕业后，通过不断学习和深造，已经是医院的外科医生，并育有两个儿子，非常活泼可爱，我已经有第四代的曾孙了。

我的儿子天方，出生在 1950 年。那时我和妻子还在美国留学，就是因为他太小，我们才推迟了回国时间。其实我的儿子最"原始"的名字是天芳。他在美国纽约出生时，我的妻子雅书从"天涯芳草"引自而

20 世纪 70 年代末，邬沧萍与妻子李雅书及儿子天方、女儿京芳在北京

来。当我讲出这一段经历时，很多人都对我说，从你们给儿子取名的事，就能体会到当年你们念念不忘祖国的爱国情怀。

后来，我的儿子在上中学的时候，总觉得这个"芳"字有些女气，就把自己的名字改成了天方。可能是受家庭的影响和遗传的原因吧！天方从小就学习成绩很好，小学毕业后又考取了北京有名的一零一中学。虽然他在初中毕业时赶上了"文化大革命"，后来在1968年又去山西插队，当上了一名下乡种地的"知青"，但是在插队期间，天方非常努力，他积极学习农业知识，全票当选了生产队的保管兼出纳。他后来的运气还可以，在1973年，他因为是美国出生的，根据当时照顾华侨的政策，天方被他插队的农村推荐到北京体育学院（即现在的北京体育大学）上大学，当时也算是特招。天方在北京体育学院运动系学习3年毕业后，曾在北京棒球队当过队员、队长，后来又调到北京体育大学搞编辑和翻译工作。

改革开放后的1980年，天方在美国的三姨找到了他在美国出生的证明。在三姨的帮助下，天方去了他的出生地美国，用他自己的话说，开始了"洋插队"的日子。天方很要强，也很争气，他没有依赖家里和美国的亲戚，靠着自己的努力和勤工俭学攻读多年，完成了软件工程专业学习，后来任职一家美国公司，成为一名出色的电脑工程师。由于工作优秀，天方后来又升任部门经理，直至IT总监。如今，天方已经70岁出头了，我的儿媳曾经在一家银行工作，他们养育了两个聪明懂事，学习成绩优异的女儿。她们曾分别在2010年和2011年的夏天来到北京师范大学学习过中文。两个孙女和我的感情也很好，她们在北京学习期间，周末都和我一起度过。

我曾经还带着她们在北京国家大剧院看京剧，带他们去各种中国风味的餐馆品尝美食。说起来，当时我们祖孙在北京一起度过的周末时光，至今记忆犹新，回想起来感到特别的幸福！

我的大孙女江江，从小学到中学、大学，她的学习成绩一直是全

优，获得了稀有的国家荣誉奖。她的成绩在州里也是名列前茅。她在美国普林斯顿大学毕业后，又以高分考取了斯坦福大学法学博士。现在江江不仅担任环境保护方面的律师，还十分重视环境保护问题。

小孙女嘉嘉在普林斯顿大学毕业后，在一家大公司做人才招聘的工作，不到30岁就升入公司领导层。小孙女现在负责招聘全球各国名校的优秀人才，她有中文的优势，在公司招聘时，还常常负责一些国内清华、北大、复旦等名校的大学生招聘工作。此外，嘉嘉也经常做公益事业。在大学毕业后的实习期间，她曾作为志愿者到北京中关村教授英语，既学习和充实了自己，又积累了社会经验。

我的女儿京芳是我们回国后，1952年在北京出生的。她上学时学习成绩也很好，因为也是赶上了"文化大革命"，在她16岁人大附中初中毕业不久，也就是天方下乡半年后，那时我和妻子正分别在江西和山西的"五七"干校，她就投奔哥哥去了山西绛县插队。在插队时，京芳也很努力，她刻苦学习扎针和医学知识，担任了村里的赤脚医生。后来落实政策时，京芳也回到了北京。虽然她一开始就在北京一家小工厂当学徒工，但是后来她通过自己的努力，也来到人民大学学习和工作。

女婿王欣欣也曾在山西插队，他们结婚后，女婿先自费到美国留学，他非常勤奋努力，在美国取得了电子工程硕士学位。女婿在美国工作后一直活跃在印刷设备和飞机制造领域中，并先后担任工程师、资深工程师和主任工程师的工作。此外，他还获得了十几项专利发明。

女儿京芳在他的儿子两岁左右的时候，随女婿一起移民美国。到了美国后，女儿也十分勤奋努力，一边培育孩子，一边打两份工，同时还刻苦攻读会计专业的学习。虽然很辛苦，女儿也付出了许多，但是她的努力也得到了回报。通过学习，她不仅获得了高级会计证书，还得到了在美国政府工作的机会。

我的女儿很优秀，从参加工作至今，她在美国地方政府工作已近

30年。她对自己要求严格，在工作中勤奋向上，做事精益求精。这也就成了她从基层职员，到会计师，到资深会计师，一直做到了财务总监的原因。女儿对我说过："美国的审计制度非常严格，每五年左右董事会就要求更换审计公司。"由于她对工作的认真负责，按他们的话说就是本着对纳税人负责任的态度，他们团队设立的财务管理制度和各项账目，在每年的年终审计中都是精准无误，因此，受到各审计公司的称赞和表彰，同时也得到董事会和单位领导的一致好评。

我的外孙从小就非常懂事，聪明好学，刻苦努力，学习成绩也很突出。从小学到初中，他一直在学区专门设立的天才班上课。他从著名的伊利诺伊州理工高中毕业后，考取了美国非常难考进的西北大学医学荣誉班。外孙考取大学后，学习成绩仍然很优秀。他在大学学习期间还参加了暑期交流班回到国内在清华大学学习汉语和中医。那时我去清华大学讲课时，也总是去他宿舍看他。外孙在25岁时以突出的成绩取得医学博士学位，后来又经过5年实习，完成了斯坦福大学的骨外科专科培训，并在美国最著名的纽约市骨科特别学院学习研究微创手术后，被斯坦福医学院聘请回校，担任斯坦福大学骨外科医生及临床教授，他是边教学边工作。如今我的外孙也和他的祖父和祖母（他的祖父和祖母都是北大医院德高望重的名医）一样，成了很有名的骨外科医生。他工作很忙，每天都要做很多台手术。

我的外孙媳妇也是在斯坦福医学院实习的，她来自一个已经几代定居美国的爱尔兰家庭，是一名医学博士，现在是ICU麻醉科主任医师。听女儿说，他们两人是在医院实习中认识的。已经有了两个可爱的儿子，外孙媳妇非常能干，生了小孩后不到3个月就回医院上班了。家中里里外外全都是她一人操持，我的外孙和孙媳这些在美国长大的孩子都非常独立，完全不用我的女儿和女婿操心。看到我的儿子和女儿都是家庭和睦、生活幸福，第三代也都很优秀，我感到很欣慰。

我的妻子李雅书去世后，孩子们都表示要接我去美国跟他们一起

20 世纪 80 年代，邬沧萍与妻子、儿子、女儿、孙女、外孙在美国

邬沧萍的儿子、儿媳及两个孙女

住，但是都被我拒绝了。去美国，我只能赋闲养老。而在北京，在自己的祖国，我还能做点事，还能为中国老年学作出一点贡献。我认为，我现在无论是学习还是研究，都能体现出我的人生价值。

邬沧萍的女儿、女婿及外孙

邬沧萍的外孙一家

第二节

我的空巢生活

自从儿子和女儿去了美国，特别是我的妻子在 2007 年去世后，我成为一个名副其实的空巢老人了。虽然我早就过上了空巢生活，但我并不感到寂寞和空虚。因为我一直在学习，在研究，在教课，也完成了多部著作……

我经常参加学术会议，有时候还接受一些记者采访和参加活动，还经常与一些学生和来访客人在家探讨问题等；我还有许多书籍、报纸和期刊都来不及细读，总觉得时间不够用……

可以说，我的空巢生活几乎每一天都有干不完的事。我总是希望自己思考的问题能够细致一点，深入一点。因此，有目标和追求的生活还是比较充实的，也很少有度日如年之感。

我觉得，我的空巢生活不仅丰富多彩，而且依然为中国老年学的研究作贡献，依然在发挥正能量……

1. 我一直坚持学习、研究、探讨中国老龄问题

2005 年，我正式办理了退休手续，那一年，我已经 83 岁了。在一般人的心目中，这个年龄可能已经是垂垂老矣的暮年了。但我却觉得自己还是"正当年"。因为我早在退休前的 11 年，就提出了健康老龄化的问题。自从我提出《健康的老龄化》，在全国组织征文比赛后，又先后

在1994年《人民日报》和《中国社会科学》上分别发表过有关健康老龄化问题的论述。

我也一直要求自己，必须亲身参与，身体力行，证明增龄并不意味智能和体能以同样的速度衰退；在同样条件下，正常的衰老是可以延缓和推迟的，健康的生活方式和行为也是有助于延缓和推迟的。因此，我认为健康长寿在很大程度上是掌握在自己手里，当然如果有足够实证材料，才能有说服力。同时我还认为，健康的生活方式和行为方式，是可以达到健康老龄化的，关键是贵在坚持。我希望社会有更多的人，真正成为推动健康老龄化的践行者和宣传者。

1990年，我就接受清华大学人文社科院对外交流中心的聘请，担任了清华大学客座教授。退休后，除了一直带博士生外，我还继续在清华大学为境外的师生和境外的大企业员工讲授中国的国情和发展的方针政策，而且有的课程是用英文讲授的，我还为香港特别行政区高级公务员国家事务研习课程班主要讲授中国的人口问题、老龄问题和三农问题。

2010年，邬沧萍与香港特别行政区高级公务员清华大学国家事务研习课程班学员合影

2017 年 6 月，邬沧萍在清华大学"老龄社会问题研究中心"庆典上发言

　　一直到 2016 年 9 月，在前后长达 26 年的时间里，我一直坚持认真完成在清华大学的教学任务，并得到了清华大学和香港特别行政区公务员处的表彰。而且中国香港特别行政区还给我颁发了一项"杏坛奖"。说起这段授课经历，那时我是从第 1 期授课开始，一直讲到了 100 多期，我每次讲课都是声音洪亮，精力充沛，我的身体还是很好的，当时常常是站着授课。但是，我还是在年近 95 岁时，向清华大学提出了请辞。后来，清华大学对外交流中心常常在节假日期间来我家探访，"人走茶未凉"让我很感动！

　　退休至今，我已空巢生活多年了。在一般人的眼中，老年人的空巢生活是寂寞难耐的，与此同时，一些老年人的体能也是每况愈下。我觉得自己还没有明显感觉到这种状况。我虽然是空巢生活，但每天都是排得满满的，总觉得自己还有余力，也可以说我的生活还是充实的、有意义的。

　　这些年，我从未中断过学习中外有关人口学和老年学的文献，特别是对老龄问题的思考和研究常常感悟到有新的认识。曾有人不理解，为什么我这个年龄每天竟可以读五六个小时的书？我想，如果你翻一下我这本英文版的《人口老龄化和社会经济后果》和世界卫生组织出版的《世界老龄化与健康的全球报告》等其他文献就会明白了。翻开后，你可以看到，几乎每一页上都会有各种标注，不管是直线、曲线，还是三角、圆点，还有不同的颜色画笔标注，都是我用放大镜认真阅读多遍后留下的痕迹。

退休后，我坚持学习和研究，完成了很多著作。比如《人口学学科体系》《人口资源、环境关系史》，以及《老年学概论》等，但我对老年学的研究仍然是"进行时"。2007年，出版了《邬沧萍自选集》后，我又主编出版了《从人口学到老年学》；2012年，我带领学生主编出版50万字的《老龄社会与和谐社会》。2016年，我主编出版了60万字的《全面建成小康社会　积极应对人口老龄化》。2019年，我主编出版了35万字的《老年价值论》。

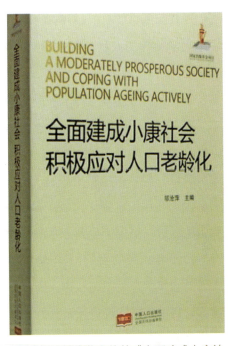

2016年，邬沧萍主编的《全面建成小康社会　积极应对人口老龄化》

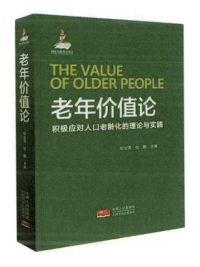

2019年，邬沧萍主编的《老年价值论》

现在我的主要目标是修订《社会老年学》。这是 20 多年前我主编的一本大学使用的教材，现在就摆在我的书桌上，它的书面已经略微泛黄了。

当时写的时候是参考了一位美国社会学家——蒂比茨写的《社会老年学》。他被世界称为老年学之父。在 20 世纪 80 年代初，中国老龄委组织一次中美学者老龄问题研讨会，当时蒂比茨的女婿舒尔茨也参加了这次会议。舒尔茨撰写出版过《老年经济学》，这本经典著作已经重版了多次，在我国也翻译出版了这本书。我和舒尔茨有多次的学术交往，我也选派过一个博士生到舒尔茨的学校攻读博士后。

1999 年出版的《社会老年学》主要写中国的实际情况。我觉得那时，我们的老年学还是跟跑状态，所以研究得还不够全面，理论和方法也不够深，目前来看，理论还是落后于我国现实。因此，我认为我有责任重新修订此书。

当今，我们的中国特色社会主义已进入新的时代了，在这个大背景下，我们在长寿时代、老龄化社会、医保、社保和养老服务等方面有很多新特点。我认为中国在老龄化方面有很多的创新举措，现在我国与国外至少是并跑状态，以后甚至可以领跑。我的初步想法是把书名改为《社会老龄学》，这样与老龄科学相呼应。深入研究我国老龄事业建设发展所取得的巨大成就和经验；探讨社会怎么适应健康老龄化和积极老龄化等新形势和新要求。特别要提出的有关人类社会发展规律的理论认识，这对于重新修订这本书有重要的指导意义。这是一部以马克思主义为指导的哲学社会学性质的老龄科学著作，把人的自由和全面发展，促进社会主义共同富裕、全面进步和可持续发展作为目标。我为此书已经研究了两三年，准备了很多材料，翻阅了国内外大量书籍，我和杜鹏正在组织团队写作，我们争取在今后几个月内完成初稿。这本书在广度和深度上都有很高的要求，比如在中国的长寿时代，老龄社会如何能够做到人的健康福祉和全面发展、社会的全面进步以及可持续发展、人类社会进入新的境界等。

　　十四五规划和 2035 规划已经明确提出积极应对人口老龄化的国家发展战略，这无疑为我们的研究提出了明确的方向。

2. 红芳功不可没

　　我已年近百岁了，身体还算健康，生活还能够自理，还有一定的体能和智能做自己喜欢的、力所能及的，认为有意义的事情。每天我还工作和学习五六个小时。生活上的饮食起居和来访接待等方面，红芳也都处处安排得井井有条。我的空巢生活可以说是有序、忙而不乱的。我觉得除了自己有一个健康的身体外，应该说红芳对我近 20 年的照护和工作上的帮助都是功不可没。

　　自从我的妻子摔伤卧床后，家中就请了两个保姆，最初是红芳的亲

电脑前的红芳与邬沧萍

戚，后来红芳接替了她们。红芳聪慧能干，她上学时学习成绩名列前茅，担任班干部也干得很出色。但是由于家庭姊妹太多，经济条件不好，父母无力培养她继续读书。红芳初中刚毕业，为解决家中的经济困境，父母就让她随姐姐去东北打工挣钱了。我想，如果不是因为家里困难缴纳不起学费和生活费，红芳一定能够考上一个很好的大学。最难得的是，红芳积极向上，努力好学。她现在爱看一些老龄化问题和护理老年人的书籍，她还关心国家和世界各国时事，经常和我议论一些国内外发生的事件，有时把网络上的时事评论读给我听。随着年龄的增长，最近几年来，我的视力大不如以前了。以前一些文稿都由我的学生孙鹃娟、王萍等帮助整理。红芳看在眼里，决定向她们请教电脑的操作。

我知道红芳很聪明，就鼓励她学习电脑。在孙鹃娟和王萍的指导下，红芳果然很快就对电脑操作入了门。从 2008 年开始，红芳是在我的电脑上从盲打拼音开始学起的。几天后，逐渐就可以为我修改文稿、整理材料、打印文稿、接收发送邮件等电脑的基本操作了。就这样，红芳逐步学会在电脑上处理文稿和编辑等操作。近十多年来，我著书、写作的许多事情就都是红芳帮助完成了。

最近几年来，由于视力不太好，我都会构思好写作提纲，通过口述全文方式直接由红芳帮助完成初稿，然后我们一起在电脑上反复修改后才定稿发出去。再到后来，由于手机字太小，我的学生和有关单位联系，大多数也都是通过红芳的微信转告我的。所以红芳现在不仅仅是我生活上的照护者，也是我工作上不可或缺的助理。现在红芳电脑操作比以前熟练多了，既节省了我许多时间，也解决了我的视力不好等许多难题。红芳不仅聪明能干，待人也很热情、随和。平时除了做些家务外，还帮助我招待和联系来访的家人、学生和媒体的记者；还有我与家中亲戚朋友们的往来大多数也是通过红芳来联系。说起来，我真的很感激红芳，没有她这么多年来对我的细心照顾和帮助，我的生活也不可能这样井井有条。

让我高兴的是红芳现在眼界越来越开阔，也懂得待人接物和知识分子生活的节奏，认识到志存高远、勤奋努力、刻苦学习、坚持锻炼、与人为善等品质和生活习惯的重要性了。红芳也很关心国家大事和国际形势，比如对美国、俄罗斯，中美贸易战，还有当前的疫情，特别是邻国印度的疫情等念给我听，使我获得国内外更多的信息。

年近百岁的邬沧萍每天都坚持学习

十几年来，由于红芳经常帮我整理文稿，编写书籍和陪同我出席一些会议，聆听我与学生、学者，以及记者等人士的交流和研讨，她不仅学到了很多养老方面的知识和经验，还阅读和学习了很多有关老龄事业方面的书籍和报刊。这样长时间的耳闻目染，红芳对老龄事业开始关注，对当前的一些养老问题，她也有很多自己的想法和看法。特别是对农村的养老问题，她更关注甚至忧虑，还就农村的留守老人和农村的一些实际问题与我进行交流。比如前些日子，得知家乡的一座小学拆了，红芳的心里就很不好受。她立刻跟我说，那是国家出钱给盖的一所非常

好的小学，要是因为学生少撤掉了，为什么不建一所养老院呢？拆了多可惜呀！我就对她说，当地政府可能还没有认识到办养老院的意义，另外办养老院也是有一定风险的。红芳听了虽然还有些想法，但对我的话，还是能够理解的。类似这样的交流我们还有很多。通过这样的交流，我觉得她还很年轻就关注弱势群体的老年人问题，是难能可贵的。

所以我的空巢生活并不寂寞。我在美国的儿子和女儿也很感谢红芳。女儿常常感叹地说："我要感谢一直在照顾父母的小管家夏红芳女士。多年来我们不在家，她帮助我们照顾了母亲的最后一程，并继续精心照顾父亲。红芳把我的父亲的家当做自己的家一样管理，家里有她的帮助让我放心许多。这么多年来她就像我们家里人一样，家里的亲友们也都非常喜欢红芳，有红芳的帮助是我老父亲的福分和幸运。"

对老龄事业越来越关心的红芳，心中还有一个美好的愿望，那就是她决心在自己还未年老时，也能够为家乡农村或小城镇建一座养老院或开展为老服务项目（如老年餐桌、老年入户照顾等），为需要帮助的老年人做点事情。她说"当我进入老年期，在身体健康的情况下，要像邬爷爷那样为老龄事业做一些力所能及的事，将来做一个老有所为的最美老人"。

3. 我的空巢生活很丰富

很多人都很关心我的空巢生活，我很感谢。想了想，觉得我的空巢生活首先是有规律的，另外也可以说是丰富和健康快乐的。具体说起来确实是太多了，就像红芳说的"邬爷爷每天都比较忙碌，好像天天都有干不完的事……"

所以我想还是把红芳曾经在电脑中写下的一段文字拿出来，这是红芳几年前对我 95 岁生日前后主要活动的记录，也是我真实生活的写照。我想大家看了以后，会对我的空巢生活有一个具体的了解。

6 月 3 日，参加老龄委城乡调查发布会前的专家会议，在会上发表

意见

6月10日，《新鲜早世界》栏目互动文化传媒北京有限公司来邀请担任 FM 网络广播电台名誉团长，做了视频录像对受众老年人讲健康老龄化并题词

6月21日，参加中国老年学学会学科建设会，在中国人民大学举行的会议开幕式大会上作了主题发言

6月24日，上午在清华大学对外文化教育交流中心讲课3个小时

6月25日，中国老教授协会第八次全国代表大会继续聘请担任中国老教授协会顾问

7月初，中国社会报记者于国厚、寿璐来访关于老龄问题，发表在中国社会报上

8月初，中国公益研究院桂同志来谈在湖北武当山召开关于老龄公益和产业会议的事宜

8月12日，在清华大学上午讲课3个小时，晚上参加谢师宴

8月18日，受中国公益研究院(设在北京师范大学京师大厦)邀请，在武当山大会上作了视频讲话半个多小时

9月9日，上午在清华大学讲课3小时，晚上参加谢师宴

9月10日，教师节，参加北京多位老年学毕业的硕士生、博士生在人民大学文化大厦餐厅的宴请

9月上旬，在中国人民大学参加学院博士生、硕士生、学士生毕业典礼

9月11日，上午对中国人民大学社会与人口学院新生入学讲话，谈关于大学生学习问题

9月14日，下午参加中国人民大学全校的开学典礼暨表彰全校教职员工和学生表彰大会

9月23日，民盟中央派办公厅主任来家祝贺95岁生日

9月24日，上午参加大陆和港澳台华裔老年人长期照护学术讨论

会并在会议开幕式作了发言，晚上参加由人民大学人口所和华裔老年人长期照护会议举办的开幕式宴会，接受生日祝贺，在宴会上发表谢词和感言。与会者四五百人，参加晚会的有人民大学副校长、港澳台学者和学院师生们

10月9日，应全国人民代表大会常务委员会和全国老龄办邀请，在人民大会堂参加《中华人民共和国老年人权益保障法》颁布20周年大会并作了发言。

11月8日，参加北京市西城区社会科学联合会第二次代表大会，被继续聘请为名誉主席

10月16日，在庆祝北京市中国民主同盟成立70周年大会上接受对老盟员的献花表彰并代表老盟员发表讲话。

10月19日，上午在清华大学对香港特别行政区高级公务员国家事务研习课程班第104期讲课。已经向清华大学表示不再继续讲课了

10月23日，参加中国人民大学1986年本科毕业班学生30年返校日大会，在会上对毕业生讲话，党委书记、常务副书记、副校长参加，并拍照片

10月29日，出席中国老年学和老年医学会成立30周年大会，在中国国际科技会议中心召开，与会者两千多人，在开幕式上作为名誉主席的代表在会上发言

12月1日，参加中国人口学会与联合国驻华联合机构等在友谊宾馆召开的人口老龄化与可持续发展国际会议，在开幕式上发表"存在决定健康长寿"的新观念。

12月6日，下午在中国人民大学参加学校的职称评定会议

红芳听说我要接受有关"口述实录"的采访，把我的一些日程作了记录。这是在2021年5月前后一个多月来我的主要活动和参会安排、采访及客人来家探讨关于老龄研究问题等内容。我把红芳在日历上的记录拿出来，给大家一阅。

4月底评阅一位没有毕业的博士生论文

5月2日之前给老年开放大学一本教材作序言

5月6日光明日报和传媒大学来家拍摄采访

5月18日参加中国老年学和老年医学学会专家智库第七次人口普查研讨会

5月20日中国人民大学离退休管理处到家拍纪录片

5月21日两位博士生来家谈老年学科问题

5月22日上午参加第十七届老年学学科建设会议

5月22日下午参加实施积极应对人口老龄化国家战略项目开题会

5月23日下午清华大学离退休教职工老年人乐康屋健康养生研讨会并作视频讲话

5月24日下午教育部开放大学校领导来谈老年大学教学问题

很多人也很关心我每日的作息活动，我也把它列在下面，就从早上起床开始吧!

早上7点起床，首先自己量血压（坚持每天量血压能够及时发现身体是否有异常变化）

自己按摩肠胃半小时

吃降压药，及一些保护心、肾的药

吃早饭（主要是水果、牛奶、鸡蛋、面包等）

护眼，点降眼压药

早锻炼（主要是散步为主的有氧运动和做我自己编的健身操，两项相结合大约一个小时。我这个早晨锻炼的习惯最早始于20世纪60年代，多年来我一直坚持，连出国访问都没有中断。疫情后我的锻炼改在楼道里）

开始看书看报和整理资料，同时泡一杯绿茶（我喜欢喝绿茶），有时也在阳台边晒太阳边看书。

午饭（基本在12点，我比较爱吃鱼，也吃一些肉，饮食较清淡）

午饭后百步走（包括自己下楼取报纸）

　　午睡 2 个小时左右（我有午睡的习惯，外出活动时也都有安排。我从书中学到，免疫功能和睡眠很有关系，所以我很重视免疫功能，它可以增加抵抗力和复原力）

　　午睡后 3 点开始学习和工作

　　晚饭（一般在 6 点后）

　　晚上 7 点看电视（新闻、焦点访谈，天天都是边走动边看新闻半个小时）

　　晚 10 点左右上床睡觉（一般是看完每天的"今日关注"后休息；如果第二天有会，就要做准备，睡觉会晚一些）

2011 年，邬沧萍在小区内晨练

第三节

我的学生

我回到祖国来到中国人民大学教书至今，已近70年了。开始进入中国人民大学在统计系从事教学工作，也培养了一批统计学的人才。从1971年后，几十年来，我在中国人民大学从事教学和研究，主要是研究中国人口学和老年学的问题，一直没有离开教书育人、培养学生的教学第一线。因此，回顾这些年我曾经走过的教学历程，心中总是感慨万分……

让我感到欣慰和自豪的是，在我和学生的共同努力之下，中国人民大学已经培养了一大批人口学和老年学的本科生、硕士生、博士生。如今，他们都是奋战在教学和科研第一线或在政府有关部门工作，取得了可喜可贺的成绩。我的学生早已超过了我们这些曾经指导过他们的老师，真的是青出于蓝胜于蓝，成为我国人口学和老年学领域的领军人物和学术带头人。

每当看到我的学生们一个个成长起来取得很好的成绩时，我的心里总是一阵阵抑制不住的激动。他们是中国人口学和老年学界中的精英，也是我们的骄傲！看着他们，真的就像一个园丁看着他亲手培育的秧苗不断茁壮成长，终于生根、发芽、开花、结果，真的是硕果累累，让我欣慰！

向大家讲述我的这些成绩卓然的学生在自己的专业学术领域所作出的贡献也是我最高兴和引以为傲的事。下面介绍我和几位学生的师生关系以及他们所做的工作。

邬沧萍与学生杜鹏博士、孙鹃娟博士合影

邬沧萍与学生史薇、彭青云合影

1. 杜　鹏

先说我的学生杜鹏。他自 1982 年考入中国人民大学人口研究所学习后，从学士学位到硕士研究生，后来成为我的博士研究生，一直到博士生毕业后留在人口研究所工作，一直勤奋努力、成绩优异，至今他已经在中国人民大学学习和工作了将近 40 年。可以说，我目睹他学习、成长、成家等，亲眼看着他在工作中不断进取，勤奋努力，取得傲人成就，并成为中国老年学研究领域成绩卓越的专家学者和中国人民大学优秀的领导干部。

杜鹏自 1992 年以《中国人口老龄化过程研究》为博士论文题目获得博士学位以来，长期聚焦人口老龄化与老龄问题、老龄政策、养老服务、老龄社会治理等领域的研究和教学。2003 年，他和我一起倡议成立中国人民大学老年学研究所，目前担任中国人民大学的副校长和老年学研究所的所长。

近三十年来，杜鹏发表中英文学术论著百余篇（部），其中的主要代表性论著包括《新时代积极应对人口老龄化发展报告（2018）》《老年价值论：积极应对人口老龄化的理论与实践》《老龄社会与和谐社会》等，还主持了数十项国家重大项目、省部级以及国际合作项目。杜鹏以他深厚的学术积累为人口学和老年学学科的发展作出了诸多贡献。此外，他还长期聚焦并深入研究中国人口老龄化现象，助力科学认识人口老龄化。

1992 年，杜鹏提出生育率的变动是影响中国人口年龄结构的最主要因素，死亡率下降对中国人口年龄结构的影响尤其是对老年人口比例变动的影响作用正在日益加大的结论，并建议分析中国老年人口问题时采用 60 岁为老年人口年龄起点比较合理。

1995 年，杜鹏又提出"中国人口老龄化本身并不一定就是问题，伴随着生育率和死亡率的下降而出现的人口老龄化在初期是有利于社会

经济发展"的观点。他还通过人口老龄化的国际比较对新世纪中国人口老龄化特点提出更加清晰的认识，由此澄清了关于中国人口老龄化特点的错误认识。

2010年，杜鹏作出"人口老龄化城乡倒置只是人口老龄化过程中的一个阶段，它不会长期持续"的判断，并对人口老龄化城乡倒置逆转的情况进行了讨论。多年来，杜鹏持续关注积极应对人口老龄化，深化对积极应对人口老龄化的认识。除了在发表的多篇文章中对于积极应对人口老龄化有所涉及外，他还在2012年以来，在出版的多部专著中对积极应对人口老龄化有专门的章节进行阐述。

杜鹏还陆续提出"将积极应对人口老龄化纳入国家经济社会发展战略""积极应对人口老龄化是我国的一项长期战略任务""积极应对人口老龄化是我国一项创新的战略思维""积极应对人口老龄化是一项长期的战略选择"等观点。

杜鹏也不断致力于开展老龄化社会治理研究，构建了由老龄化认知、治理体系、治理能力和治理成本四部分构成的我国老龄化社会治理框架，并在此理论框架下对改革开放40年来我国应对老龄问题取得的成就进行了梳理，提出新时代老龄化社会治理现代化应当采取以下措施：全面加强社会对人口老龄化的科学认知；明晰国家和政府的职责，加强社会治理和基层民主自治；提升法治化能力，逐步推进治理重心由制度构建向行动效率转变；关注老龄化社会治理成本控制，努力提高决策的科学化水平；全面强化协同共治网络，以绩效评估为手段促进深化改革；扩大治理视域，搭建区域性和全球性老龄化治理平台。

此外，他也长期关注民生领域，针对民生领域短板问题提出针对性建议。在医养结合方面，提出发展整合性"医养结合"养老服务体系的观点；在长期护理保险方面，提出从战略高度把握长期照护体系建设布局的发展方向、关注失智老年人的长期照护的观点；对于临终关怀阶段，提出将社会化养老服务"延伸"至老年临终关怀服务的观点；在健康老龄化方面，提出全面建设老年友好环境及维护老年人的自主权的观点；在社会参与方面，提出实施人力资源深度开发战略、构建终身学习平台的观点。并倡导推动中国老年学学科和教学科研体系的建设。

杜鹏还在多个相关研究领域发表了《老年人对待社会养老服务的行为态度研究——以北京城六区为例》《改革开放40年我国老龄化的社会治理——成就、问题与现代化路径》《"医养结合"与健康养老服务体系建设》《政府治理与村民自治下的中国农村互助养老》等中英文学术论著百余篇（部）。

杜鹏在人大人口研究所工作后，仍是边工作边学习。我记得，他除了是美国杜克大学人口研究中心的博士后外，还先后成为澳大利亚弗林德斯大学老龄研究中心、英国国王大学老年学研究所，以及牛津大学老龄研究中心的访问学者。

杜鹏虽然工作学习都很忙，但是他仍然在工作和学术研究之外兼职担任好几个学术研究机构的职务。比如他是全国老龄工作委员会第一届专家委员会委员，是国务院学位委员会第八届学科评议组（社会学）的成员，担任中国老年学和老年医学学会副会长、中国人口学会副会长、民政部专家委员会委员、民政部养老服务业专家委员会副主任委员、第七次全国人口普查专家咨询委员会委员等。

杜鹏还主持了省部级和国际合作项目好几十项。比如"研究阐释党的十五届五中全会精神"国家社科基金重大项目《实施积极应对人口老龄化国家战略》、教育部人文社科重大项目《面向全面小康社会的老年长期照料体系研究》等。

此外，他的多篇科研报告还被中财办、教育部、国家卫健委、民政部、中国广播电视总局等部门采纳，其中的一些建议已应用到政策制定上。

在我的眼中，杜鹏一直是一个努力和勤奋的学者，使得他几十年来不仅取得辉煌成就，更获得了很多荣誉和国家的奖励。比如他很早就成

为北京市社会科学理论人才"百人工程"和教育部"新世纪优秀人才支持计划"人选,以及人事部等六部委"新世纪百千万人才工程"国家级人选(2008年)。他还获得了中国人口学会"全国优秀青年人口学者奖"、第四届人口科学优秀成果奖论文类二等奖和第六届人口科学优秀成果奖专著类一等奖,并早在10多年前就享受了国务院有突出贡献专家特殊津贴。

早在20世纪90年代,杜鹏就被评为中国人民大学人口研究所副教授,后来他先后担任了人大人口研究所副所长、老年学研究所所长、教授,人大科学研究处处长和党委组织部部长。从2017年开始,杜鹏又成为中国人民大学副校长。

虽然当上了人大副校长,但杜鹏仍在带博士生,仍在不断发表研究成果。所以我一直认为,无论是工作还是在学术研究方面,杜鹏都是成功和非常出色的。作为他的老师,我也感到非常骄傲!

2. 穆光宗

我的另一位学生穆光宗,来自浙江象山。他在1981年刚刚17岁时就考上了中国人民大学经济系本科。4年后,完成学业的穆光宗留在了中国人民大学人口所工作。

1995年,已经评上副教授的穆光宗成为我的博士生,开始攻读人口与发展方向的博士学位。2000年,穆光宗以优异成绩取得中国人民大学人口学博士学位,同时他的博士论文《人口与可持续发展》也荣获中国人民大学优秀博士论文奖。紧接着,穆光宗又被入选韩国高等教育财团海外学者交流项目,赴韩国首尔国立大学社会学系做博士后一年。

多年来,穆光宗一直从事人口理论和社会政策、社会老年学、人口与可持续发展等有关的人口问题、老龄问题和相关社会经济问题的研究。2003年,独自完成"我国积极老龄化战略研究"科研课题后,穆光宗又开始主持和参加多项科研课题的研究。其中包括：国家和地方人口发展战略研究、人口老龄化对社会可持续发展影响研究、我国积极老龄化战略研究、我国计划生育困难家庭及其公益救助研究、我国生育率下降的后果和对策研究，以及中国计划生育白皮书、中华人民共和国老龄问题国家报告等重要研究课题。

穆光宗的科研成绩也是硕果累累、建树颇丰。如今，他的著述（含独著、合著、主编、参编、期刊论文、调研报告、报刊论文和理论文章）公开发表的已达600多篇（部），其中更有上百篇论文发表在核心期刊上，还有一些论文被《新华文摘》《中国社会科学文摘》和中国人民大学复印报刊资料等转载，算了算，他撰写著述的总量已达到数百万字。

穆光宗不仅著述丰厚，而且在著述中还提出了很多超前独特的观点。例如他在1993年就提出了"精神赡养"的问题；在1995年又提出了"健康储蓄"的问题。

进入21世纪后，穆光宗又在2002—2010年间先后提出了"成功老龄化和老年发展理论""老年丧失理论""独生子女家庭本质上是风险家庭""倡导和谐老龄化战略""边富边老""构筑中国特色养老服务体系""未备先老""孤独终老"等问题。

在我看来，他对这些问题的提出，不仅观点前卫，是国内学界较早的原创观点，也是他长期致力中国人口学和老年学研究取得的成果。而他的研究成果，早已在中国人口学界和老年学界起到了重要的积极推动作用。

此外，除了在2010—2011年间一直在《中国社会工作·老龄》专家论坛开辟专栏，发表系列老龄文章外，穆光宗还是国内较早提出全面二孩主张的学者。他曾先后发表了《放开二胎：迈向现代人口治理》《完善新政配套改革　挖掘全面二胎政策效能》等文章，并在2016年完成了一部《银发中国：从全面二孩到成功老龄化》著作。

穆光宗现在是北京大学人口研究所和老年学研究所教授、博士生导师，同时他还是该所学术委员会主任、北京大学老年学所副所长，《人口与发展》杂志副主编，中国人口学会理事，中国老年学学会理事。

穆光宗已从事人口学、老年学教学科研工作二十多年，由于他勤奋拼搏、成绩突出，所以也多次获得多项国家奖。像国家人口计生委、中国人口学会学术委员会联合评选的"首届全国优秀青年人口学者奖"（共10名，他排位第4）、中国图书奖、教育部人文社科成果奖、国家人口计生委优秀成果奖、中国人口学会优秀成果奖、中国老年学会优秀成果奖、全国首届青年社会科学优秀成果奖等几十种荣誉。

3. 姚　远

我的学生姚远开始攻读博士生时已经研究生毕业工作多年，并已担任中国人民大学人口学系主任。当时虽然已是40多岁，又是边工作边学习，但姚远一直勤奋努力，工作也十分出色。

多年来，姚远在担任中国人民大学教授、博士生导师以及中国人民大学残疾人事业研究院研究员、人口学系主任、社会与人口学院副院长的同时，一直从事人口学、老年学和残疾人问题研究，并参加起草全国老龄办"国家应对人口老龄化战略研究"总报告。

姚远的著述和科研成果也很丰硕，像《中国家庭养老研究》《非正式支持的理论与实践》《我国人口结构变化及老年人问题研究》《人口与近代中国》《北京市老年残疾人问题研究》《中残联—嘉道理残疾人社区康复项目研究》等都是他的代表作。一直潜心研究、努力工作的姚远也多次荣获国家哲学社科、北京市哲学社科优秀成果奖及省部级奖。例如他的代表作《北京市老年残疾人问题研究》在2007年获中国残疾人联合会、第二次全国残疾人抽样调查领导小组办公室"第二次全国残疾人抽样调查研究地方课题一等奖"。他的专著《非正式支持的理论与实践》

在 2008 年获"北京市第十届哲学社科优秀成果二等奖"等。

现在姚远虽然已年逾七旬，但仍然活跃在中国人口学、老年学及残疾人问题研究领域，并担任中国老年学和老年医学学会副会长兼学术部主任、中国残疾人事业发展研究会常务理事、长寿之乡绿色发展区域合作联盟副理事长兼专家委员会主任等职。

我相信非常优秀的姚远未来一定还会为中国老年学研究作出新的贡献！

4. 陈　功

陈功是中国人民大学人口所毕业的硕博连读博士生，也是一位非常优秀的年轻学者。在校学习期间，陈功就勤奋好学，成绩优秀。毕业后分配到北京大学人口研究所，他的研究方向对残疾的老年人更加关注，对社区照护老年人问题也有较深入的研究。从事人口学和老年学研究的同时，陈功先后在英国牛津大学、美国南加州大学、美国圣路易斯华盛顿大学、美国印第安纳大学、中国台湾大学等做客座研究员或访问学者。

陈功和杜鹏两位长期合作，以中国人民大学与北京大学的名义组织"中国老年学学科建设研讨会"，至今已经持续了 17 年，为老年学的学者、师生以及老龄工作者等提供了一个老龄学科交流的平台，对推动我国发展老龄教学和研究事业功不可没。

一直潜心研究的陈功已发表 SCI/SSCI 收录期刊英文论文 70 多篇，CSSCI/CSCD 收录中文重要期刊论文 200 多篇，出版《我国养老方式研究》《社会转型中的孝与养老研究》《家庭革命》等著作及 20 多本合著。

陈功还是国家社科基金重大项目"构建中国特色养老体系"首席专家，并担任全国老龄委第一届专家委员会委员，中国老年学和老年医学学会志愿与公益分会主任委员，国家残疾人事业发展研究会残疾人口和统计专业委员会主任，民政部政策研究中心理论研究基地主任，中国银行养老金融专家委员会委员，北京市老龄工作专家委员会委员，环太平洋大学联盟（APRU）人口老龄化指导委员会委员等职务。

陈功不仅在学术上著作颇丰，还先后参加了中共中央、国务院等关于老龄事业、养老服务、老年教育、辅助器具、扶贫、老龄产业发展规划及国家人口发展战略等国家重大文件内容的修改或起草和报告撰写工作。

陈功现在是北京大学人口研究所、老年学研究所所长，北京大学教授，博士生导师，北京大学经济管理学部委员，社会学学位委员会副主席，社会工作专业委员会委员。他还是北京大学无障"爱"人文基金管理委员会主任，教育部特聘青年长江学者。

陈功勤奋努力、工作出色，先后获得教育部科技进步奖一等奖、国务院残工委残疾调查特等奖等省部级以上科研奖励 20 项，还获得北京大学优秀共产党员、优秀教学奖、优秀研究成果一等奖、中国工商银行经济学优秀学者奖、大学生挑战杯优秀指导教师等 20 多项荣誉。

邬沧萍与学生姚远博士（左）、陈功博士

在去年和今年，陈功还分别应邀在全国政协常务委员会闭幕会前作了"我国养老服务业发展现状、问题及对策"学习讲座，以及参加全国政协第一次专家协商会，就进一步完善生育政策及相关措施提出建议。

陈功工作出色、事业有成。虽然一直繁忙，但无论是在学术探讨还是生活上，我们一直保持着亲密无间的师生友谊。我也在这里祝愿学习和工作都十分优秀的陈功，在未来取得更大的成就！

5. 孙鹃娟

在比较年轻的学生里，目前在从事老年学研究的还有孙鹃娟。她2003 年从中国人民大学人口学系取得博士学位，现在是中国人民大学社会与人口学院的教授和博士生导师，主要从事的教学和研究方向是老年人生活质量、老龄政策、老年照料服务和老年人社会参与。

2010 年，她作为访问学者到美国哥伦比亚大学开展研究，我鼓励她要拓宽视野，借鉴国际经验探索老年人的价值，她与哥大教授陈玉婵合作完成了著作《老年学与老有所为：国际视野》。至今，孙鹃娟已经出版了《中国老年人生活质量研究》《城镇化、农村家庭变迁与养老》《国际视野中的老年照料护理》《中国人口老龄化与老龄事业发展报告》等多部专著和著作，也发表了不少学术论文。她主持的国家社科基金课题、联合国人口基金课题等都得到了好评。

另外，孙鹃娟与杜鹏合作出版的《中国人口老龄化与老龄事业发展报告（2015）》不仅获得了第七届中国人口科学优秀著作奖二等奖，还被翻译为英语、俄语、阿拉伯语等在国外出版。她主编或参编《人口管理》《老年人精神文化指南》《老年学概论》等多部教材，翻译了老年学的经典著作《对痴呆的再思考》《老年学：多学科的视角》等。她获得了中国人民大学先进工作者、中国人民大学优秀教学成果一等奖等多项奖励。

孙鹃娟还担任中国老年学和老年医学学会理事、中国人口学会理事、北京市老年学学会副会长兼秘书长、中国人民大学"老龄社会的政策实践与养老产业综合研究平台"专家，在国际国内的老年学研究与教学事业中积极发光发热。

孙鹃娟还年轻，在未来的人口学和老年学研究的道路上，她一定会

不断取得新成就，也一定更优秀！

我还有很多学生的学习和工作都取得了丰硕的成果，如刘爽、石人炳、张岭泉、何玲、陈杰、周俊山、谢楠、李伟旭、史薇、彭青云、于泽浩等我也很想跟大家说一说，就先说到这里吧！因为我的学生太多了，他们在学习和工作方面的成就也太多了，真是说上几天也说不完。几十年来，我和学生们的关系都很好，很多学生经常到家里来看望我。我们在一起既有热烈的学术方面的切磋，也有贴心的家常生活的聊天。特别要提到我的学生杜鹏、穆光宗、陈功三位，我还是他们结婚时的证婚人。

我很感谢学生们对我的关心和照顾，正如我的女儿京芳所说的那样："父亲的学生们一直都关爱着我的父亲。有些父亲的学生我并没有见过，可是从父亲那里，我知道了很多我们不在家时他们给予父母的关心和照顾。我还知道父亲的学生中很多是学术骨干或担任一定行政职务的负责人。但是只要父母需要，他们都会抽出自己宝贵的时间，无私地

2020 年，邬沧萍 98 周岁生日时与学生合影

来帮助我的父母。另外，还有许多其他的老师和学生我虽然不认识，但是我也非常感谢他们。"

我很珍惜和学生们的真挚感情，也在这里祝愿我的学生们不断进步，不断取得新的成就！

第四节

永远与时代合拍

1. 我获得了"最美老有所为人物"奖

自20世纪70年代我从事中国人口学研究和80年代开启中国老年学研究以后，我先后以著作、主编、译著形式出版了30多本著作、教材，公开发表的论文、文章也不下二三百篇。

20世纪90年代，担任全国政协常委的邬沧萍

几十年来，我虽然在工作和学术研究方面取得了一些成绩，但党和国家也给了我很多荣誉。例如最早在1960年，我就曾被评为北京市先进工作者，还三次被选为北京市海淀区人大代表。在深入农村的"四清"和江西的"五七"干校时，我也获得了优秀"四清干部"和优秀"五七"战士的光荣称号。

改革开放后，我先后被选为

北京市政协委员，接着又被选为第六届全国政协委员（社会科学界），随后被选为第七届、第八届全国政协常委；在这期间，还担任过全国政协文教卫生委员会人口组的副组长。从2000开始一直到2005年，我一直受聘为北京市参事室的参事。2005年退休后，我仍然很忙碌，除了带博士研究生外，还继续受聘担任清华大学客座教授，在清华大学人义社会科学院对外文化交流中心授课。在清华我从1990年开始至2015年年底结束，授课25年。

我还先后担任过中国人口学会的秘书长和副会长、担任过中国老年学会、北京市人口学会、北京市老年学学会秘书长、副会长和会长（现仍为名誉会长和顾问）。此外，我还担任多个社会团体如中国计划生育委员会副会长、中国老年保健协会、中国老教授协会等团体的顾问。至于国家给我的奖励，就更多了。记得好几年前就曾有媒体记者问过我，您获得过那么多国家的奖励和荣誉证书，您知道有多少奖项和荣誉证书吗？

我告诉他们说，太多了，我从来没有数过，因为我根本就没有把它们放在心上，也数不过来，太浪费时间了。所以当有人问我曾得过什么奖时，我也只能笼统地说出几个相比较来说还算是重要一些的大型奖项。例如，我编写的著作曾被教育部、北京市、新闻出版局等评为一等奖、二等奖，以及全国优秀图书奖等。1985年我在参加"2000年中国"研究项目中，获得了国家科学技术进步（集体）一等奖。1995年获得第二届"中华人口奖"。还有在2000年，获得经教育部批准的老教授协会颁发的"科教兴国奖"和中国老年学学会"第一届突出贡献奖"、中国人口协会终身会员奖以及2012年获得了中国人民大学颁发的第一届"吴玉章终身成就奖"等。

我的奖状奖杯及荣誉证书相当多，但很多都没有好好保存。5年前，我把奖项的一部分捐给了人大图书馆。时任国务院副总理的李克强同志在我90岁时给我的表扬信。在我92岁的时候，还被中共中央宣传部和

邬沧萍获得的部分奖状

全国老龄工作委员会办公室评选为首届"最美老有所为人物"。我觉得，我曾经获得的诸多学术研究方面的奖，无论是"最美"，还是"老有所为"，都是党和国家对我最好和最高的评价和赞誉。

我记得首届"最美老有所为人物"的颁奖大会是在 2014 年的 11 月，地点是在北京对外文化创意园的大厅里，颁奖大会很隆重。主持人是中央电视台著名主持人敬一丹。9 位个人和一个集体（陆良八老）被评为"最美老有所为人物"。我们胸戴大红花，在乐曲声中走上台。我还得到了大会给我的颁奖词"研学唯精一心存报国家志；桑榆未晚众口争夸矍铄翁"。对于这次获奖者的介绍还专门出版了《中国最美老人》一书，由辽宁人民出版社出版。在当选的 17 位"最美老人"中，我虽然年龄最大，但还算步履轻盈，精神饱满。记得那几天我又高兴又忙碌，除了头一天颁奖会的彩排，在这期间我还要参加好几个学术座谈会，还有学术论文颁奖会。有些细节我也记不清楚了，这些会议都是红芳陪同我参加的，她还特地为此写了一封信发给了我远在美国的儿女，场景和感受记录得比较详细，红芳的原信如下：

　　姑姑姑父，叔叔婶婶：您们全家好！

　　今晚我把我的所见所闻与大家分享一下！在入冬的季节里，虽然有点寒冷，当爷爷收获两份红彤彤的荣誉证书时，我想大家一定内心是暖呼呼的，还真的没有感觉到冬天的到来，也许是被这热烈而又温馨的场面而感染吧！

　　一份荣誉是爷爷在尊老敬老的征文比赛中获得了一等奖，一共有10位，颁奖会在歌华大厦举行。

　　爷爷在上午的会议上有一个20分钟的激动人心的讲话，精彩而又声音洪亮，会场有300多

2014年"最美老有所为人物"颁奖词

人，掌声非常热烈。吃完午饭后，有专门的司机带爷爷去紫竹院南路进行"最美老有所为人物"颁奖彩排。昨天下午已经试着走台两个小时，今天这些老模范们就比较熟悉和顺利了。全国"最美老有所为人物"大会是由中共中央宣传部和全国老龄工作委员会办公室主办的，会场有400多人。

　　在贵宾室休息大概半个多小时后，下午2点开始，获奖的老人们个个胸前佩戴着大红花，各位都化妆了。爷爷是其中最高寿、最神采奕奕

的一位。在全国 160 位提名候选人中经过层层选拔，最后选出 9 位个人和一个集体(这个集体是 8 位农民老人无私种树造林坚持 30 年的事迹)，他们的健康状况有的不是太好，特别是手拿拐杖的，看他们站在台上很吃力，幸亏有助手搀扶他们，很不容易的。还有给他们每个人送了一副对联，各有千秋，晚上回家我就把这副对联挂在大客厅，因为水平有限，有几个字我不认识，所以打不出来，好像是繁体字，呵呵！还是等你们春节回家看看吧！都是来自各个不同阶层的人物。颁奖大会还特别邀请中央电视台著名主持人敬一丹及新闻联播的两位男主持人来主持，嗨！我都叫不出名字了，场面非常隆重！明天可能在北京时间晚上 19 点，中央电视台新闻联播就会播出爷爷和他们获得称号的镜头，有空时在网上下载随时可以看看。

　　明天上午半天民政部的部长接见"最美老有所为人物"会议后活动就结束了，后面爷爷就轻松一些了，也有专门司机接送，请您们放心吧！最近的情况就是这样，有空下次再叙！

祝大家健康、幸福、快乐！

红芳

　　这一晃，那一次颁奖大会已经过去好几年了。虽然我已是年近百岁，但我现在仍然头脑清晰，生活有规律，我也仍然坚持学习，坚持对中国老年学的探索和研究。我觉得只有这样，我才无愧于全国"最美老有所为人物"的称号。

2. 我的直播首秀

　　自改革开放以来，我们国家在各个领域都已取得突飞猛进的发展和成就。随着社会的发展，各类新生事物也不断出现，比如微信、网络文学、网络语言，等等。这些也让一些年龄大的人不适应，所以很多老人称自己为"电脑盲""微信盲""网络盲"。我一直不这样给自己冠以各种"盲"的头衔，我认为越是年岁大了，越是要多学习，不然的话，你就会与时代脱节。也许这就是我仍然每天都坚持学习的原因吧！我坚信，只有不断学习，才能不断提高，才能永远与时代合拍。虽然因视力不好，我就很少用电脑直接写文章了，但是我会用微信，对流行的网络语言，我总是及时了解，让它在我这里不陌生，让我感到没有太落后于时代。

我想，我最紧跟时代的一个"具体行动"应该是我的"直播"吧！想起来，我一直为我能够在当今这个时代，在像我这样高龄的情况下，还能做直播与外界交流感到高兴。当然，也令很多人"意想不到"的是我第一次做直播后，媒体评论就写道：你能想象，当年近百岁的学术"大咖"触网直播，是一种什么画面吗？还有：战"疫"这一年，98岁的中国人民大学荣誉一级教授，我国人口学、老年学的开拓者和奠基者邬沧萍也玩起了直播，作为高龄学者，他分享健康长寿之道，谈论学术观点，并为"00后"遥寄"云寄语"。

再有就是他们以《98岁老教授开直播不含糊》为标题，也是一下吸引了很多人。你看这几句话，是不是一下子就抓住了读者的眼球？

2020年4月17日，邬沧萍的直播首秀

　　还是说说我的第一次"直播"吧！ 2020年年初，新冠肺炎疫情来袭，随着隔离等防疫措施的加强，原来很多讲座和面对面的交流活动都改成了"云上"交流，也就是现在常说的由线下转为了线上。正是在这样的形势下，我的第一次"触网直播""应运而生"了。说起来，我也算是参加了一次"尝新"活动，跟上时代步伐吧！

　　我的第一次直播就是我在"人口老龄化国情教育大讲堂"中的讲座。这个大讲堂是中央国家机关工委、全国老龄委工作办公室等5家单位主办，由中国老年学和老年医学学会承办的国情教育活动。主要针对老干部、老专家学者以及社会公众举办的大讲堂。当时，全国都在进行老龄化国情教育，这个"人口老龄化国情教育大讲堂"也已开讲了好几堂课了。本来安排我是最后一讲，可是还没等我讲，疫情来了，不能出家门了，于是主办方对我说准备让我做直播，因为我这一讲比较重要，本来就是这个"人口老龄化国情教育大讲堂"作为"压轴节目"安排的。

　　另外，做直播既符合当前的防控疫情，也能跟上形势吸引更多的人参加。我听了，说实话，还真是又激动又有些紧张。因为在当下，提起直播，可以说谁都不陌生，但真正做直播似乎和我这样年纪的人就没什么"缘分"了。怎么说，直播也是那些紧跟潮流的年轻人参与得更多一些，而现在一下子就来到我的眼前，还真是有些不太相信，所以我才既有些激动又紧张！至于紧张，我主要是怕做不好，毕竟对我来说它是第一次吧！

　　所以我最应该做的就是认真做准备，也就是说，我要让自己从一个直播界的小学生做起。正式直播最后定在2020年4月17日，而我就提前半个月开始为我的第一次云课程做准备了。细想起来，其实我也没什么可紧张的，因为我讲了一辈子课了。对于以前的讲课，很多人就曾经问过我，为什么您年近百岁了，仍是站着讲课，而且声音洪亮、滔滔不绝，还从不带讲演稿，一讲就是一个多小时，甚至更长？我对他们说，这主要有两个方面原因：一方面是我的身体和记忆还可以；另一方面最主要的就是我每一次讲课都是做了充分准备，并强调在给听众一杯水的知识背后需要教师有一缸水的知识储备。只有这样才能够有东西可讲，有层次、有逻辑、有深度。当然，这需要花费大量的时间认真准备和思考。具体做法就是先把准备讲的内容经过认真思考后，再把所讲的要点写在稿子上，最后把它们都记在脑子里。当你们看到我在台上完全脱稿，滔滔不绝很轻松地讲课时，其实我都是经过周密思考，早已把它们牢牢记在了心里了。我在台上讲几分钟，其实我在台下花了许多工夫。也就是说你们没看到的是我在台下花费大量的时间作的充分准备。其实我参加各种会议发言，事先都做了认真的准备，很少信口开河。我觉得这样做，才可以让我的讲课或发言更有内容、有层次、有逻辑，还可以锻炼我的记忆力。我讲课很少念稿子，除了在重要的会议发言，才会照本宣科。

我的这种讲课方式和习惯，最早还是在美国留学时受到的启发。当年我在美国曾看到很多有名的专家教授，他们讲课时都不带稿子，但却语言流畅、条理清晰。因此，他们的讲课都很受观众的欢迎，要言不烦。他们讲话少而精，令我印象深刻。国外著名大学的教授讲课常常称之为演讲。

我现在虽然年纪大了，但不能倚老卖老，所以我每一次不管是讲课还是开会发言，仍然是精心做准备。这次做直播，我对自己的要求就更加严格了。我首先对国内外关于健康老龄化的最新研究成果做了精心的梳理，然后又结合我多年来治学研究的成果以及我个人生活上的体会和实践提炼总结出一个核心观点，这就是我最新提出的：存在决定健康长寿。这也是从我多年来学习马克思主义存在决定意识和历史唯物主义的思想中悟出来的。

经过精心准备，我和主办方中国老年学和老年医学学会共同把这次我的网上课程题目定为《存在决定健康长寿——高龄学者谈健康长寿的学问》。顺便说一下，为了做好这次直播，虽然之前我已熟知了像"黑

天鹅""灰犀牛""神马""浮云""不折腾"等新词儿或一些网言网语
（其中也有我在报刊上看到的新名词），但我认为自己了解得不够深刻。
于是我就让红芳在网上搜索一下，这些网言网语到底是什么意思。因为
手机字太小，所以一般都是红芳搜索到后，再读给我听。我认为，只有
知道这些词的含义和来源，才能让我和年轻人说话交流时减少一些"代
沟"。

我的首次直播是 2020 年 4 月 17 日。一大早，红芳就拿出了她前一
天晚上为我准备好的蓝色西服上衣和红灰条纹的领带。在这之前的两三
天，红芳与直播的负责人联系沟通后，决定用客厅沙发后面的墙做背
景。因为那面墙是推拉门，上面可以用粘条贴上标语。条幅的长度刚刚
好，位置也特别好，我坐在沙发上讲也不累，其实我站着讲也是没问题
的。在直播前几天都试播了四五次，觉得坐着效果特别好，这样大家也
更放心踏实。

红芳安好了支架后准备工作就算做好了。就是这么简单，我的第一
次直播就要开始了。说起来，红芳还真是挺聪明的。主办方前几天就通
过手机发链接，通过一步步验证码进入直播间，这些都是负责人教她的
操作方法。之前，负责人通过快递寄来了印好的直播文字条幅，还有手
机支架，这些在直播前一天都已经准备好。接下来，一切直播的操作就
全权交给红芳了。我穿上了西服，系好了领带，快到 10 点了，红芳已
连接上了直播室。10 点整，我的第一次直播开始了。

"大家上午好！今天，我很高兴有机会来大讲堂，跟大家一道探讨
中国人口老龄化的问题。我今年 98 岁，准确地说是 97.6 岁……"这是
我当时的开场白，在这一讲中，我不仅和大家一起分享了我的"存在决
定健康长寿"的核心观点，还结合肆虐全球的疫情对一直以来的一些观
点谈了我的看法，特别是关于全世界都认为发达国家的老年人绝大多数
死于无传染的慢性病，只有发展中国家有相当一部分人死于传染病的观
点，我谈了我的观点。

我对大家说，这次疫情显示发达国家的老年人传染率比较高，死亡率也很高，这与其社会制度有关，与政府的应对措施有关，医疗卫生政策在保护全民健康方面所存在的公平公正问题值得深思。就这样，我和红芳，就在我的家里，只有我们这一老一小两个人，圆满完成了我的直播首秀。说起来，尤其是对年龄大的老人，简直是有些神奇得不可思议！这就是我为什么至今仍然要求自己不断学习的原因。只有学习新东西、新事物，才能够了解当今不断发展的社会，才能够跟上时代的步伐。我的直播首秀进行了一个小时整，事后很多人给我的评价仍然是"一个小时洋洋洒洒，声音洪亮、全程脱稿……"另外，我的直播首秀虽然很简单，也没有年轻人惯用的弹幕、刷礼物什么的花哨设置，但因为我讲的内容很丰富，观点也很鲜明，所以还是吸引了不少观众。

这一次战"疫"直播讲座，不仅吸引了许多网民线上收看，还受到了高度认可和一致好评。媒体也评论说，"……依旧助邬沧萍'实力圈粉'，吸引1.3万多'粉丝'在线观看……"有一名网友特意给我的留言也让我很高兴，他是这样写的："仁者寿，勤者寿，乐者寿。邬老已近期颐，长寿人同我们分享健康长寿，很受启发！"

3. 首秀之后的"续集"

第一次直播后，红芳又把直播视频发给了远在美国的我的儿子天方和女儿京芳，孩子们又传给了亲朋好友，结果那边也是一片欢呼和祝贺。能够得到远离祖国的亲戚朋友的夸奖，我和红芳都很高兴。

但我的"直播脚步"并没有停止，也可以说，我的直播首秀之后还有"续集"，也就是第二次直播，这次是北京乐活堂科技养老论坛邀请我再次作的学术报告。

在疫情发生之前，北京市科委所属的乐活堂科技养老论坛每年都举办有关老龄问题的学术会议，邀请一些国内外专家和学者来参加会议并作发言，我也是差不多每年都会去作一次讲座。2020年9月，由于疫情的原因，这一次他们不打算邀请我去北京乐活堂科技养老论坛作学术报告了。后来主办方邀请的几位专家和学者曾经听过我在会上的发言，觉得很有启发，还是希望我能够参加会议，于是主办方立即联系了红芳，提出由于疫情可以用直播方式发言，提前一天录制即可。

我是通过电脑链接的方式做的发言，主办方给了红芳的一个链接和验证码，提前试用了几次，效果非常好。我大约讲了半个小时就完成了这次发言。过了几天后，主办方在给红芳的微信中说："邬老前天的演讲真的是高屋建瓴，从国家政策和发展规划方面阐述了养老行业现状及未来走向……"几位专家学者不但对我的演讲给了很高的评价，而且一致决定，必须将我的演讲作为这次论坛大会的开场白，要做成一个单独的报告环节，并为这次讲话定一个题目。我经过认真思考后，为这次演讲确定了题目——《科技养老服务要与时俱进，不断提高广度和力度》，

2018年9月，邬沧萍在乐活堂三周年庆典上致辞

并由红芳用微信发给了主办方的负责人。这次网络直播算是圆满完成！

我直播首秀后的第二个"续集"是在 2020 年 9 月 24 日。那天是中国人民大学社会与人口学院新生入学的开学日。近几年来，每年我都被邀请在我们学院的新生开学典礼上发言。这一次的直播现场仍然是在我的家里，是人大社会与人口学院的两个博士生到我家里完成的。过程也很简单，他们进屋后打开了手机镜头后，我的直播就开始啦！

2020 年 9 月，邬沧萍直播首秀后的第一个直播"续集"

我以自己回国后的亲身经历，从当年吴玉章校长在大操场为我们讲第一课，谈到几十年来，人大和我们祖国发生的天翻地覆的变化。我也对他们说，同学们应该首先学会做人，做有价值的人，做对国家和社会有用的人，要树立人生目标；学会有效地和有目标地学习；学会做事，学会进行社会上的人际交往，成为社会栋梁……总的来说，我这次的直播，就是从过去、现在、将来讲述了中国人民大学的许多变化；从中国站起来、富起来到强起来的一路的艰辛，并为这些刚刚步入大学校门的新生们送上祝福和鼓励！我还对同学们寄以希望：必须努力学习，要珍惜当下学习的好环境；在以"国民表率，社会栋梁"为目标的高等学府里年轻一代是大有可为的；要成为"立大志、明大德、成人才、担大任"的人大人，实现自身价值。这些发挥正能量的"云端"寄语也算是我为这些"00 后"的孩子们讲授的"开学第一课"吧！

4. 仁者寿　勤者寿　乐者寿　智者寿

近年来，我的身体一直还算健康，生活能够自理；在我的记忆里，我从来没有因病住过医院，也没有请过病假。我在没退休的时候，每天工作到晚上十二点后才睡觉。我在 80 岁之前，经常出国访问，从来都是下飞机就参加会议，也不知疲倦。即便是退休以后，我仍是每天连续工作六七个小时，一直保持着有规律的作息时间。我对我的健康状况、生活方式、体能和智能等还是很满意的，曾经多次被不同的组织团体评为健康老人，这些对我就是很大的肯定和鼓励。

这也引得一些媒体或个人经常让我用一句话来总结长寿的原因。我告诉他们我的总结是：仁者寿，勤者寿，乐者寿，智者寿。应该怎么理解呢？"仁者"的意思就是心态要好；"勤者"，就是勤奋，身要动、脑要用，懒是不行的；"乐者"就是无论发生什么事情，都要保持理性的

2017 年年初，邬沧萍来到中央人民广播电台做节目

乐观心态，要与人为善；"智者"就是尽可能地保持认知能力，实现正常的缓慢衰退，要经常学习多用脑，才能不会让人死于无知。

也有人向我提问说"您这么长寿，有什么秘诀吗？""您喜欢什么运动才这么长寿呢？"我对他们说："持之以恒地保持健康的生活方式和行为方式"很关键。生命在于运动，我认为是比较有道理的，一直以来我也是这样做的。我最喜爱的运动是游泳和健身。曾经我就读的中学和大学都有游泳池，我经常游泳。进入中年由于条件有限，工作繁忙，游泳很少，但是一直保持晨练的习惯，包括跑步、快走、打太极、做健身操等运动。退休后至新冠疫情期间，我坚持每天早上走路和做各种健身运动，在小区里做器械运动，从没有停止过。现在我每天都在楼道里坚持运动一个多小时。运动的种类要因时、因地、因年龄而选择，最重要的是贵在坚持。

另外在饮食上，我是不怎么忌口的。从四五年前开始，我已减少肉的摄入，增加了蔬菜水果。但也不是不吃肉，做得好吃的我就多吃点。说到这里，我自己也忍不住笑了！是啊，谁能抵挡得住美食的诱惑呢！但这也说明我的身体还不错，消化系统比较好，平常虽不敢说像广告里说的那句"吃嘛嘛香"，但我的食欲还是蛮好的。我在研究日本老人的长寿原因时发现，长寿老人体内的蛋白质含量都高，所以我现在经常吃新鲜的鱼、黄花鱼和大虾等各种水产品。因为我是广东人，爱喝汤，总是饭前先喝汤。喝汤有个好处就是可以减少主食的摄入量，还可以多吃点汤内的蔬菜。

另外，还有记者曾经问我，您的家族中有长寿的基因吗？我对他们说，不否认长寿老人有家族长寿的基因，但是我没有。我上中学时我的父母就去世了。所以我觉得，长寿基因的影响是有限的，我认为后天还是主要的。我还对世界范围内重要的有关健康的会议都做过深入的研究，我觉得维多利亚宣言提到的"合理膳食、科学健身、戒烟限酒、心理平衡"中还缺乏一点，就是充足睡眠。我一直认为，人一定要保证睡

眠，因为睡眠能够提高人的免疫功能，必然会增强自身的抵抗力和复原力。

我的很多著述和科研成果也都是在退休之后完成的。因此，也有很多人问我为什么在耄耋之年仍然会不断取得成就，我对他们说没有什么秘密，唯一的"诀窍"就是勤奋。在我工作与生活的词典中似乎从来没有节假日这几个字，因为我每天都要针对我钻研的理论问题进行读书学习和冥思苦想，不说是废寝忘食，但每天都要看书、看报、思考、写心得六七个小时一直坚持着，例如对于我自己担任主编的著述，我历来严格要求自己不当"挂名"主编。从花费很大精力拟出全书提纲，到三番五次修改后完成，我从来都认真负责，不推给别人。对于书中的具体章节，尤其是每个博士生负责的部分，我更是亲自拟提纲，教他们怎样写，再帮助他们修改。博士生修改后的章节，我仍然还要仔细看一遍。至于到最后书的出版，那就更需费心劳神了。因为我要在排完版后看一遍，出版前再看上好几遍。我觉得只有这样，我才算得上一个"货真价实"的不"挂名"主编……

说了这么多，还是说说我对健康长寿的最新研究吧！

我的父母都因病去世较早，而我现在已是百岁老人，而且身体一直健康。所以通过研究，我对健康长寿又有了新的认识，这就是遗传基因不是很重要的。

我在2016年12月1日参加中国人口学会与联合国人口基金等机构在友谊宾馆联合主办的"人口老龄化与可持续发展国际会议"开幕式上，发表了题为"存在决定健康寿命"的讲话，就是我对健康长寿的新观念。

首先，我完全赞同世界卫生组织2015年在《关于老龄化与健康的全球报告》中提出的"健康老龄化是指提高和维持老年人福祉的功能发挥的过程"和"需要卫生体系从以疾病为基础医疗模式，向以老人需求为核心的综合关怀模式转变"等论述和建议，因为这是符合生命科学的规律和人类社会发展规律的。

现在很多研究材料证明，有人未老先衰，但也有 80 岁老人的健康可与中青年相媲美；还有人在艰苦环境下发育成长，但进入老年后，由于得到社会或家庭的关爱，健康地活过百岁。这足以证明构建关爱老人的社会环境就能够调动老年人生理和心理的内在潜能。

人生存在不同的生活环境下，必然产生各种不同的世界观、人生观、价值观、健康观、生死观、义利观等，这些意识不能不对一生带来一定影响。所以我建议用"存在决定健康寿命"可能更达意，也就是说，在一定的生存和生活环境下，人的所作所为、所思所想都对健康有影响，老年人存活的时间长了，日积月累，就形成了老年人健康和能力上的巨大差别。当然，这是我的一孔之见。

我在研究时，最先做的是对国内外关于健康老龄化的最新研究成果进行精心梳理，然后又结合我多年来治学研究的成果总结提炼出一个核心观点，这就是我在前面提到的我最新提出的：存在决定健康长寿。

很多人都对我说，非常敬佩我在人口学和老年学领域取得的成就。在这方面，我也想说几句。其实，我能够取得一点学术成就在很大程度上得益于十一届三中全会后实行的改革开放政策。正是在改革开放之后，我才能够在我的知天命之年开始坐下来专心致志从事人口学和老年学教学和研究。我认为，改革开放首先是解放思想，在学术上打开了以前对我们思想的禁锢。像把苏联歪曲了的"人口增长越多、增长越快是社会主义优越的表现，是社会主义人口规律"这类看法纠正过来。使人口学在改革开放以后成为发展最快的社会科学之一，也使我在这个时代的浪潮中获得很多良好的机遇。

改革开放还恢复了党一贯的知识分子政策，激发了所有知识分子的积极性，也让我得到很大鼓励，增强了为国效力的信心。还有以经济建设为中心的改革开放路线更是指引我从中国的国情出发，在对中国的人口问题和老龄问题研究中有了明确方向。也正是改革开放，让中国人口学、老年学赶上国际步伐，取得卓越成就……所以说，没有改革开放，

就没有我在学术上取得的成就，就没有中国人口学、老年学的今天。

我还想说的是，我对中国积极应对人口老龄化充满信心。随着生活一天天越来越好，老年人的生活质量一天天在提高，我国健康的老人、长寿的老人也越来越多。过去我刚搞老年学研究的时候，百岁老年人都是按百万分比计算，现在有些国家已经变成万分比，我国个别地区也有能够按万分比来计算的。现在中国 90 岁以上的老人是按千分比、80 岁以上的老人是按百分比来计算的，都比过去大大提高了，这说明长寿老人的数量和在人口中的比重已经越来越突出了。我想，将来对于很多人来说活到 100 岁都不算回事了。

今年，我们刚刚庆祝了中国共产党成立 100 周年。我在 7 月 1 日那天，也在电视机前观看了天安门前的庆典大会。我很高兴，因为在庆贺党的 100 岁华诞之际，我也在这一年迎来了我的 100 岁（虚岁）生日。

2021 年 6 月，即将迎来百岁生日的邬沧萍参加中国人民大学社会与人口学院博士生毕业典礼

回想我这么多年走过的道路，还有党和国家给我的荣誉，我更觉得，我的百岁生日意义非凡！

我庆幸赶上了祖国蓬勃发展、欣欣向荣的新时代！愿天下所有的老人健康长寿！祝愿我们的祖国越来越强盛！越来越美好！

附　录

爸爸让我学到很多

邬京芳

一、爸爸教我骑自行车

虽然我小时候是个身体单薄，带着几分娇气，又不怎么爱运动的孩子，但是爸爸和妈妈却从不娇惯我。可能是为了帮助我克服娇气和不爱运动的毛病吧！在我还不到 12 岁的时候，爸爸和妈妈就鼓励我和哥哥一起学骑自行车了。

哥哥学得很快，我当时觉得他真是聪明、勇敢又灵活，所以根本没怎么让爸妈费心，他就把骑自行车"拿下"了。看着他没用多久就潇洒自如地和同学们一起骑得风光满校园，我还真是挺羡慕的。不过相比之下，到了我这儿，这学骑自行车就没那么美好了。一是我的个子比哥哥小了不少，另外说实话，我还有点儿娇气，怕疼怕摔跟头不说，人小吧脾气还挺大（瞧我那会儿多没有自知之明）。再加上那个时候也没有像现在这样，有专门厂家生产出给小朋友骑的小自行车。我们那时学自行车都是成人用的又大又高的型号，小孩子学起来自然要花一把子力气。当然最主要的还是我总觉得自己腿脚笨"不随活"，又怕摔怕疼，尽管爸爸妈妈还有哥哥轮流"上阵"，他们一边用手扶着自行车，一边嘴里还教着我，同时还怕我摔了追着保护我。还是把他们一个个累得满头大汗，气喘吁吁，费得那个劲，就别提了。结果费了全家那么大劲儿，花了那么长的时间，我也没学会。看着我连骑都骑不稳，更不用说上下车

的样子，家人都没说什么。可我心里却没有一点儿好气儿，当时就说，坚决不再学骑自行车了！妈妈和哥哥看我耍上了小脾气，就说现在不愿意学就等以后大点愿意学了再继续练习吧。可是爸爸这时却没同意我放弃，只是很耐心地鼓励我说，你已经很有进步了，再坚持一下就学会了，做事要持之以恒，不应该中途放弃……

爸爸不光做我的思想工作，还想办法用简单明了的例子给我讲解骑车的原理，他告诉我说，骑自行车主要是掌握平衡，并且还用一枚硬币做示范。他把一枚硬币立起来在桌子上滚动让我看，告诉我说，如果硬币滚起来就会平稳地滚动前行，但是一停下来就倒下了。经爸爸这样一点拨，我忽然就明白了，骑车时只要用力蹬，向前看，让自行车走起来车就不会倒了，我也就不会摔跤了。从那之后在爸妈和哥哥的关爱下，我终于学会了骑车，掌握了这个能便利一生的基本技能。我来美国已经30多年了，可是总也忘不了小时候在北京，爸爸教我学骑自行车的情景。那是在北京初秋的季节，天色已渐晚，在夕阳照射下的人大操场上，我，一个瘦弱的小姑娘正在暮色中学习骑自行车。我骑得晃晃悠悠，东倒西歪，满脑子都是紧张和惶恐，爸爸在一旁不厌其烦地比画讲解，一边小跑着追着帮扶着。爸爸的额头上已是汗水淋淋，却没有一丝厌倦和不耐烦，我只看到爸爸满脸的耐心和疼爱……

学骑自行车的小小经历让我体会到，爸爸不光教我学会了骑车，更重要的是我还从爸爸的教导中懂得了做什么事都要持之以恒、坚持不懈的人生道理。

二、爸爸对我在学习方面的言传身教

从上学的第一天起，爸妈给我的教育就是一定要努力学习。这也为我日后的成长打下了良好基础。记得我小时候脑子不开窍，对加减法的进位总弄不太明白，心里不明白学起来也没有兴趣。爸爸妈妈知道了，就一起对我耐心启发。他们在桌子上用摆水果的实例给我讲解数学进位的道理和实用性，几次练习，终于让我明白了进位的原理。爸爸还特别鼓励我，如果有问题不明白一定要弄清楚，多问问题是好事，这样才能够学习得扎实透彻。

还记得小学时同学们普遍对历史课没有什么兴趣，有些调皮的同学还给历史老师起外号叫"中国猿人"。历史老师上课一进门，就有同学起哄大喊中国猿人到，惹得全班哄堂大笑。我回家时当笑话讲给家里人听，爸爸妈妈听后都非常严肃地对我说做学生的应该尊重老师。如果对某些学科不感兴趣就要多读一些有关的书籍，不能因为对学科无兴趣转而对老师不尊重。为此，父母还专门买了一些历史小故事书以拓展我和哥哥的学习面。

"文化大革命"中，哥哥和我十几岁就去了农村插队落户，后来落实政策回到北京，有机会上了大学时，已经是近三十岁的人了，加上我上初中时赶上"文化大革命"，失去了宝贵的学习机会，所以学习起来困难重重。爸爸知道我当时的学习状况后，没有多说什么，只是自己经常加班加点地学习。那时父亲已经 50 多岁了，可是他除了开始跟着电视讲座学习日语，就是每天都熬夜学习研究他的专业，他说要抓紧时间把动乱中失去的业务找回来，并且还要开创新的学科（他那时就以宏观的眼光看到中国未来的老龄问题并着手开始研究）。我知道，这是爸爸以他的"身教"在鼓励我克服困难、努力学习。后来在我准备考试时，爸爸又亲身对我进行了"言传"，他叮嘱我说，考试时一定要充分利用规定的考试时间，答完卷子后要认真复查，保证做题准确，文章通顺达意……

在爸爸的教诲之下，我以全优成绩从大学毕业，获得了荣誉证书。爸妈为此都非常高兴。至今，我仍然忘不了在我学习遇到困难时，爸爸的言传身教对我产生的深远影响。

三、爸爸的诚实仁厚与吃苦耐劳

爸爸在我的心目中还是一个为人诚恳厚道,工作中又能吃苦耐劳,总是抢着干最苦最累别人不愿意做的工作,而且毫无怨言的人。

最早的记忆是在 20 世纪 60 年代,当时正是三年困难时期,人大号召各系利用校园中的空地种些粮食和蔬菜以弥补食品的短缺。为了能让粮菜生长得健壮,各单位就让教职工们从校园里的粪坑中打粪作为肥料浇在粮菜地中。那个年代的粪坑都是建在地下,很深,平时用一个水泥盖子盖住,基本上每个居民楼前都有。粪便一般都由农村的生产队定时来人取出,再拉车带走。都知道打粪这个活又脏又累又臭还非常危险,因为粪坑极大极深,人站在坑边如果用力不平衡失足落下,是绝无生还可能的。以前院里有一个小男孩就因为失足掉进粪坑而不幸身亡了。

那是在老师们种下粮食和蔬菜后的一天下午,我正好放学回家,就看到楼前的粪坑边上几个人在打粪。走近一看,原来是爸爸和系里的几位老师在淘粪。只见爸爸站在坑边拿一个拴着绳子的桶用巧劲儿把空桶甩进粪坑中,然后把装满粪水的铁桶提上来倒进拉粪的车里。看见爸爸干这样的活儿,我虽年龄小,可是也非常心疼,很不好受。更让我心里不平的是,只有爸爸一桶接一桶地往上提,毫无怨言地埋头苦干。旁边的老师们却在优哉游哉以苦作乐地以每一桶打上来的数量和浓度来评分。为什么只有爸爸一个人去做这最苦最累又危险的活?吃晚饭时我就问爸爸,为什么只有您去干,别人为什么都不干?爸爸的回答很简单,至今我仍然记得。他说,最辛苦最劳累的工作总要有人去做,做人要厚道,心胸要宽广,要学会忍让不计较。

还有爸爸当年在江西"五七"干校时,因为天气炎热潮湿,劳动和生活条件也非常艰苦,爸爸得了严重的胃病,有时发作起来胃痛难忍,但他还是认真努力地在田间干活。因为在"五七"干校吃苦耐劳表现突出,爸爸还被学校选为代表回北京参加国庆观礼。

到京后阿合姑姑看到爸爸累得又黑又瘦几乎认不出来了，心疼得直掉眼泪。可是爸爸从来没有抱怨过。我从爸爸那儿听到的"五七"干校的故事，就只有他下水田插秧时速度很快，以及他开玩笑地跟我们说，一定和他爱打桥牌并经常发牌有关⋯⋯

四、爸爸一生节省，却总是在需要时帮助他人

爸爸一生都非常节省，从不浪费一分钱。可是他对需要帮助的人却从来都是善良仁厚，无论是金钱上还是物质上都是有求必应，主动帮助。多年来，无论是家中的亲戚朋友，还是爸爸的学生，甚至给家里帮忙的阿姨，只要看到他们有困难、有需要，爸爸总是悄悄地给予帮助。

若是赶上国家或老百姓群众受灾需要帮助时，爸妈更是毫不犹豫地慷慨解囊，捐款捐物。记得爸妈在外地的一家朋友，在"文化大革命"中先生因病突然去世，太太一个人带着三个孩子非常不易，加上家中没有什么存款，生活比较拮据。爸妈知道这个情况以后，一直设法悄悄地接济他们，直到孩子们都工作自立。

另外，是在三年困难时期，全国上下食品短缺匮乏，在国外的舅舅和姨妈从报道中了解到后便想方设法地给我们寄来了一些食品。其中有瑞士榛子巧克力，那是我第一次吃到巧克力，当时我觉得这东西实在太好吃了。其实爸妈也非常喜欢吃巧克力，尤其是爸爸，更是爱吃。尽管是这样，爸妈还是把仅有的一点巧克力分给了准备回家探亲的帮工阿姨，并让她多带点给她病中的婆婆尝一尝。听说她的老婆婆吃到了爸妈给的巧克力后，感叹说，这辈子能吃上这样的人间美味就知足了，还一再感激地说爸妈是活菩萨。这事过去很多年了，我一直都没有忘记。现在有时想起来，我也会问自己，在那个物资匮乏、经常处于饥饿状态下的时代，有多少人能够做到把来之不易的珍稀食品分享给帮工的阿姨和她的家人呢？

邬沧萍与女儿京芳

改革开放后，全民的生活水平提高了很多，我想爸爸不用像从前那么节省了。可前两年我回到北京看到爸爸还是那么节约用水时，就忍不住跟他说，省水也省不了多少钱，反而给自己生活带来不便，那么大岁数了何必呢？可是爸爸却回答说，北京多年来都有水源短缺的问题，国家一直想方设法缓解北京用水紧张的状况。水是人类的宝贵资源，一点都不应该浪费。省水不是为了钱，是为了帮助国家乃至人类节省有限的自然资源……爸爸的这番话，让我无言以对，也自愧不如。老人家如此的思想境界，真是我辈望尘莫及啊！

愿爷爷健康快乐每一天

夏红芳

我 1974 年出生在安徽无为一个偏远的小山村。2003 年来到邬爷爷家，当时主要是照顾病卧在床多年的李奶奶。

来之前只知道邬爷爷是一个文化高深的大学教授。来到邬爷爷家后才发现，邬爷爷不但学识渊博，而且心地善良，待人也十分坦诚随和。平日里他虽然工作很忙，却仍然不忘关心呵护奶奶。除了长期请了两个护理员照顾奶奶，还经常请医生来家里给奶奶看病，每个月给奶奶买自费药都是花好几千块钱，爷爷却从来不心疼。家中最好的吃的也总是留给奶奶。

爷爷对待我们更是从不摆架子，也从不提什么苛刻的要求。吃饭时，总是大家坐在一起，从没有什么主仆之分，有说有笑，其乐融融。爷爷对身边的人也很关心，不管是对我，还是对他的学生都像对待儿女一样又热情又亲切。有时候学生来家里，爷爷就一定要留他们吃饭，而且嘱咐我要做得丰盛些。他的学生毕业后虽然都各自到了不同的岗位，但他们都和爷爷的关系非常好，不是电话就是微信，很多学生一直和爷爷保持着几十年的联系……

爷爷对我也很关心，最让我难以忘怀的是 2012 年的一天夜里，我突然肚子特别疼，煎熬了很长时间，想等天亮去医院看看，结果越来越严重。因为怕惊动爷爷，我只留下了字条就悄悄去了医院。检查结果是急性阑尾炎，只得输液治疗。直到早上 7 点左右的时候，输液还没有结束，爷爷就给我打来电话着急地问我在哪儿，我告诉他不要着急，马上就回去了。那年爷爷就已经快 90 岁了，视力又不太好，所以我很担心他在路上摔倒。可是爷爷还是很快就提着刚买的热牛奶和面包来了。爷爷来到医院时，头上都出汗了，我又担心又激动！下午爷爷看我的病情还没见好转，当天下午又打电话给他在读的一个女学生，让她开车送我去北医三院做了检查和输液。后来我又转到附近的四季青医院输完液，身体就逐渐康复了。这次爷爷还为我付了上千元的医药费，让我十分感动！我知道爷爷是真心帮助我的，总是在我最困难的时候给予援助，让我真正感受到人间的真、善、美！

十几年来，爷爷已经给我涨了很多工资，我表示感谢时，爷爷就会说，我的退休金涨了，所以也要给你涨工资呀！每次探亲回家时，爷爷还会给我往返路费。爷爷的为人也影响着他的家人，每次爷爷的儿女回到北京时，也都对我像自己家的亲人一样。他的女儿会送我礼品和红包，爷爷的儿子和儿媳每次回京也给我红包，还讲许多感谢的话语。特别是邬爷爷的两位孙女和我相处也很好，我们经常一起聊天，谈谈心里话和有趣的事情。当时我的孩子正上小学，她们还送了文具盒等学习用品，真是人美心灵也很美啊！

爷爷对我的两个孩子也非常关心。孩子们在老家偏远山区读小学时，爷爷就建议我如果在条件允许的情况下，还是应该让小孩们去县城读书，为他们创造好的学习条件。爷爷说："不管上哪类学校，必须坚持读书，才能发挥孩子们的特长优势；还说存钱不如投资孩子们的教育。"那几年每到暑假时，孩子们都来北京，就住在爷爷家中。除了吃和住，爷爷更关心他们的学习，还亲自辅导他们的英语和数学呢！最难忘的是爷爷对孩子们的教诲和引导。爷爷告诉他们应该怎么样学会做人、学会做事、学会学习、学会交往；还用英文跟他们说："只有让自己成为优秀的人，在将来就业和择偶方面才会有更多更好的机会和选择余地，才能过自己想要的生活。"爷爷还告诉他们，无论在学校还是将来的工作单位，千万不要四面树敌，做不受待见的人，离群了永远都快乐不了，让你难受一辈子，也会影响心情和生活，将伴随你一生。

爷爷也常常讲，身边也会遇到一些耍阴谋诡计、斤斤计较、自私自利、损人利己的人，这样的人不会踏实安宁的，对这样的人果断远离……

每当看到爷爷和我们一起吃午饭后耐心地辅导我的孩子时，心里总是有一种说不出的感动。我觉得，爷爷对我的孩子们这种关心和仁爱，不是每一个人都能够做出来的……

这两年，两个孩子都考上了理想的大学，爷爷知道后特别高兴和激动，看见邻居和学生还有亲朋好友，都会告诉他们说"红芳的孩子考上大学啦"！爷爷还奖励了他们红包。

我觉得这都得益于爷爷思想的影响和各方面的大力支持。在我最困难的时候，爷爷对我说可以提前预支几个月的工资。如果没有爷爷的教导、鼓励和支持，我的孩子们是不会走进大学校门的。爷爷却从不说这些，只是风趣地对我说："红芳这一代没机会翻身，在你的孩子这一代打了个翻身仗啊！"

爷爷是个很谦虚的人。他80多岁才办理退休手续，在这之后每年都招两位博士生，还经常发表文章在报纸杂志上。差不多每隔两年爷爷就出版一部书，人家都夸爷爷是著作等身，可是爷爷却开玩笑地说："我个头不高，可能差不多吧！"我知道这是爷爷的谦虚，因为他说过，他做得还远远不够。爷爷还常说："应该为国家立功、立德、立言，我现在恐怕最多只能做点立言而已吧！"

爷爷也是家事、国事、天下事，事事都关心的人，除了每天都要读书看报外，电视里的"新闻联播""焦点访谈""海峡两岸"，还有"今日关注"都是他必看的。爷爷对电视剧看得不是太多，要看也只看抗日战争和解放战争题材的，几乎从来不看生活片和爱情片。对老龄方面的问题爷爷最关注，家里有个柜子，里面全都是从报纸上剪下来的关于人口、老年人健康、老龄问题的内容。

爷爷还是一个慈祥和蔼、勤俭节约的老人。爷爷曾告诉我，他在1995 年获得中华人口奖，奖金和一些稿费近两万，在当时可算是不小的数目，他都把它捐给中国人口福利基金会"妇女幸福工程"了。那么一大笔奖金捐献出去，爷爷从来不心疼，可是对自己却很节俭。他从来不让我给他买衣服，总说儿女带回来的就足够了。像平时穿的内衣和毛衣，胳膊肘破洞了，就让我给补一补，内衣领破了，就让我给弄下来翻过去再缝上接着穿。

书房的书桌是 20 世纪六七十年代的，爷爷说实用就好，因为抽屉多能放许多东西。爷爷自己卧室里的台柜，还是奶奶的母亲结婚时的嫁妆，爷爷告诉我应该有一百二十年以上，真的要变成古董了。

爷爷也很注意节约用水，平常的洗脸水、洗澡水都会留下来冲厕所。在爷爷的影响下，我也学会了节约用水，把洗菜的水也都去浇家中的盆景了。

邬沧萍与"功不可没"的红芳

爷爷不仅身体健康，还是一个快乐幽默的老人，平日里总是乐呵呵的，时不时地还会讲一段幽默笑话。记得有一次家里来了好几位和爷爷谈工作的学生，爷爷就在休息时给大家讲了一个幽默小段子：在 20 世纪 70 年代，都知道当老师是非常贫穷的，所以有一户特别怕小偷来偷东西的人家就在大门上写了"教师之家"4 个字，结果是旁边的几家都被盗了，只有贴着"教师之家"的这一户人家被"不屑一顾"的小偷给落下了……大家听了，全都哈哈大笑起来。

我大约在 2007 年时开始学习电脑打字，因为看到爷爷经常工作到很晚，就想为爷爷多做点事情，一开始还比较慢，有时候爷爷的发言稿在很短的时间内必须发出去，晚上我就要多花些时间整理出来。爷爷就笑着对我说："我现在是把手榴弹当原子弹使喽！"

爷爷看我很爱学习，就让他的学生孙鹃娟老师和王萍老师教我学习电脑。在她们的指导下，我学会了熟练打字，还学会了修改文稿、收发邮件等电脑的基本操作。我很高兴，不单单是为我自己的进步，更重要的是给工作繁忙的爷爷助了一把力。

曾有人问我，为什么你在一家做家政一干就是近二十年，我很自豪地说："在爷爷家里能学到许多东西，工作十分愉快，生活很充实，也开阔了我的眼界，从没有度日如年之感；同时，我也感到很幸运，遇到一位平易近人、和蔼可亲、乐于助人、慈祥的长寿老人。"

我很感谢邬爷爷为我所做的一切，我会永远铭记在心。也很愿意一如既往、尽己所能地照顾好爷爷，让这位我最敬佩的老人家健康、幸福、快乐，实现他的人生价值！愿爷爷每天都吉祥如意、幸福安康！快快乐乐每一天！

邬老师对我的影响

杜　鹏

　　我 1982 年秋天进入中国人民大学人口研究所本科学习，开始认识给我们班上课的邬老师。1989 年秋天，我开始跟邬老师做博士研究生，1992 年博士毕业后，我留在了人口研究所工作。

　　这以后，1993 年邬老师建立老龄研究中心，2003 年建立老年学研究所，我都在邬老师身边工作。在我之前，邬老师指导毕业的研究生还有 2 位，但都去了校外或国外工作。因此，我是在邬老师身边学习和工作时间最长的学生。近四十年来，邬老师的言传身教对我的学术生涯和生活都有着非常重要的影响。

　　首先，他的治学态度深深影响着我。邬老师是我国人口学的开创者之一，也是中国老年学的奠基者。1982 年人口普查之后，邬老师发表了多篇文章提出中国人口老龄化及老龄问题，并呼吁对人口老龄化开展系统的研究，同时自己身体力行。

　　我在邬老师指导下开始读博士生时，人口老龄化就是邬老师给我明确的学习和研究方向，这方面的研究也成了我以后的主要研究领域。因此可以说，邬老师的指导直接影响了我此后的学术方向。

　　邬老师在治学中非常勤奋，也非常认真。在我上本科时，去邬老师家中就看到书架上贴着一张纸条，上面写着"闲谈莫超十分钟"，他把更多的时间都用在了教学和研究工作中，这也给去过邬老师家里的人都留下了极深的印象。

　　但他在指导学生和讨论学术问题时从不限制时间。另外在讨论学术问题时，邬老师每次都非常认真地准备。他家里有一个文摘卡片柜和各种自己收集的报纸文章剪报，都是在经过认真准备与思考后约我去谈相关的研究内容。

　　邬老师明确提出他的观点和相关的文献，给人感觉思考非常深入，条理非常清晰，讨论过程也非常平等。邬老师这样的研究习惯一直保持到现在，对我和其他学生都是一个无形的鞭策，也直接影响着我的治学态度。

　　现在回想起来，我上大学认识邬老师时，他已经60岁了，直到现在百岁高龄，邬老师都保持着这种认真治学的态度。他在90岁之后每一到两年都有主编的新书问世，每年都有多篇新的文章发表。

　　在90岁以后，邬老师常用的一句诗是："老牛自知夕阳晚，不待扬鞭自奋蹄。"他这种不断探索、笔耕不辍的精神一直是我学习的榜样。

　　在邬老师的言传身教下，我从2005年开始在学校担任行政职务以后，一直以邬老师为榜样，努力工作，加班加点，尽可能将时间用在老年学教学和研究工作中。

　　这些年来，我能够取得一些学术上的进步，与邬老师的指导和鼓励是密切相连的。特别是作为邬老师在老年学领域的主要弟子，我一直努力将老年学学科建设与研究工作做好。

　　从2004年开始，我每年组织召开中国老年学学科建设研究会，到2021年已经是第十七届了。每次大会开幕式，邬老师都亲临做主旨发言，将新的研究成果与大家分享，充分反映出邬老师对中国老年学科发展的重视和对我的大力支持，更反映出邬老师在不断地思考和研究，不断提出新的思想，对中国老年学的发展持续产生着重要影响。

　　邬老师对学生的态度影响着我的成长和我对学生的态度。中国人民大学有着优良的学风和师风，从邬老师身上就可以看出，他自己博学多识，待人谦和，对待学生非常关心，这不仅反映在学术研究上，也表现在学术传承上。

由于邬老师注重对学生的培养，因此也在学生成长过程中给予了巨大的帮助，我自己更是受益良多。

邬老师是 1950 年年初从美国携全家回来建设新中国的。回到祖国的邬老师不仅有着广阔的国际视野，又对中国社会经济的发展倾注了满腔热情。

改革开放之后，邬老师是中国人口学者与国际学术界交往最多的学者之一，国际交往对他重视老年学科的建立与发展也有着密切的联系。在博士研究生学习时，他就让我重视国际上的研究成果，积极参加国外学者到学校来进行的学术交流活动。

在邬老师的鼓励下，我承担了美国、澳大利亚等国外著名学者讲座的翻译工作，使我得到了较多的锻炼机会。工作以后，邬老师又将他在国际上有关的学术联系人或机构都介绍给我，为我后来的国际经验积累和学术交往奠定了坚实的基础。

邬老师还与他在国际上两个重要的学术朋友联系，将我先后介绍到他们那里访问学习。例如 1995 年，邬老师推荐我到澳大利亚弗林德斯大学老龄研究中心做访问学者。当时这个中心的主任安德鲁斯教授是国际老年学会主席。我于 2000 年年底又到这个中心做了一年访问学者。

1995 年年底，邬老师推荐我到美国杜克大学人口研究中心做了将近一年博士后，这个人口研究中心的主任迈尔斯教授也是邬老师的老朋友，他曾担任过美国老年学会主席。

这两个地方的访问学习经历开阔了我的视野，另外由于国际老年学主要学术活动的参加者基本上都认识邬老师、安德鲁斯教授和迈尔斯教授，所以对我也非常关注和支持。这些无疑对我以后参与国际老年学会等国际学术活动奠定了很好的基础。

上述经历对我影响很大，2009 年到 2013 年我担任了国际老年学和老年医学学会亚洲和大洋洲地区主席，2007 年到现在连续两届担任联合国国际老龄研究所董事（董事长是联合国第一副秘书长），2008 年到

2016 年担任了两届国际助老会董事，上述国际学术组织任职都是中国学者的第一次，在当时对扩大中国的国际学术影响更具有积极意义。

从 2012 年开始，我在国际上组织了金砖国家老龄论坛。先后在捷克、韩国、英国召开了三次，发挥了中国学术界的国际引领作用。这些国际学术活动的参与都和邬老师对我的培养和帮助密切相关。

在国内，从 2007 年到现在我一直担任中国老年学和老年医学学会副会长、民政部专家委员会委员，还担任过北京市老年学会会长等。在我的这些工作中，邬老师都给予了多方面的指导和支持。

我从邬老师对我的培养过程中体会到，对学生的培养不仅仅是在学习阶段，实际上在毕业后的工作中都会产生极大的影响，所以，我也将这种优良传统向下传递，也在学习和工作中尽可能为学生提供多方面的帮助，将许多国际和国内的学术行动参与机会介绍给其他学者，带动大家积极参与。

中国老年学还处于起步阶段，国际社会的经验非常值得借鉴，邬老师的前沿视角也鼓励着我们在拓展视野的同时，扎根中国的实际，了解基层的现状，在研究中提出有针对性和可操作性的建议。

在邬老师的大力支持和帮助下，我在 2006 年组织出版了《老年学译丛》，将三本重要的英文老年学教材译成中文。2016 年又组织出版了《当代老年学名著》译丛，翻译出版了五种老年学专著。这些译著对老龄研究和老年学教学都发挥了积极的促进作用。

邬老师对生活的态度也影响着我。生活中的邬老师非常谦虚、豁达、乐观、包容，对学生和同事非常关心。几十年来，邬老师经历过许多事情，包括在人民大学停办时下放到江西"五七"干校劳动，但在思考这样的动荡对国家和个人带来的影响的同时，邬老师也谈到，这样的经历对他这样的海归是一种磨炼，并鼓励我们多深入到农村基层了解各种真实的社会状况和问题，认真研究如何为促进社会发展做出自己的努力。

平日里邬老师每次见到我们，在谈学术研究的同时，一定会问我们

邬沧萍与学生杜鹏

的生活和工作状况，知道有困难时都给予极大的帮助。

在我上本科的时候就曾看到，为了帮助经济上有困难的同学，邬老师就请他在学习之余到家里帮助做些整理文献的工作，并给予报酬。实际上，这是邬老师在创造机会帮助学生增加收入、解决困难。

我在上学和工作时，得到邬老师在生活和学术方面的帮助最多，在我结婚的时候，当时还在读研究生，也没有办婚礼，邬老师还作为导师和证婚人专门与我们夫妇在家里吃饭祝贺。邬老师的言传身教使我对学生和同事也更加关心，有需要帮助的时候我也都尽力在经济上或者生活上予以支持。

经常听到有人评论说人民大学的老师总体上比较低调，实际上，从我与邬老师的学习和工作过程中就可以理解，邬老师这样的学术大家在工作和生活中都是这样的谦和勤勉，在研究和生活中都是这样的实事求是和提携爱护。作为学生，我们有什么理由值得张扬？又有什么理由不将这样优良的师德和学风传递下去呢？

难忘恩师

穆光宗

我有幸拜于邬先生门下攻读博士生。学习期间，我一直与先生交往密切，因而获益也甚多。回忆起来，我曾经和先生多次外出开会、出差，也一起在《中国社会科学》《中国人口科学》《经济学家》等名刊发表过多篇有影响的论文。

其中主要代表作有《低生育研究——人口转变论的补充和发展》刊于《中国社会科学》1995年第1期；合著《中国人口的现状与对策》清华大学出版社1998年出版，后来中国外文出版社出了英文版。

先生是我国人口学和老年学的主要开拓者和奠基人之一，是公认的学术权威和大师级人物。尤其是他提出的未富先老等很多创新观点，不仅在中国学界影响颇深，更为中国人口学和老年学的发展作出了卓越贡献。

在我的心目中，先生胸襟开阔，气象博大；养生有道，声如洪钟；见解敏锐，高瞻远瞩；笔耕不辍，著作等身；是一棵活到老、学到老、创新到老的学术常青树。

先生学习认真，更惜时如金。记得当年我住在人大林园时，曾去过他的书房，看见书架上贴了一张小纸条，上面写着：闲谈请不要超过10分钟。当时不禁为之一震，不由更加钦佩先生勤奋努力，不断研究、不断向前的拼搏精神。那一场景，一直深深印在我的脑子里，如今回想起来，仍然记忆犹新。

还有就是我住在人大早起去学校食堂吃早饭时，总能遇到或看见先生一边慢跑和快走，一边收听 BBC 英语广播或者美国之音的情景，这一幕，也给我留下了深刻印象。

先生还是一个典型的"活到老、学到老、干到老"的老有所为和老有所成的榜样人物。他老人家曾不止一次地跟我说："我想看看知识老人的生命潜力到底有多大。"

邬老师胸怀宽广，更难得的是，先生的身上一直闪耀着"生命不止、自强不息"的非凡精神。2016 年，先生已是 94 岁高龄，仍然还主编了60 万字的《全面建成小康社会积极应对人口老龄化》（中国人口出版社2016 年版）。

先生的这部著作出版后，得到了业内很好的评价。我认为，这部书内容丰富，可以说是百科全书式的本土社会老年学力作，尤其是书中提出的"发展和谐共享"的三点主张，更是内涵丰富，可以说是高度概括了我国积极应对人口老龄化的战略思考和政策取向，具有深远意义。

穆光宗（右三）与恩师邬沧萍及学生

2019 年，先生已经 97 岁了，又完成了 35 万字的《老年价值论》。

还有一件事，至今仍觉得愧对先生。在全面二孩政策出台前，我与先生之间的学术观点并不完全一致。有一次，一家著名的智库邀请先生去做人口问题和人口政策的演讲，然后我点评。我纠结再三，还是秉承"吾爱吾师但更爱真理"的原则，坦率地谈了我对独生子女政策弊端的看法。

先生听了，给予我的是宽宏一笑，事后还是一如既往地关心我。这让我心中更深感愧疚。后来，我反省了自己，觉得当时没有给老师留面子，心中很惭愧，孝道做得不够，师恩难报啊，为此我专门给老师去微信道歉！

2011 年 9 月 24 日，是先生 90 岁生日，我写了一首小诗献给老师，以表对先生之敬意：

敬贺邬沧萍先生九十大寿

九秩松青长，沧桑笑斜阳。

百岁犹可待，健笔书华章。

我以"是邬先生的学生"为傲

姚　远

1985 年 7 月，我研究生毕业被分配到人口研究所工作。9 月开学前的一天，所里召开全体教师和行政人员会议，内容主要是布置新学期工作。

看着老师们打着招呼陆陆续续进来，相互交谈着，我的心里不免有些紧张。因为我是第一次参加这种会议，又没有认识的人，一时不知说什么好。

这时，一位精神矍铄、头发和服装都非常整齐的老教授进来。看到我们，他没有去就坐，而是走过来，和我们说话。当他知道我是郑昌淦教授的学生时，立刻说："我和郑教授非常熟悉，我们都是民盟的，欢迎来我们所工作！"

短短的几句话，使我感到温暖和亲切，我的紧张立即消释。我在读研时就知道人口所有位著名教授邬沧萍，但从来没有接触过。我当时真的没想到，这次会议，不仅让我能够近距离领略学术大师的风采，而且还能和他面对面说话。当然也更没有想到，后来我竟能成为邬先生的学生。

我是新中国的同龄人，从小受到的教育就是"好好学习，天天向上"，上学深造更一直是我的人生理想。因此在经历了 1978 年高考，有幸考入中国人民大学后，我在走进大学校门的第一天，就为自己立下了本科毕业后读硕士、硕士毕业后读博士的学习目标。

由于当时博士生导师很少，每个导师能够招收的博士生数量也有限制，所以我硕士毕业以后，因为没有联系到合适的博导，就直接走上了工作岗位。

参加工作以后，除了教学、搞科研、出国进修，我还当班主任和兼任副系主任，再加上家里的一些生活琐事，我一直十分忙碌。这一晃，10多年的时间就过去了。

尽管如此，我读博士的愿望却始终没有放弃。终于在年近半百之时，我找到研究生院领导，问他们我这个年龄能否再读博士。他们告诉我说，只要有导师同意接收你，就没有问题。我很高兴，当即决定报考仰慕多年的邬沧萍教授，攻读老年学。

报考邬先生的学生较多，邬先生能否同意再接收我这个大龄学生，我当时心里还真没底。在一次系所例会后，我鼓足勇气问邬先生，我想报考您的博士生，您看是否可以？邬先生立即回答说，好啊，好好准备考试吧！当天夜里，我兴奋得一夜无眠。

在读博的四年中，邬先生手把手地带着我，让我从最初对老年学的懵懵懂懂到对老年学有了初步了解，并逐渐将我引领进入老年学领域。

邬先生是大师级教授，他培养博士生有个特点，就是为学生建立一个很高的目标。邬先生说，他培养的不是普通的博士生，而是一个老年学家。虽然我是笨学生，最终没能达到导师的期望，但是我却深深体会到邬先生在指导学生过程中的用心、用力和用情。

为了激励我们成才，邬先生采取了多种方法。

一是不断强调我们的学习目标。例如在集体辅导或个别辅导中，邬先生经常勉励我们，一定要认真学习，努力学习，争取成为一个名副其实的老年学专家。

二是精准设计培养方向。即邬先生根据每个学生的背景和特点设计了不同的研究和发展方向，以使每个学生都能尽快成长。

三是随时向我们提供最新老年学信息。当年邬先生经常参加国际国

内老龄方面的会议。每次开完会，邬先生都会第一时间把会议精神告诉我们。这也让作为邬先生学生的我们能够及时了解老年学研究和政府决策的最新动态，始终处于老龄问题研究的最前沿。

四是带我们参加各类会议，把我们介绍给其他老年学前辈和相关专家教授，使我们尽快熟悉并融入老年学圈子。

五是帮助改稿子。邬先生的约稿很多，每次邬先生写完都会首先交给我们，征求对稿子的意见。有时我们有删有增，邬先生从来不生气，反而很高兴，认为我们动了脑子。

六是建立融洽的师生关系。邬先生是大师和前辈，我们是学生和晚辈，但邬先生对待我们从来没有架子，而是像对待自己家人一样。我母亲近百岁高龄，邬先生每次见到我，总要问候我母亲的情况，还经常问候我爱人和孩子的情况。

邬先生培养我们的良苦用心，我们当时还体会不深。在经过这么多

邬沧萍与学生姚远

年以后，我们也做了教授，也带硕士研究生和博士研究生时，再回想邬先生对我们的培养，我深深感受到邬先生的一片心血和老一辈学术大师的高度责任心和事业心。

邬先生给予我的，不仅是老年学知识，还有为人处世的道理。我和邬先生，既是师生，也是同事。我多年负责系所工作，经常会遇到很多烦心的事情。每到这个时候，我就会想到邬先生，想到邬先生平日笑对万事万物的宽容大度。邬先生这种不计较、不强求的人生态度，一直是我化解烦恼、提振精神的灵丹妙药。

在一次会议午餐时，一位女老师向邬先生请教长寿秘诀。邬先生讲了9个字，"身要动，脑要用，心要松"。后来在《健康百岁书：健康长寿专家共识》书中，邬先生又进一步概括为"仁者寿，勤者寿，乐者寿"。这9个字是邬先生人生经验的总结，包含了经验、体悟、认知和哲理，是对我们晚辈做人做事做学问的最好指导。邬先生已经百岁高龄，还在勤耕不辍，我们做晚辈的真的不敢懈怠！

邬先生的学识、声望、人品、成就已如一座高山，我"虽不能至，然心向往之"。"我是邬先生的学生"这句话是我最引以为傲的，导师的榜样和教导永远是我一生中最可宝贵的无价之宝。

邬沧萍先生，老年学里 yyds

陈　功

从 1990 年到人民大学读书认识邬沧萍先生，迄今已经有 30 多年了。邬先生从"90 后"，马上就要成为"00 后"，我对于邬先生的敬仰，犹如滔滔江水，只能用现在"90 后"和"00 后"的常用语来表达，yyds！回想 30 多年，对邬先生能够说和写的角度很多，我想说的，有很多内容尤其是邬先生学术和社会贡献在众多的媒体中介绍已经很多了，下面就从作为学生的眼中和与邬先生交往中的部分经历来做一些补充介绍。

一、硕果仅存的"长老"

1990 年一到人民大学，人口所的师兄师姐们都特别高兴，因为我们这一届开始是两年才招一届本科，他们对我们这些期盼已久、初来乍到的新人关怀备至，也给我们上了人口学第一堂课，包括我们特别希望了解的，人口学是研究什么的？人大人口所怎么样？学长们根据自己的理解给出了不同的答案，人口学研究计划生育，但是人口学不仅仅限于计划生育，尤其特别骄傲地给我们科普：人大人口所很牛！之所以牛，就是其他人口所最多有一到两位著名专家，而人大人口所有"四大长老"，都是中国人口学的开拓者，中国人口学界的领路人。从学长们的介绍中，我第一次知道了"四大长老"之一的邬沧萍教授。

人口所"四大长老"，是指刘铮、邬沧萍、查瑞传和林富德四位教授。学长们介绍的"四大长老"各有绝招，各有传奇，我们新来的同学都津津乐道，不胜仰慕，心向往之。刚刚进校，我们没有"四大长老"的课程。通过学长们得到的初步印象是，刘铮和邬沧萍教授比较活跃，不仅仅学术界名气大，而且社会影响力大，查瑞传和林富德两位教授比较内敛，主要埋头做学问，在人口学术界有影响。还有刘铮教授"霸气"，邬沧萍教授"洋气"，查瑞传教授"儒气"，林富德教授"静气"之说。

1990 年我入学时，刘铮教授已患病住院多时，因为我在班上做学生干部，还作为志愿者到医院做过陪床，有幸见过并得到刘先生的一些指点，其时刘先生病情已较重，不能多说话，加之我刚刚入学不久，所以只是就我的课业做了一些交流，提了一些希望。

查瑞传和林富德两位教授很少在系里碰到，特别像传说中的长老闭关修炼。邬沧萍教授倒是见了几回。果然如同学长们所说，邬沧萍教授洋气：西装领带，说话浓浓的广东腔，声音洪亮、笑容可掬，同样儒雅，一派海外归来学者的大家风范！在 20 世纪 90 年代，老师们经常穿西装的不常见，邬沧萍教授因为是民盟中央常委，全国政协常委，常常出席重要的社会活动，所以穿着比较正式。当时粤语在全国和第二外语差不多，在年轻人中很流行，如果不能说几句粤语，唱上两首粤语歌曲，那就是跟不上时代，而且说广东话和香港还与改革开放关系密切，一口"广普"都是创业者、投资者和大老板的标配，是新潮时尚时髦的现象。邬先生乡音未改，广味十足，一听就是广东香港一带的人，是社会的流行语，所以给我印象很深。

不过，当时邬先生在系里常常都是匆匆忙忙，往往是和系里老师一起在处理工作，我们并没有直接的接触和对话。现在回想起来，三十年如白驹过隙，四人长老中刘先生最年轻但走得最早，查先生和林先生也先后驾鹤西去，只有邬先生硕果仅存，而且活跃依旧、洋气依旧、笑容依旧，更加鹤发童颜、仙风道骨！

二、胸怀国之大者，一生向学

邬先生是最早一批在美国学成，响应建设新中国号召归国的学者。他最早在国外学习的是 MBA 和统计，如果是改革开放时期回来，肯定特别吃香。可惜当时回国未有用武之地，不过这并没有难倒邬先生，他通过不断学习转向了统计，再之后又由于国家的需要转向人口学和老年学！对于邬先生这种只要祖国需要，不怕艰难险阻，干一行爱一行，通一行精一行的精神，我佩服得五体投地。

第一次和邬先生交流是第一个学期的人口学系新年晚会。这是我们入学后的第一个新年，所里很重视，特别组织了很多节目，也特别邀请到所里的知名教授一起和同学们过新年。邬先生、查先生和林先生也都来了。在我的印象中，我在人口所 9 年中，每年过新年，几位先生都特别重视和同学们的交流，都会出席。这似乎是人口所的家规和家风，也是我们学生特别感动的一点：人口所如同一个大家庭，几位家长就是核心，无微不至地照顾着每一个家庭成员，让我们每一个远离家乡的学子感受到家的温暖，不感觉孤单。

我们都很期待几位先生的讲话，尤其是邬先生的"广普"。终于轮到邬先生要发言了，我作为活动的组织者之一，站在墙边比较靠近音箱，正全神贯注地看着主席台上的邬先生。一位高年级的学兄马上拉着我朝另一个方向走，我没有反应过来，赶紧问师兄："出什么事情了？"紧接着就听见身后的音箱拉长刺耳的声音作响，声音之大吓我一跳。原来邬先生声音洪亮，引起了麦克和音箱共鸣。高年级的学长们都很有经验，知道每次邬先生发言必然出现这种共鸣现象，可见邬先生中气十足，特别有气场！

这次发言，除了对邬先生发言洪亮有了更切实的感受，印象更深的是邬先生发言高屋建瓴，他的发言就像作报告，每每从我们身边说起，信手拈来，又能够紧扣当前的国内外形势，再结合我们学习的专业知识

292

给出条理清晰的观点，加上"广普"的时代感，整个新年致辞既像讲专业课有深度，更像新闻联播有广度、高度和温度，允满激情和正能量。后来，听邬先生的发言和讲课，每次都会有这种感觉，非常受启发。邬先生身体力行告诉我们，要胸怀国之大者，做研究不能脱离社会和生活环境，要用广角，服务国家战略，又要聚焦，服务民生，要与时俱进。

三、绝知此事要躬行

邬先生名气很大，著作等身，经常有新思考新观点，绝非一日之功，他非常重视自己亲自调查和研究。

我第一次参加邬先生主持的研究项目是 1996 年，我还在上硕士研究生。当时邬先生和杜鹏带领我们去山东和河南调查农村养老问题，而且当时是与 ESCAP 合作的项目。邬先生很早就关注和研究老年人口问题，特别关注中国国情，重视农村养老的研究。我当时作为邬先生和杜鹏的研究助手，参加了整个研究调查设计到报告撰写全过程，知道当时之所以选择去山东和河南就是因为邬先生认为这两个都是农业人口大省，农村养老具有典型性。邬先生参加了整个调查，除了听同学们的入户调查外，他还亲自带领杜鹏和我，不要任何当地陪同，每天到村里几户人家中访问，通过和老人们聊天，了解老人们的生活和感受，亲自收集一手资料。邬先生说，只有这样，我心里才有底。要知道，当时邬先生也已经 74 岁高龄了。他在调研过程中还一再要求同学们要实事求是，要和老乡们打成一片，收集真问题真情况。

还有一件事情我印象特别深刻。我们反复修改了中文报告后，时间已经很紧，报告还要翻译成英文。杜鹏当时在国外，那时电脑还不是很普及，并不像现在这样有很好的电子办公环境，甚至包括请翻译公司等社会服务。我将中文报告送到邬先生家里，邬先生最后审核了一遍中文版报告，紧接着就吩咐要抓紧时间翻译。我答应着接过报告，准备告

辞。邬先生说等等,我先翻译一部分做模板,然后就进了房间,我感觉到有些奇怪,因为邬先生当时家里还没有电脑。过了一会儿,他拿出来一台便携式的英文打字机,摆在办公桌上,让我将报告翻开并逐段读给他听。只见邬先生边听边熟练地敲打英文打字机的键盘,很快,报告的英文就一行一行出来了……当时是夏天,家里还没有空调,邬先生穿着一件白色的背心,很专注地翻译,只听到打字机噼噼啪啪规律的打字声和换行声。英文报告主要是邬先生亲自翻译的,一方面,我特别佩服邬先生的英语功底,基本没有修改,一次成文;另一方面,对于研究报告,尤其是合作的英文报告,邬先生亲自撰写和反复修订,特别严谨求实。这对我后面做研究起到非常重要的示范和教育作用。

我们今天能够看到的是邬先生的高产,听到的是邬先生的高论,背后其实是先生日复一日的勤勉。有一次,我问邬先生,为什么您每次讲课或者演讲,无论长短都不用稿子,但是都能够言之成理、言之有物?我觉得这需要有天分。邬先生说,哪里是天分,我每次演讲都需要深思熟虑,翻阅资料,做好准备。不打无准备之战就是我的秘诀!听红芳姐讲,即使是90岁高龄,他每天还要工作6个小时以上。我特别感动的是,每次看望邬先生,他都要分享他近期研究的心得和成果,而且,每次都有重要的思考和观点。有一次春节我去看望邬先生,他正在读世界卫生组织刚刚发布的英文报告,然后和我一起讨论健康老龄化的新理解,鼓励我多做新的探索和尝试。先生告诉我,现在最大的问题是眼睛,字太小看不清,需要用放大镜看,读报告有些费劲。但厚厚的一本世界卫生组织报告,英文原版报告每页都有先生阅读的标记和笔记!

四、化作春泥更护花

作为教师,最大的成就莫过于桃李满天下。邬先生就是典范。邬先生一生授业解惑,弟子无数,行行业业,贤者辈出。我虽然不是邬先生的亲传弟子，但是邬先生一视同仁，视同己出，给了我很多的机会和提点。我在人大读书时，所有的老师都教过我，对我都有教导之恩。而且，每一个老师对我请教的问题都不会说不是我的学生就算了，或者马马虎虎对付过去就行。这对我的从教工作影响很大，我现在在北大工作，也秉持同样的观点，北人人口所，每一个学生，不管是不是选我做导师，都是我的学生，都需倾力以待。甚至来北大旁听或者写邮件咨询问题的学生，我都会积极回应，这受人大各位老师，包括邬先生影响很大，我自己觉得这就是精神传承。

我的硕士生导师是郭志刚教授和姚远教授，博士生导师是查瑞传先生，但是邬先生和杜鹏教授对我选择社会老年学为研究方向却有着很大影响。邬先生可以说是我进入老年学领域的引路人。我读书使用的老年学教材及很多研究的资料都是邬先生主持编写的，我还在杜鹏带领下积极参加了邬先生主持的多项研究课题。我的博士论文写作也得到了邬先生的指点，最后答辩主席也是邬沧萍先生。

即使我到了北大工作，邬先生还是一如既往支持和帮助我开展老年学研究工作。他经常将自己的所思所想和我们分享，鼓励我根据北大的工作条件和环境以及特色开展老年学研究，支持建立了北京大学老年学研究所，还特别帮助我们开展残疾和老龄的多学科研究，对北大开展社区养老服务的实践探索表示赞赏，认为老年学应该是一门应用之学、实践之学。

邬先生是有远见和前瞻的，在老年学刚刚起步时就积极推动学科建设和培养人才，做了极其重要的奠基性工作。早在2003年，邬先生就支持杜鹏教授和我建立老年学学科建设网络，共同开展老年学学科建设工作，翻译国外名著和编写老年学教材，每年召开老年学学科建设研讨会，迄今已经连续召开17届。邬先生率先垂范，每届都按时出席，并发表重要演讲，从80岁一直到98岁。每一届邬先生的出席和演讲都是保留节目，每次演讲都受到出席代表和学生的热烈欢迎！我永远忘不了

的一次是，有一年研讨会召开前师母病逝，邬先生非常悲痛，我们都以为邬先生这次不能出席时，邬先生仍然坚持参加了开幕式并如期发表了演讲，鼓励后学继续开拓和推进老年学研究！可以说，邬先生将自己的一切都献给了自己热爱的事业、热爱的学生！

五、心底无私天地宽

每次学科建设会，很多代表都会惊诧于邬先生90高龄还能够精神矍铄地作学术报告，不要稿子，思路广阔，逻辑清晰，数据准确！而且动作精准，声音洪亮！北京大学人口研究所建所40周年庆典时，邬先生97岁高龄前来参加。北大一位领导悄悄提醒我，邀请这么大年龄的老人来参加，风险太高了，以后要注意。我回复，一方面请了救护车做好安全预案，另外一方面，邬先生自己站着作一个小时的学术报告都没问题，请放心！果然，邬先生发言之后，领导佩服地告诉我，这个老先生，真是绝了！

很多社会人士在赞叹邬先生健康老龄化、积极老龄化的同时，都在请教邬先生的健康长寿秘诀。邬先生近期也表示自己学术研究要封笔，留一些时间总结一下健康的心得。邬先生上中学时父母就去世了，自己现在90多岁身体依然健康。所以，邬先生不太相信长寿基因有多么重要，认为长寿基因的影响是有的，但不是绝对的，后天的生活方式才是更重要的。他曾经告诉我除了看眼睛，没有去过医院，开玩笑说这辈子医生从自己身上没有挣到什么钱。

作为学生，我所知道的是邬先生有良好的运动锻炼习惯。邬先生自己说过年轻时经常游泳。我们读本科时，早上要求出操，我们大多数同学很痛苦地被每天晨练打卡折磨时，却经常能够看到邬先生在操场锻炼的身影。冬天穿一身运动服，戴一副很简单的毛线白手套，除了跑圈还踢腿。师母曾经告诉我，邬先生经常做一套自己编的操。

邬先生很重视营养，要营养均衡。每次在开研讨会时，中午和邬先生一起吃桌餐胃口会特别好。邬先生告诉我们，百无禁忌，什么都要吃，什么都不要多吃。看邬先生吃饭，大家都很羡慕！

我个人的看法是除了健康的生活方式，更重要的是邬先生特别乐观、特别豁达。我还从来没有看到过邬先生愁眉苦脸。我曾经问过杜鹏教授，他也说这么多年从来没有看到过。我们看到的永远是邬先生积极、乐观的笑容！还有几十年如一日的勤勉用功！师母曾经告诉我，邬先生什么事情都想得开，当年下放劳动改造时，别人都不愿意去扫厕所挑大粪，他每天干得乐呵呵的，还说锻炼了身体！

用邬先生近期的思考和总结说健康长寿有两个要点：一个是存在决定健康长寿，另外一个就是仁者寿、勤者寿、乐者寿、智者寿。

邬沧萍与学生陈功

我觉得其实这个总结就是邬先生自己一生的经历和实践，尤其是仁、勤、乐、智就是邬先生德行的真实写照！自己无私，对他人有爱！

邬先生一生的经历就是神迹，健康长寿百年就是神奇，在事业上的成就是一个神话，为教书育人树立了一个彪炳千秋的标杆！在我心中，邬先生就是老年学里 yyds！

谨草就几句，恭贺邬先生百岁寿辰：

十全老人皆不及，

千秋多少到期颐？

百岁华发少年梦，

万世桃李下成蹊！

学术与人生路上的导师

孙鹃娟

回想起来到今年 2021 年我认识邬老师有二十四年了。第一次见到邬老师是 1997 年 10 月在北京召开的国际人口科学研究联盟（IUSSP）第 23 届国际人口科学大会上。他渊博的学识和谦和的态度给我留下很深刻的印象，于是 2000 年我坚定地报考了他的博士研究生，并很有幸顺利以各门单科以及总分第一的成绩考上人大博士，成为邬老师的学生。

更幸运的是，在随后我的学术与人生道路上，总能时时得到老师的无私指导和教诲，于是我也得以更全面地了解为何他既能够做到在治学之路上持之以恒、硕果累累，又能够在耄耋之年依然健康矍铄。

邬老师对于学术有着常人难以企及的热情。我跟随导师学习时他已经 78 岁了，但几乎每次与他的交流无论什么主题，总会在三五句话之后转移到他的学术观点上。他通过大量阅读、关注时事、积极参与会议来保持对现实问题的敏锐观察。他还住在人大林园时，我记得他用来存放书稿目录卡片的柜子就是他家客厅里最醒目的家具，卡片上写满笔记和出处。如今最新出版的学术著作他也会仔细阅读，上面用各种颜色的笔作了很多批注。

他对学术的热爱也对我产生了很深的影响。我在读博士期间跟随老师进行过生育政策、老龄化、孝道、生活质量等几个主题的研究。每一个研究问题正是在他积极而又严谨的推动下都得以顺利完成，我们在

《求是》《浙江大学学报》《群言》等有影响力的杂志发表了几篇论文。跟着邬老师学习是一件既"省心"又不"省心"的事。说"省心"是因为邬老师对任何论文或研究都会下很大功夫查文献、反复揣摩、不断修改，例如我们要撰写一篇论文时，到我手里的"提纲"常常是写得满满的好几页，而我顺着他的思路再进一步做些补充文章就基本成型了，甚至要查找的某些资料邬老师还会标注出来，所以跟他一起写文章真的是比较轻松的一件事！但"不省心"体现在对于每一个主题、每一篇文章、每一章书稿他都会不满足于原有的想法，而是反复斟酌思考，而且只要一有思路就会打电话给我，滔滔不绝地谈他的新想法，以至于与邬老师讨论论文的"电话粥"常常长达一个多小时。但正是因为他如此浓厚的学术热情才推动我这样一个当时的老年学新人在踏入这个学科后也致力于其中，作为自己终生矢志不渝的事业。

邬老师是一个非常崇尚理论创新且有着开阔学术视野的智者。他总是力图从现象看到本质，再深入浅出地用最简练甚至通俗的语言表达出来，而如果没有进行过深入的理论思考与艰难求证的人是难以体会其中的艰辛的。记得在我的博士论文选题时，一开始我想选的是当时比较"热门"而我自己又容易把控的题目，但邬老师已经看到了我国老龄问题发展的前景和老龄研究更深层次的问题，他提出研究中国老年人的生活质量是更有意义和价值的。正是在他有远见的指导下，我通过对老年人生活质量理论、指标体系的初步研究得以对老年学、老龄问题有了一个比较系统的探索，至今对于我的教学和研究都是非常有益的。

他时常教导我说，"中国的老龄问题特别需要理论指导，但理论创新是最难的，加上很多人不够重视，使得不少研究总是停留在很多重复性或表面性的结论上，缺乏有深度和广度的理论思想。"我想，作为一个已经卓有建树的学术大家依然忧心于学科的发展问题，如果没有强烈的学术使命感和对老年学、人口学深深的热爱是不会反复强调这些无关个人得失的问题的。至今我在研究中遇到难题时心里总是不会慌张，因为身边有这样一位学识渊博而又乐于分享的导师可以求助，何其幸焉！

勤奋必须是描述邬老师的关键词之一。他的勤奋严谨有目共睹、不胜枚举。无论大至学术报告、书稿论文撰写还是小至一场社区讲座，他都亲力亲为做大量的工作。记得在他的指导下我们曾做过一个生育政策与老龄化方面的研究，其中有一个法国生育率数据他觉得有疑义，为了弄清这个难以发现的小问题，他连夜查找了很多历史资料来纠正。如今我自己也担任了博士生、硕士生导师，在工作中我也时常提醒自己要学习老师这种勤奋、严谨的精神。

在他的世纪人生中，经历了不少曲折坎坷，但他总是用积极乐观的心态来应对。我想也许正是对生活始终怀有乐观的心态，他才能若干年如一日地坚持锻炼、坚持营养、坚持学习、坚持做研究。作为一个长寿而又健康的老人，我观察到他的长寿"秘诀"其实很简单，但他能够在每天的生活中把这些健康原则贯彻始终，才能最终达到全面健康的状态。邬老师把健康长寿归结为"仁者寿、勤者寿、乐者寿、智者寿"，最近两年更进一步上升到哲学层面上的"存在决定健康长寿"。而这些真知灼见的背后我看到的是源于他对生活自始至终的热爱和积极去体现自我价值所做的努力。

2003年我博士毕业时，非常荣幸地在邬老师、杜鹏老师等的鼓励支持下，继续留在人民大学从事老年学、人口学的教学研究。这些年来，邬老师在学术思想上对我的启迪和指导始终没有中断过。一旦他有新的思想或看法，常常兴奋地与我分享，有时还把手稿或请红芳帮助录入的打印稿寄送给我，让我得以不断学习前沿理论知识。

在邬老师的信任、鼓励和鞭策下，我参与了他主编的《老年学概论》(第二版)、(第三版)、《全面建成小康社会积极应对人口老龄化》《老龄社会与和谐社会》《老年价值论》《新修社会老年学》等书稿部分篇章的撰写工作。在撰写过程中，老师总是预先就考虑到可能遇到的问题，并及时给予思想认识上的启示。对于不同的学术观点，他一方面会直言不讳地提出他的观点，另一方面也会包容而耐心地听取我们的想法，因此在他的指导下从事研究，既充分感受到他的丰富思想和广博视野，也得以领略他兼容并蓄、有容乃大的学术精神。

在我眼中，邬老师还是一位积极乐观、睿智豁达、慈祥宽和的长者。我的就业、安家、结婚、生子、出国等这些人生中的重大事件都得到了邬老师的关心和帮助，并用他丰富的人生经验和睿智的思想给我指导，让我更有信心和能力去面对生活中的困难。我和我的家人都已经在心底里把他当成了最敬重、最慈爱的长辈和亲人。

这些年来，我是如此幸运地能够跟随邬老师学习、成长，不仅向他学习专业知识，更深深体会到他作为一位学术大家所展现出的常人难以企及的治学精神、思想境界和人生智慧，使我感到我在工作和生活中也要把这些知识和精神财富传扬下去，只有努力做好老年学、人口学的教学研究才能不辜负导师的培养与期望。

邬沧萍与学生孙鹃娟

我与邬老师的师生情缘

史　薇

　　2021年9月24日是我敬爱的导师邬沧萍教授99岁寿辰，上周接到孙鹃娟教授的电话，嘱我为邬老师的新传记写一篇稿子，我欣然应允。今日提笔，回忆过去数年追随邬老师读书、学习的往事，百感交集。我是2010年本科毕业后进入人民大学攻读老年学专业硕士研究生的，受惠于人民大学浓厚的人文社科学术氛围，从那个时候起，我就已经在各种场合聆听过邬老师的公开演讲和学术报告了。2012年上半年，在我硕士行将毕业前，得益于杜鹏教授的推荐，我顺利考取了邬老师的博士研究生，自此跟邬老师结下了这十年的师生情缘。十年的时间，弹指一挥间，作家路遥在他的成名作小说《人生》的开篇里面讲到，"人生的道路虽然漫长，但紧要处常常只有几步，特别是当人年轻的时候"。我想说，自追随邬老师攻读博士学位以来的这十年，对于我的人生而言，就是最紧要的十年，也是极其幸运的十年，在我人生重要的关键节点中，邬老师都给予了殷切关怀、悉心指导和无私的帮助。

　　作为生老之学的开拓者，邬老师是我国最早从事人口学和老年学教学与研究的学者。早在20世纪80年代初我国刚开始实行计划生育的基本国策，人口老龄化还鲜为人知的时候，邬老师就已经根据对国外人口资料和世界人口发展规律的研究，预见到我国严格控制人口增长势必导致人口老龄化加速到来的问题，基于这种认识，邬老师最早在我国创建了一门崭新的社会科学——社会老年学。四十多年来，凭借知识分子高

度的使命感和责任担当精神，邬老师始终辛勤耕耘在人口学、老年学理论与政策研究的最前沿。2012年我报考邬老师的博士时，老师已经90岁高龄，在我之后，陆陆续续还有多位师弟师妹也报考了邬老师的博士。最近这十年，除了亲自指导我们这些学生外，基本上每隔两三年，邬老师都会牵头主编出版一本著作，每年都有文章发表，每年还会出席各种学术会议并在大会上作报告，用老师自己的话说，真的就是"老牛自知夕阳晚，不用扬鞭自奋蹄"。

我在邬老师指导下参与的第一项工作，是2012年9月由中国人口出版社出版的《老龄社会与和谐社会》一书，该书是国家出版基金项目、中宣部和新闻出版总署迎接党的十八大重点图书，2015年该书获得第五届中华优秀图书奖。还记得2012年6月在接到这本书的编撰任务时，由于时间紧、任务重，加上那时候我才刚刚硕士毕业，对人口老龄化的认识还相当肤浅，为了让我能尽快胜任工作，邬老师直接把我这个还没正式入学的"博士生"叫到他家里，当面给我讲解整本书的指导思想、写作思路和内容框架，还与我分享了很多他剪裁、收藏、积累多年的研究资料，并将他自己亲笔撰写章节的手稿交给我第一时间阅读并转录成电子版。这是我人生中第一次如此近距离地在学术大师的指导下工作，我深感荣幸，也倍感压力。为了给我提供安静的工作条件，邬老师还把他自己在人大校内的办公室钥匙给我，让我可以在不受外界干扰的环境下静心工作。在北京高校教师办公资源普遍紧张的地方，我当时作为一个学生就能享受到人民大学荣誉一级教授的待遇，实在是老师给予我的莫大厚待。可以说，参与《老龄社会与和谐社会》的编撰工作，邬老师的指导为我打开了一扇大门，使我第一次真切领略到了学术的魅力和社会老年学的博大精深。

从2014年开始，我继续在邬老师的指导下着手进行《全面建成小康社会积极应对人口老龄化》新书的撰写。与《老龄社会与和谐社会》一样，这本书也是在邬老师的统领下，由国内多所知名院校的老龄问题专家发挥所长、集体合作的结晶。不同的是，这本书的写作主要是为了在老龄领域编写一本深入学习和宣传贯彻党的十八大精神的主题出版物。党的十八大正式提出了全面建成小康社会、实现第一个百年奋斗目标的战略部署，特别是，党的十八大报告明确提出了"积极应对人口老龄化，大力发展老龄事业和老龄产业"的战略任务。那时候，我止上博士二年级，出于信任和学术训练的需要，邬老师指导我深度参与了这本书第一篇"积极应对人口老龄化"第一章、第二章、第三章、第四章的撰写工作。通过撰写这几章的内容，我对人口老龄化的规律性和必然性、人口老龄化的决定因素、人口老龄化对经济社会可持续发展的挑战以及健康老龄化、积极老龄化等国际社会应对人口老龄化挑战的对策理念等老龄研究领域的核心议题、经典文献有了全面、系统且深入的梳理和理解。在这个过程中，邬老师给予我的指导和教诲可以说让我受益无穷。经过两年多时间的写作、修改和努力，2016 年 3 月《全面建成小康社会积极应对人口老龄化》顺利出版。

2019 年 8 月，邬老师和杜鹏教授主编的新书《老年价值论——积极应对人口老龄化的理论与实践》出版，我的博士论文《照料孙子女对中老年妇女健康的影响》就是在中央调整完善生育政策，在邬老师倡导的积极乐观思维和充分发挥当代老年人在隔代照料、对家庭发展促进作用和价值的框架下写作完成的。可以说，没有邬老师的悉心指导和帮我打下的学术基础，我的博士学业很难完成，在我博士毕业以后，没有邬老师的推荐，我也很难获得进入清华大学老龄社会研究中心从事博士后研究工作的机会。直到今天，我能够在北京理工大学人文与社会科学学院继续从事老龄健康、老年社会工作、终身教育领域的教学和科研工作，也断然离不开这么多年我跟随邬老师所接受的专业教育和学术训练。

2017 年年底我从人大毕业后，每年春节我都会去世纪城家中看望邬老师，前几年因为结婚生孩子行动不便和新冠肺炎疫情的缘故，我就

打电话或者在微信上给老师发去祝福。平日里，在媒体上看到老师出席各种会议和发表演讲的新闻和照片，我也会第一时间进行转发。今年五月，我和师妹一起去看望邬老师，一见面，老师既关心我的工作，也关心我的家庭生活，其心殷殷、其情切切，一阵寒暄之后，老师还像我们攻读博士学位时一样，激情满满地给我们讲了一个多小时他在学术上的新思想，在老师家中的书房、客厅，一起午餐、晚餐期间的漫谈，这些场景，此时此刻又浮现在我的眼前。"高山仰止、景行行止"，可以说，邬老师传授给我的，不仅仅是知识，更重要的还有理论思维和审视世界的视角。这么多年来，邬老师就像一座高峰、一座灯塔，始终屹立在那里，一直鞭策着我在学术道路上矢志努力、奋斗不息，虽不能至，然心向往之。

邬沧萍与学生史薇

郐沧萍先生年谱

1922 年 9 月，在广州市番禺区出生。

1927 年，在广州一所有名的幼儿园接受学前教育。

1929—1935 就读于广州最好的公立小学——五一小学。

1935—1938 年，就读于广州最负盛名的广雅中学（晚清张之洞的广雅书院原址），曾称为广东省立第一中学。

1938—1939 年，在澳门、香港内广雅中学办的临时中学读高二。

1940 年，从澳门知用中学高中毕业，考取岭南大学经济系（在香港大学上课）。

1940—1944 年，在广东粤北继续完成岭南大学经济系的课程。

1945—1946 年，在广州岭南大学经济系毕业。

1946 年，参加国家考试院的高级财会人员考试、海关学院考试和出国自费留学公开考试，都顺利通过或录取。

1946—1947 年春，在上海税务专门学校（即海关学院）高级班进修并提前毕业。

1947—1948 年，在香港九龙海关任税务员。

1948—1951 年，在美国纽约大学留学，获得 MBA 学位后继续攻读博士学位；在哥伦比亚大学专修统计学作为第二专业。

1951 年 8 月，同妻子李雅书和一岁的儿子登上"富兰克林"号离开美国，回到祖国怀抱。

1951 年 9 月，由教育部分配到北京辅仁大学经济系任教。

1952 年，由教育部院系调整分配到中央财经学院统计系任教。中

央财经学院是由北京大学、清华大学、燕京大学、辅仁大学四所大学的社会、财经各系合并而成，只持续了一年大部分教师都合并到中国人民大学等校。

1953年，由教育部分配到中国人民大学计划统计系任教。

1953年，以中国人民大学计划统计系教师的身份参加中国第一次人口普查。

1953—1957年，在中国人民大学计划统计系任教；

在马列主义四年制的夜大学攻读，以全优的成绩毕业。

1957—1958年，成为中国人民大学第一批下乡劳动进行思想改造的积极分子，被下放到北京市海淀区西山四季青乡南平庄村农业劳动一年。

1958年，被评为北京市先进工作者（劳动模范）。

1958年，编写出版了人生中第一本著作《商业统计学》。

1958—1966年，三次被选为海淀区人大代表。

1965—1966年，到湖南湘潭农村进行社会主义教育（"四清运动"）一年，被四清工作队评为优秀"四清干部"，与贫下中农同吃、同住、同劳动，帮助当地农民发展生产和整顿基层农村工作。

1967—1970年，被下放到江西省余江县的刘家站"五七"干校，走"五七"道路从事三年农业劳动，成为"插秧能手"，被评为"五七"战士，在这期间，新中国成立20周年大庆并被选为回京观礼的代表。

1971年，联合国恢复中国在联合国的合法席位后，开始参加国家计委人口问题研究小组，在中国人口学研究的道路上迈开第一步。

1971—1973年，开始研究国内外的人口问题，主持翻译联合国推荐的《人口通论》。

1974年，推动中国第一个人口学的研究机构即中国人民大学人口研究室成立，推动创办我国第一份人口学学术期刊《人口研究》。

1975年，和戴世光合作编写了《世界人口统计简编》。

1977 年，推动《人口研究》首刊出版；与刘铮、戴世光合著了《资本主义国家经济统计指标基础知识》；参与编写《人口理论》。

1978—1983 年，担任北京市政协委员。

1979 年，与刘铮合作撰写改革开放后第一篇人口学理论文章——《人口非控制不行》，在《人民日报》上发表；起草并与刘铮、林富德联名发表新中国第一份关于人口问题的研究报告——《对控制我国人口增长的五点建议》；在新中国成立后第一个出国考察访问的人口学家代表团中作为秘书长到联合国、美国、英国、法国、泰国考察。

1980 年，参编出版《人口译丛》。

1981 年，与刘铮、查瑞传合著了《人口统计学》。

1982 年，推荐中国老龄委承担亚太经社理事会研究项目——《中国人口老龄化已经呈现》；参加中国老龄委第一次组织的"中美学者老龄问题学术研讨会"。

1983 年，主编出版《世界人口》；合作翻译《人口通论》。

1983—1988 年，当选为全国政协委员。

1984 年，被任命为联合国与中国合作成立的人口学培训中心中方培训主任。每年邀请国外知名的人口学家和老年学家来华讲学，并负责选派中国留学生出国培训、学习。承担朝鲜人民共和国和越南人民共和国的学生在中国人口培训中心学习人口学的任务，是联合国南南合作项目之一。

1984 年 8 月 20 日，在《人民日报》上发表《老龄问题和我们的对策》，第一次对外论述老龄问题。

1985 年，在编写《人口理论教程》中承担编写全新的《人口和生态环境》一章。

1986 年，与刘铮、李宗正合作编写出版了《人口学辞典》。这是中国学者编写的第一部有关人口科学的辞书。

1987 年，发表《论老年学的形成、研究对象和科学性质》，从学名

的确立等论述老年学作为一门独立学科的基础要素。主编《漫谈人口老化》《人口与生态环境》。

1988—1998年，被选为全国第七、八届政协常委。

1990年，荣获北京市委宣传部国情报告演讲比赛"灵山杯"一等奖。

1995年，获得第二届中华人口奖（科学奖）；与穆光宗合作撰写《低生育研究——人口转变论的补充和发展》发表在《中国社会科学》上。对20世纪90年代我国人口发展的新形势进行了理论和对策性的论述。

1997年，参与主编《转变中的中国人口与发展总报告》系列丛书。

1998年，主编《中国人口的现状和对策》。

1999年，主编《社会老年学》，全面阐述社会老年学的研究对象、学科性质和研究方法。从人类个体老龄化、群体老龄化、老年人的基本权利以及人口老龄化对社会政治、经济、文化的影响等方面阐释了社会老年学的基本理论，并提出了迎接人口老龄化挑战的基本对策。该书是老年学的基础教材。

2000年，获得经教育部批准中国老教授协会颁发的"科教兴国奖"和中国老年学学会"第一届突出贡献奖"、中国人口协会终身会员奖。参加"2000年中国"研究项目，获得国家科学技术进步一等奖（集体奖）。

2000—2005年，被北京市聘为北京市参事。

2002年，作为国家代表团顾问参加马德里第二次老龄问题世界大会。

2003年，推动成立中国人民大学老年学研究所，这是中国第一个老年学硕士、博士学位授予机构。

2004年，主编"China's Population Situation and Policies"。

2005年，正式办理离退休手续。退休后继续指导博士生，仍从事人口学和老年学的研究工作。

2006年，荣获"中国老年学学会突出贡献奖"；主编《人口学学科体系研究》获教育部人文社科二等奖；主编《老年学概论》；与杜鹏合著

《中国人口老龄化：变化与挑战》。

2007 年，主编《邬沧萍自选集》。

2009年，《对控制我国人口增长的五点建议》获得教育部人文社科一等奖。

2010 年，主编《从人口学到老年学》；参编《人口、资源、环境关系史》。

2012 年，荣获"第一届吴玉章人文社科终身成就奖"；主编《老龄社会与和谐社会》。

2014 年，被中央宣传部和全国老龄工作委员会办公室评选为"最美老有所为人物"，颁奖词是："研学唯精，一心存报国家志；桑榆未晚，众口争夸矍铄翁"。

2016 年，在清华大学讲授香港特别行政区高级公务员国家事务研习课程，获得香港公务员处"杏坛奖"；清华大学授课 100 期荣誉奖；主编《全面建成小康社会 积极应对人口老龄化》；12 月 1 日参加中国人口学会与联合国人口活动基金驻华机构等召开的"人口老龄化与可持续发展国际会议"，提出"存在决定健康长寿"的新思想。

2017 年，应邀参加中央人民广播电台节目访谈，解读"十三五"老龄规划。

2019 年，主编出版《老年价值论——积极应对人口老龄化的理论与实践》。

2020 年，组织编写《新修社会老年学》。

2020 年 4 月，第一次直播首秀，以"存在决定健康长寿"为主题开展人口老龄化国情教育大讲堂——战疫特别节目网上直播。

2021 年 5 月，参加老龄智库专家研讨会并致辞。

后 记

邬沧萍教授是我国人口学和老年学的开拓者和奠基者。邬沧萍教授的学术贡献，不仅仅是撰写了一批重要的著作，而且提出了一系列创新性理论观点，对国家和政府积极应对人口问题和老龄问题具有指导性的理论价值。

邬沧萍教授是我国七次全国人口普查的亲历者，更是积极老龄化、健康老龄化、老有所为和健康长寿的践行者。作为已经 99 岁高龄的老人，邬沧萍教授的百岁人生，既经历了国家从旧中国到新中国的变化，又见证了新中国从站起来到富起来再到强起来的发展，更是参与了我国人口学和老年学从初创到蓬勃发展的全过程。

邬沧萍教授是新中国成立后最早归国的一批知识分子。多年来，邬教授不忘初心、不求名利、默默坚守、勤奋执着、谦逊平和、教书育人，始终保持着一种强烈的爱国爱民族爱事业的情怀，是我们学习的人生楷模。

邬沧萍教授的百岁人生，已经不是一个人的价值体现，而是折射出时代变化、国家发展、学术进步的重要意义。值此建党百年之际，其意义尤为凸显。因此，在中国老年学和老年医学学会刘维林会长提议下，决定由中国人民大学社会与人口学院、中国人民大学老年学研究所、中国老年学和老年医学学会三家单位共同策划这部《百岁人生——邬沧萍口述实录》。

《百岁人生——邬沧萍口述实录》是在江苏人民出版社去年出版的《邬沧萍传》的基础上补充完善和提升的。《邬沧萍传》的作者、撰记作家李娟娟老师不辞辛劳，承担了全书内容的统稿工作。邬教授的学生、中国人民大学老年所的孙鹃娟教授对邬教授的人口学、老年学理论体系作了全面梳理、提炼和完善。邬沧萍教授接受多次采访，与李娟娟、孙鹃娟亲切沟通交流，并最后审阅定稿。

这部书从提出议题到目前基本完成，历时半年左右。这种高效率高质量的推进，得益于三个策划单位的积极参与、密切配合。中国老年学和老年医学学会刘维林会长主持商议写作提纲的工作会议，并随时关注着书的进展。中国人民大学杜鹏副校长参加会议，对提纲、内容等都提出了重要建议，并推荐和联系了中国书法家协会秘书长、中国人民大学艺术学院教授郑晓华先生为本书题写了书名。中国人民大学社会与人口学院冯仕政院长始终关注着本书的启动和推进，给予了各方面的支持。中国老年学和老年医学学会的姚远副会长在人民出版社和研究团队之间协调落实，完成了《后记》的起草工作；中国老年学和老年医学学会学术部张兵兵参与了照片整理和部分文字工作；中国老年学和老年医学学会财务部和信息宣传部的工作也是积极有效的。

中国人民大学老年学研究所师生积极参与了这项工作。孙鹃娟教授在梳理邬沧萍教授理论观点的同时，组织了韩文婷、吴赐霖、李婷、田佳音等研究生对邬教授的采访，委托韩文婷、吴赐霖、田佳音收集邬教授书稿并摘录，李婷负责邬沧萍先生年表的编写和照片收集整理等。另外，邬教授的子女及多年照顾邬教授生活的夏红芳女士也协助做了很多相关工作。

特别需要指出的是，十一届全国政协副主席张梅颖在百忙之中为本书作序，既是对邬沧萍教授百岁人生的肯定，也大大提升了本书的价值和影响力。中国人民大学党委书记靳诺和校长刘伟拨冗作序，体现了对本书的高度重视。

人民出版社在出版任务非常繁重的情况下将本书列入出版计划，刘志宏编辑严谨认真，工作积极高效，按时间高质量地完成了编辑出版工作，令人感动和发自内心的感谢！

本成果受到中国人民大学"双一流"跨学科重大创新规划平台——老龄社会的政策实践与养老产业跨学科交叉平台支持，特此感谢！

好书是一种积累、沉淀和持续的启迪。《百岁人生——邬沧萍口述实录》以一位中国教授的人生故事向我们揭示出中国发展的永恒生命力！